U0560272

浙江大學出版社據上海圖書館
藏盧文弨批校本影印原書框高
二一四毫米寬一五二毫米

盧校叢編　陳東暉　主編

儀禮注疏

一

〔清〕盧文弨　批校

浙江大學出版社·杭州

圖書在版編目（CIP）數據

盧文弨批校本儀禮注疏 /（清）盧文弨批校. -- 杭州：浙江大學出版社, 2024.4
（盧校叢編 / 陳東輝主編）
ISBN 978-7-308-24621-7

Ⅰ.①盧… Ⅱ.①盧… Ⅲ.①《儀禮注疏》- 注釋
Ⅳ.①K892.9

中國國家版本館CIP數據核字（2024）第035456號

盧文弨批校本儀禮注疏

〔清〕盧文弨　批校

叢書主編　陳東輝
責任編輯　王榮鑫
責任校對　吴　慶
責任印製　范洪法
封面設計　項夢怡
出版發行　浙江大學出版社
（杭州天目山路148號　郵政編碼：310007）
（網址：http://www.zjupress.com）
排　　版　浙江大千時代文化傳媒有限公司
印　　刷　浙江海虹彩色印務有限公司
開　　本　787mm × 1092mm　1/16
印　　張　130.5
印　　數　1—800
版 印 次　2024年4月第1版　2024年4月第1次印刷
書　　號　ISBN 978-7-308-24621-7
定　　價　598.00元（全四册）

版權所有　侵權必究　　印裝差錯　負責調换
浙江大學出版社市場運營中心聯系方式：（0571）88925591；http://zjdxcbs.tmall.com

《盧校叢編》出版説明

清代校勘學興盛，名家輩出，盧文弨、顧千里、戴震、錢大昕、阮元、段玉裁、王念孫、王引之、孫詒讓、俞樾等均成績卓著，由此産生了一批歷代典籍的精校精刻本，至今仍有重要參考價值。

盧文弨（一七一七—一七九六），初名嗣宗，後改名文弨，字紹弓（一作召弓），號磯漁（又號檠齋），晚年更號弓父（弓甫）。其堂號曰抱經堂，人稱抱經先生。其祖籍浙江餘姚，明代遷居於仁和（今杭州）。盧文弨乃清代乾嘉時期之著名學者，學識博洽，著述宏富。他的門生臧庸對他推崇備至，曰：『盧抱經學士，天下第一讀書人也。』[一]他在學術上的最大成就，在於校勘古書。據統計，盧氏所鈔校題跋的書籍多達三百五十二種，其中經部八十二種，史部七十種，子部一百零六種，集部九十四種。[二]他與當時著名考據學家戴震、王念孫、段玉裁交往較多，並深受他們的影響。他大倡實學，尤好校書，聞有善本，必借抄録。其校勘方法，以訓詁爲主，重視舊本，多方參驗，頗下功力。誠如錢大昕所云：

學士盧抱經先生精研經訓，博極群書，自通籍以至歸田，鉛槧未嘗一日去手。奉廩修脯之餘，悉以購書。遇有祕鈔精校之本，輒宛轉借録。家藏圖籍數萬卷，皆手自校勘，精審無誤。凡所校定，必參稽善本，證以它書，即友朋後進之片言，亦擇善而從之，洵有合於顏黄門所稱者，自宋次道、劉原父、貢父、樓大防諸公，皆莫能及也。〔三〕

盧文弨將畢生獻給了他所鍾愛的校勘古書事業，堪稱以學術爲生命之典範。張舜徽對盧氏之評價有畫龍點睛之妙，他説：（盧文弨）『屏絶人世一切之好，終身以校之，所校書爲最多，裨益於士林亦最巨。』〔四〕翁方綱謂其『專詳於所訂諸書者，校讎經籍之功，近世儒林之所少也』〔五〕。吴騫云：『舜江盧紹弓學士性敏達而好學，一生手不停披。凡經史百家之書，無不句讎字勘，丹黄粲然，且無一懈筆。校刊漢魏諸儒書，皆有功學者。其詩以餘事爲之，然亦不落輓近。』〔六〕又云：（盧文弨）『尤癖嗜典籍，幾忘寢饋。聞人有異書，必宛轉假録，遇亥豕則爲校正而歸焉，人亦樂以借之。』〔七〕嚴元照曰：『抱經先生喜校書。自經傳、子史，下逮説部、詩文集，凡經披覽，無不丹黄者。即無别本可勘同異，必爲之釐正字畫然後快。嗜之至老逾篤，自笑如猩猩之見酒也。』〔八〕周中孚云：『抱經家藏羣書，皆手自校勘，精審無誤。凡所校定，必參稽善本，證以他書，即友人後進之片言，亦擇善而從之。』〔九〕錢泳指出：（盧文弨）『平生最喜校正古籍，爲鍾山書院山長，其所得館穀大半皆以刻書，如《春秋繁露》、賈子《新書》、《白虎通》、《方言》、《西京雜記》、《釋名》、《顏氏家訓》、《獨斷》、《經典釋文》、《孟子音義》、《封氏見聞録》、《三水小牘》、《荀子》、《韓詩外傳》之類，學者皆稱善本。』[一〇]丁丙曰：『校勘之學，至乾嘉而極精，出仁和盧抱經、吴縣黄蕘圃、陽湖孫淵如之手者，尤讎校精審。』[一一]

劉咸炘認爲盧文弨『爲功後學不小。經疏校正，猶非罕見，然創始之功已不可没。阮校以盧爲藍本』[一二]。王欣夫對盧文弨給予高度評價，説：『他在校讎方面付出了辛勤的勞動，取得了卓越的成就，數清代校讎專家，當推他是第一流。』[一三]葉樹聲提到：『盧文弨校書兩百三十多種，上至經史，下逮詩文，無不丹黄。其校最多，裨益於士林也最大。』[一四]曾貽芬認爲：『盧文弨的校勘成果主要體現在他所校刻的諸書中，然而在他所自爲書的《羣書拾補》中，有關校勘的内容仍占有相當的篇幅，而且還很集中。《抱經堂文集》則包含有不少有關校勘原則的精闢論述。盧文弨校勘精審，《羣書拾補》中的不少校勘成果，已被後人採納。』[一五]傅璇琮贊曰：『盧文弨一生校定的古籍，鏤版行世的如《經典釋文》、《逸周書》、《賈誼新書》、《春秋繁露》等等，都是流傳不衰的佳書，他的《羣書拾補》，其精審的校勘更是某些浮言空論所不能望其項背的。』[一六]楊軍、曹曉雲對盧文弨甚爲推崇，指出：『盧氏校勘極精，頗多特見，學識深厚，可資參考者多而大抵皆有據，非如俗人之妄論。然撲塵掃葉，難免偶疏，誠所謂千慮之失，不可苛責。《釋文》多歷竄亂，非一人之力可治，而盧氏之校，寔陸元朗之功臣也。』[一七]張之洞的《書目答問》在列舉清代校勘之學家時曰：『諸家校刻書，並是善本，是正文字，皆可依據。戴、盧、丁、顧爲最。』[一八]

盧文弨在校勘學領域取得了傑出成就，同時在目録學、版本學、訓詁學、文字學、音韻學、辨僞學、輯佚學等方面亦頗有造詣。

盧文弨所編纂的《抱經堂叢書》乃盧氏自校，向以校勘精善、質量上乘而著稱於世，乃中國歷史上最有影響的叢書之一，是當之無愧的精校精刻本，深受學者關注與好評。孫詒讓贊曰：『盧所校者尤衆，其刻《抱經堂叢書》數十種最爲善本。』[一九]繆荃孫在論及清代乾嘉時期叢書編刻盛況時說：『有志在傳古，校讐最精者，如盧學士之《抱經堂》是也。』[二〇]梁啓超在論及清代學者整理舊學之成績時曰：『校釋諸子（或其他古籍）之書，薈萃成編最有價值者：其一，爲盧抱經之《羣書拾補》。抱經所校各書，有多種已將新校本刻出，剩下未刻者，有許多校語批在書眉，把它匯成此書。』[二一]傅增湘則謂『《抱經堂叢書》尤精博』，『奄有諸家之長，而無其短』[二二]。《增訂四庫簡明目録標注》注明《抱經堂叢書》『甚佳』[二三]。中華書局編輯部編的《叢書集成初編總目索引》中的《叢書百部提要》有云：（盧文弨）『每校一書，必搜羅諸本，反覆鉤稽。乾隆間，彙刊所校漢唐人書及所著札記文集，爲《抱經堂叢書》。其卓識宏議，見於盧氏自爲各書序跋。版式雅飭，鐫印俱精。』[二四]洪湛侯的《百部叢書集成研究》指出：『《抱經堂叢書》所收這些重要校本，大抵以舊本爲依據，却不迷信舊本，依據宋本又不惟宋是從，態度極爲認真。……盧文弨這些校勘成果，對於後代的古文獻研究者，幫助極大。』[二五]潘美月在《清代私家刊本特色》一文中提到：『刊刻叢書乃清代私家刻書之最大特色。……故清代私家刻書以校讎爲主者，當首推盧文弨之刻《抱經堂叢書》。』[二六]

《抱經堂叢書》有清乾隆嘉慶間刻彙印本[二七]，以及民國十二年（一九二三）北京直隸書局影印清乾隆嘉慶間刻本。一九六八年，臺灣藝文印書館又據清乾隆嘉慶間刻本影印（其中的《春秋繁露》、《獨斷》二書改用其它叢書的最佳版本，并新增了《三水小牘》之《逸文》），從而使其成爲該館出版的嚴一萍選輯的《百部叢書集成》（與《叢書集成初編》不同，《百部叢書集成》對所收各叢書加以整部影印，并且不重新分類編排）之一種。

《抱經堂叢書》包括《經典釋文》、《儀禮注疏詳校》、《逸周書》、《白虎通》、《輶軒使者絶代語釋别國方言》、《荀子》、《新書》、《春秋繁露》、《顔氏家訓》、《羣書拾補》、《西京雜記》、《獨斷》、《三水小牘》、《鍾山札記》、《龍城札記》、《解春集文鈔》、《抱經堂文集》等十七種子目書。《抱經堂叢書》受到廣大學者的高度重視，一直在古籍整理研究工作中發揮着重要作用，已有多種古籍整理點校著作將《抱經堂叢書》本作爲底本或參校本。如質量甚高的王利器的《顔氏家訓集解》（中華書局二〇一三年版），即以盧文弨校定《抱經堂叢書》本《顔氏家訓》爲底本。吴雲、李春臺校注的《賈誼集校注》（天津古籍出版社二〇一〇年版）中的主體部分，也就是《賈子新書》，以盧文弨校定《抱經堂叢書》本《新書》爲底本。同時，吴士鑑的《晉書斠注》（吴興劉氏嘉業堂一九二八年刻本），（清）郭慶藩的《莊子集釋》（中華書局一九六一年版），（清）王先謙的《荀子集解》（中華書局一九八八年版），（清）王先慎的《韓非子集解》（中華書局一九九八年版），（清）蘇輿的《春秋繁露義證》（中華書局一九九二年版），楊伯峻的《列子集釋》（中華書局一九七九年版），張純一的《晏子春秋校注》（中華書局二〇一四年版），劉文典的《莊子補正》（中華書局二〇一五年版），朱季海的《説苑校理　新序校理》（中華書局二〇一一年版），徐小蠻、顧美華點校的《直齋書録解題》（上海古籍出版社一九八七年版），任繼昉纂的《釋名匯校》（齊魯書社二〇〇六年版）等，均吸收了盧文弨的相關校勘成果。再則，華東師範大學《子藏》編纂中心編的《子藏·道家部·列子卷》（國家圖書館出版社二〇一三年版）收録了《抱經堂叢書》本《羣書拾補》中的《列子張湛注校正》，《子藏·法家部·韓非子卷》（國家圖書館出版社二〇一四年版）收録了《抱經堂叢書》本《羣書拾補》中的《韓非子校正》，《子藏·道家部·莊子卷》（國家圖書館出版社二〇一一年版）收録了《抱經堂叢書》本《經典釋文》中的《莊子音義攷證》。

綜合考慮學術價值、讀者需求、已有相關出版物等因素，我們業已將《抱經堂叢書》中的《白虎通》、《春秋繁露》、《新書》、《逸周書》、《經典釋文》（附盧文弨《經典釋文攷證》），以及國家圖書館藏清抄本《廣雅注》（盧文弨撰）、上海圖書館藏（葉景葵舊藏）清乾隆刻本《顔氏家訓》（清趙曦明、盧文弨注）、浙江大學圖書館藏《抱經堂叢書》本《重校方言》（盧文弨撰，清勞權批校）、國家圖書館藏盧文弨批校本《周易兼義》等九種典籍，作爲《盧校叢編》的子目書加以影印出版，本次推出的是上海圖書館藏盧文弨批校本《儀禮注疏》之影印本，其中《重校方言》、《周易兼義》、《儀禮注疏》均係全彩高清影印。至此，《盧校叢編》已經順利刊佈十種子目書，相關工作圓滿告一段落，值得慶賀！

此前，筆者曾主持《盧文弨全集》的整理校點，前後歷時十一年，對現存盧文弨著述進行了全面而系統的整理。《盧文弨全集》是作爲『浙江文化研究工程』重要組成部分的《浙江文獻集成》之一種，列入『二〇一一—二〇二〇年國家古籍整理出版規劃』，並成功入選『二〇一五年度國家古籍整理出版專項經費資助項目』，已由浙江大學出版社於二〇一七年出版。同時，筆者曾對盧文弨及相關清代學者進行過專門研究，已出版《清代學術與文化新論》等專著，編著或主編《清代學者研究論著目録初編》、《清代學者研究論著目録續編》和《清代學術大師專人研究文獻目録叢刊》等工具書。因此，《盧校叢編》的整理出版，對於擔任主編的筆者個人而言，可以視爲清代學術史、古典文獻學研究之延續和拓展；對於出版社來説，可以看作《盧文弨全集》的衍生出版物。

陳東輝

二〇二四年一月謹誌於浙江大學漢語史研究中心

注

［一］（清）臧庸：《拜經堂文集》卷三《與顧子明書》，載《續修四庫全書》第一四九一册，上海古籍出版社一九九五—二〇〇二年版，第五七五頁。

［二］參見陳修亮編著：《盧文弨鈔校題跋本目録》，載陳東輝主編：《盧文弨全集》第十五册《附録上編》，浙江大學出版社二〇一七年版，第三七三—四七六頁。

［三］（清）錢大昕：《潛研堂文集》卷二十五《盧氏羣書拾補序》，載陳文和主編：《嘉定錢大昕全集》（增訂本）第九册，鳳凰出版社二〇一六年版，第三八八頁。

［四］張舜徽：《廣校讎略》卷四，載張舜徽《廣校讎略漢書藝文志通釋》，華中師範大學出版社二〇〇四年版，第七六頁。

［五］（清）翁方綱：《皇清誥授朝議大夫前日講起居注官翰林院侍讀學士抱經先生盧公墓誌銘》，載陳東輝主編：《盧文弨全集》第十五册《附録上編·有關墓誌傳記·墓誌類》，浙江大學出版社二〇一七年版，第一三頁。

［六］（清）吴騫：《拜經樓詩話》卷三，載《續修四庫全書》第一七〇四册，上海古籍出版社一九九五—二〇〇二年版，第一二九頁。

［七］（清）吴騫：《愚谷文存續編》卷一《抱經堂集序》，載《清代詩文集彙編》第三八〇册，上海古籍出版社二〇一〇年版，第三二八頁。

[八]（清）嚴元照：《悔菴學文》卷八《書盧抱經先生札記後》，載《清代詩文集彙編》第五〇八册，上海古籍出版社二〇一〇年版，第五五一頁。

[九]（清）周中孚著，黄曙輝、印曉峰標校：《鄭堂讀書記》卷五十五，上海書店出版社二〇〇九年版，第九〇五頁。

[一〇]（清）錢泳撰，張偉點校：《履園叢話》六，中華書局一九七九年版，第一四六頁。

[一一]（清）丁丙：《善本書室藏書志》，載《續修四庫全書》第九二七册，上海古籍出版社一九九五—二〇〇二年版，第六八八頁。

[一二]劉咸炘：《内景樓檢書記·子類》，載劉咸炘：《推十書》（增補全本）丁輯，上海科學技術文獻出版社二〇〇九年版，第五八六頁。

[一三]王欣夫：《文獻學講義》，上海古籍出版社一九八六年版，第四二四頁。

[一四]葉樹聲：《乾嘉校勘學概説》，《安徽大學學報》（哲學社會科學版）一九八九年第四期，第一—五頁。

[一五]曾貽芬：《試論盧文弨、顧廣圻的校勘異同及其特點》，《史學史研究》一九九七年第四期，第五七頁。

[一六]傅璇琮：《盧文弨與〈四庫全書〉》，載傅璇琮：《濡沫集》，北京聯合出版公司二〇一三年版，第六〇頁。

[一七]楊軍、曹曉雲：《〈經典釋文〉文獻研究述論》，《合肥師範學院學報》二〇一五年第四期，第四頁。

[一八]（清）張之洞撰，范希曾補正：《書目答問補正》，上海古籍出版社二〇〇一年版，第二六七頁。

[一九]孫延釗輯，張憲文整理：《孫詒讓序跋輯録》，《文獻》一九八六年第一期，第一八五頁。

[二〇]繆荃孫：《藝風堂文集》卷五《積學齋叢書序》，載《續修四庫全書》第一五七四册，上海古籍出版社

一九九五—二〇〇二年版，第九八頁。

［二一］梁啓超：《中國近三百年學術史》，商務印書館二〇一一年版，第二七七頁。

［二二］傅增湘：《藏園群書題記》附録二《抱經堂彙刻書序》，上海古籍出版社一九八九年版，第一〇六七頁。

［二三］（清）邵懿辰撰，邵章續録：《增訂四庫簡明目録標注》，上海古籍出版社二〇〇〇年版，第五五一頁。

［二四］中華書局編輯部編：《叢書集成初編總目索引》，中華書局二〇一二年版，第二三頁。

［二五］洪湛侯：《百部叢書集成研究》，臺灣藝文印書館二〇〇八年版，第一三八頁。

［二六］潘美月：《龍坡書齋雜著——圖書文獻學論文集》，載《古典文獻研究輯刊》十三編，臺灣花木蘭文化出版社二〇一一年版，第四九五—四九六頁。

［二七］上海圖書館編的《中國叢書綜録》（上海古籍出版社一九八二年版）等工具書以及有關論著，將《抱經堂叢書》之版本著録爲『清乾隆嘉慶間餘姚盧氏刊本』或『清乾隆嘉慶間餘姚盧氏抱經堂刊本』，應該説是不够準確的，因爲該叢書中的盧文弨、謝墉校補的《荀子》二十卷《校勘補遺》一卷，係清乾隆五十一年（一七八六）嘉善謝氏所刻。

前言

《儀禮注疏詳校》乃盧文弨的主要著述之一，但它不同於盧氏的一般校勘之作，而是既有校勘内容，也有研究心得，在一定程度上業已具備著作之性質。該書繁徵博引，創獲迭見，學術價值甚高。清代著名禮學家淩廷堪在爲該書所作的『序』中評曰：『先生此書，則自宋李氏《集釋》而下，所引證者數十家。凡經注及疏，一字一句之異同，必博加考定，歸于至當。以云「詳校」，誠不虚也。』〔一〕誠如孫欽善所指出的那樣，該書校勘、糾謬並重，而且將糾謬釋疑（即定立説之是非）看得比訂訛正誤（即校底本之是非）更高一層。〔二〕

盧文弨非常重視並酷愛《儀禮》。《儀禮注疏詳校》之『自序』，撰寫於乾隆六十年（一七九五）六月，其時距離他病故已不足半年。在生命的最後時刻（去世的前一天），盧氏還在重病中與及門丁履恒講《儀禮》。真可謂『獻身』《儀禮》，令後學敬佩不已！

盧文弨十分關注《儀禮注疏》之校勘，他曾在《羣書拾補初編》的《儀禮注疏·士冠禮》題下作了如下説明：

> 《儀禮注疏》，其譌脱較之他經爲甚。近來校本，有嘉善浦鏜聲之之《正字》、嘉定金曰追璞園之《正譌》，然皆以《經傳通解》爲據，而遺漏尚多。寶應劉台拱端臨曾見宋時經注單行本，其注之先後不與今疏本合，疏不於初見之字釋義，而顧於次見、三見處始爲注作疏，殊不解其何意。今用疏本，即不便依單注本改之。其脱文、誤字，則依宋本及宋李如圭《儀禮集釋》補正。乾隆初年官本，所校甚爲精細，恐外閒得見者少，唯毛氏汲古閣本尚多。今合諸家以校毛本，所改正者大書，其本來誤處及兩可者皆注於下。唯《正譌》一書已有梓本，凡其是者皆不復載。以全書之文太繁，不能盡出，姑以《冠禮》一篇先之。〔三〕

上海圖書館藏有《儀禮注疏》盧文弨批校本。該批校本已被列入《第三批上海市珍貴古籍名録》，著録如下：儀禮注疏十七卷，（漢）鄭玄注，（唐）賈公彦等疏，（唐）陸德明音義，清乾隆四年武英殿刻十三經注疏本，清盧文弨校並跋，清黄彭年、黄嗣東跋。該書中有大量盧文弨朱筆手批，十分珍貴！王世偉的《盧文弨四十四年批校一經——〈儀禮注疏詳校〉十七卷原本》〔四〕一文，引録了該書中盧文弨朱筆手批以及黄嗣東、黄彭年之序，當初給筆者提供了富有價值的綫索。這些資料頗爲珍貴，筆者在此引用數段。需要説明的是，筆者核對該書原件後，發現王氏引文中有多處因排校而導致的訛誤，下面的引文已予以更正。再則，除了王文已經引録的内容之外，筆者還在該書中見到了大量盧文弨批校之語，現擇其含有其他相關學術信息者引録數條（詳見下文）。

卷一題名上方：乾隆庚午，盧文弨學。

卷一題名天頭處：以宋本單行鄭注校本次行只題鄭氏注三字，宋本注不盡與《釋文》、賈疏合，賈疏亦不同《釋文》本。

卷一考證末：乾隆四十一年，歲在丙申，揚州汪君中字容甫示余以校讐善本，乃從長洲朱文游家所藏宋本校定者。然所補之文亦即有見於後者，其離絶段落，時有不同，而皆不與疏相應。蓋宋本元無疏，豈鄭注相傳本有不同耶？然如『于洗西』之爲衍文，則誠得之矣。三月九日東里盧文弨識。距庚午二十七年矣。四十九年十一月二十四日校此卷疏訖，時將離太倉歸杭州。

以上批語地脚處：宋本疑亦誤衍，須再攷。

卷二考證末：三月十六日使相高公來書院課士，詩題《大車檻檻》遵御製用端木《詩傳》義，從征之人思其室家而作也。

卷三考證末：宋本注『唯舒』下元有『武』字。丙申三月二十一日閲。

卷四考證末：二十八日閲。

卷五考證末：三月二十九日閲。

卷六考證末：四月初七日閲。汪君容甫以所撰《沈椒園先生行狀》見示。

卷七考證末：五月初九日壯兒百朝，回寓燕客。甲寅五月二十一日復細校，壯兒上年已娶，今將生子矣。

卷八考證末：五月十四日至石城橋送金賢邨北還，晚間閱此，并作徐青牧先生《惜陰録序》。
卷九考證末：五月十六日閱。是日江寧府考。
卷十考證末：亦十六日閱。雨，昨日遊秦淮，月色佳甚。
卷十一考證末：丙申五月十八日盧文弨閱。
卷十二考證末：丙申五月廿一日閱。是日爲支太孺人忌辰，先祖之元妃也。
卷十三考證末：同上日句讀。查宣門欲合刻蘇詩施王查三家注，今聞其暴卒，惜哉。
卷十四考證末：丙申五月二十二日句。
卷十五考證末：五月二十三日燈下閱。文弨。
卷十六考證末：丙申五月二十四日閱。是日黟盧珪來，别一年餘矣。
卷十七考證末：五月廿五日閱。齋中糊裱，遷書册以避塵。

同時，全書卷末《儀禮注疏考證跋語》之後有朱筆手批：

此經校訂精細，遠勝監本、毛本，本朝致力此書者有張爾岐、吴廷華、盛世佐三家，可與敖氏竝傳。余借得汪容甫本，係從宋刻經注增改者，觀其與疏間不相應，然陸之與賈亦有不同，則知疏自疏而外亦尚有流傳，舊本不可聽其湮滅，是以據而改焉。東里盧文弨識。

余從兄宇安名宏熹，由進士任兵部郎中，歸里後時看此經，往往爲人錯舉一二端，且慨登朝者之不可以不學。余時年十四五，具聞之。今先兄下世已三十七八年矣，而謦欬如新，其書則皆散失矣。悲夫。弓父又記。

再則，該書各卷末都有盧文弨統計經注文字之校語，亦頗有價值。具體數字如下：

卷一末：經一千八百九十三字，注三千六百二字。

卷二末：經二千五百七十三字，注三千六百三十字。

卷三末：經七百五十三字，注一千六百八十九字。

卷四末：經二千六百三十八字，注三千九百三十字。

卷五末：經六千六百四十五字，注六千九百一十五字。

卷六末：經三千二百二十三字，注四千六百二十字。

卷七末：經六千八百九十字，注七千三百八字。

卷八末：經五千三百四字，注一萬九百六十五字。

卷九末：經一千七百五十三字，注二千八百七字。

卷十末：經八百四十四字，注二千六百三十一字。

卷十一末：經四千四百二十八字，注五千九百七十八字。

卷十二末：經三千三百九十六字，注五千四百五十九字。

卷十三末：經二千五百一十六字，注五千四十七字。

卷十四末：經二千七十九字，注三千四百四十三字。

卷十五末：經三千四百五字，注五千五百一十七字。

卷十六末：經二千九百七十九字，注二千七百八十七字。

卷十七末：經四千七百九十字，注三千四百五十六字。

此外，該書賈公彦《儀禮疏序》末有黄彭年和黄嗣東之跋。黄彭年跋曰：

卷端校字均收入《儀禮注疏詳校》，詳校成於乾隆六十年，即就卷端録出更加攷證，時先生年七十有九矣，五十餘年始成一書，觀此本用力之精勤，老而不倦。亟從小魯借臨一過，以志嚮往。光緒十三年八月後學黄彭年識。〔五〕

黄嗣東跋曰：

此吾鄉盧弓父先生《儀禮詳校》原本也。書凡十本，共十七卷，每卷末皆有先生自記校閲年日，始乾隆庚午，訖甲寅，用力於兹者凡四十有四年。朱批似專據汪氏容甫本改訂，墨批則雜引各家而間以增己意。攷校精密，誠非近世經生家所及。余得之長安市中，細讀一通，如獲拱壁。吾子孫能世守之固佳，否則以貽世之能讀是書者，俾免散佚，亦盧氏之功臣也。光緒十三年丁亥二月望日後學黄嗣東謹識。〔六〕

黄嗣東之跋以及王世偉之文，認定上海圖書館藏本係《儀禮注疏詳校》原本。我們認爲比較準確地説，它應該是一個批校本，當爲《儀禮注疏詳校》之工作基礎。另外，黄彭年之跋中所説的『卷端校字均收入《儀禮注疏詳校》，《詳校》成於乾隆六十年，即就卷端録出更加攷證』，也

是不符合事實的。〔七〕

筆者經過仔細比對上海圖書館藏《儀禮注疏》批校本（以下簡稱『批校本』）與清乾隆六十年（一七九五）刻《儀禮注疏詳校》（以下簡稱『《詳校》』），發現二者存在如下之差異：

一、《詳校》校語多有溢出於批校本之外者。如上文提及的嚴元照《書儀禮注疏詳校後》所言，『其書大段以官本注疏爲主而輔以它本』，《詳校》中近千處言『官補』、『官改』、『官改正』、『官校補』、『官校删』、『官誤删』、『官誤衍』、『官互易』、『官做某』等等，是將清乾隆四年（一七三九）校刊官本〔八〕作爲參校本。而對於批校本而言，官本却是以底本的形式出現的。顯而易見的是，很多地方官本不誤，批校本中盧文弨也就没有校語。即使排除官本無誤的情況，《詳校》之校語也遠遠多於批校本。此類例子極多，不贅引。當然，有些地方，在盧文弨看來，官本是錯誤的，《詳校》出校而批校本没有校語的情況也是存在的。如《士冠禮》『冠者見於兄弟【疏】故贊者東面也』，《詳校》於『東面』後補『冠者西面拜』，校語云『五字補』，批校本無校。

二、有批校本校語不入《詳校》者。批校本之底本爲乾隆四年（一七三九）校刊官本，此本散陸德明《音義》於正文經注之後，卷後均附校刊此本時所作『考證』。批校本亦校《音義》和『考證』，《詳校》中却没有《音義》和『考證』部分。即使不考慮這兩部分内容，仍能找到大量批校本之校語不入《詳校》的情況。如：

《士冠禮》『緇布冠缺項【注】缺讀有頍者弁之頍』，批校本校記：『敖繼公曰：「此缺項者，蓋别以緇布一條，團冠而後不合，故名之曰缺項。」按：此註讀缺爲頍，未妥。』

《士昏禮》『主人以賓升西面賓升西階【注】阿棟也入堂深示親親今文阿爲庪』，批校本校記：『松崖云：「主人在阼階，則賓當庪，今文似得之。」』

《士昏禮》『壻御婦車授綏姆辭不受』，批校本校記：『松崖云：「『姆辭不受』下，或云石經有『姆辭曰未敬不足與爲禮也』，注疏皆無一語及之，必非後人遺脱也。」』

三、批校本校語與《詳校》有異者。如：

《士冠禮》『筮與席所卦者【疏】龜爲卜蓍爲筮』，批校本改『著』为『筴』，《詳校》校語『不必改「筴」』。

當然，批校本與《詳校》相同或略同的地方亦隨處可見。如：

《士冠禮》『贊者盥於洗西』，批校本校記：『汪稚川云：「此『于洗西』三字，蓋因注而衍也。注本以二句相足成文，若謂以『由』賓階升』釋『盥于洗西』，則方位不相當矣。」稚川名兆瀣。』

《士冠禮》『舅饗送者【注】古文錦皆爲帛』，批校本校記：『敖氏曰：「案《聘禮》使介行禮，用錦不用帛者，辟主國君之幣也。此無所辟，不當用錦，宜從古文。」』

以上兩處，《詳校》同引汪、敖之說。另外，有些批校本校語，雖然不見於《詳校》，但在本質上却是一致的。如：

《士冠禮》『乃醴賓以壹獻之禮【注】内則曰飲重醴清糟』，批校本校記：『秀水盛世佐本依

《内則》元文「重醴」下增爲「稻醴清糟黍醴清糟粱醴清糟」。案疏云「稻醴以下是也」，其文略，必已見注中，後人转寫脱之。』《詳校》的處理，則徑於『重醴』後補『稻醴清糟黍醴清糟粱醴』，校語云『十字補』。

《士昏禮》『卒爵皆拜【注】婦拜見上篇見母章此篇婦見奠菜一章及内則女拜尚右手』，批校本校記：『此朱子注，見《經傳通解》。』又云：『「考證」疑非鄭注，是也。疏以「卒爵皆拜」連下總釋。』《詳校》於『卒爵皆拜』後云：『此下有注二十四字，金謂本《通解》圈外自注，而寫者誤入耳。案：當删。』

尤其是在文字的增、删、改、易方面，如果批校本和《詳校》均有涉及，那么處理的結果基本上也是一致的。如：

《士冠禮》『賓揖冠者就筵【疏】賓自至房户取醴酌醴者出向西以授也』，批校本於『取醴』之後補『贊者』、删『醴者』之『者』，《詳校》則補『贊者』，校云『二字浦補』，徑去『醴者』之『者』，校云『者，浦删』。

筆者認爲，上海圖書館所藏《儀禮注疏》盧文弨批校本之底本爲清乾隆四年（一七三九）校刊官本，與盧文弨《儀禮注疏詳校》並非原本與定本之關係。該書當爲《儀禮注疏詳校》的工作基礎，不過該書有許多校語並未被《儀禮注疏詳校》所吸收，同時還有不少校語與《儀禮注疏詳校》相異，值得我們關注和重視。該書充分展示了盧文弨四十餘年批校一經的孜孜不倦精神，具有非常重要的學術和文物價值。

筆者主編的《盧文弨全集》第四册收有《儀禮注疏詳校》整理校點本，已由浙江大學出版社於二〇一七年刊行。而上海圖書館藏《儀禮注疏》盧文弨批校本此前從未影印或校點出版。現在我們將其影印，作爲《盧校叢編》之一種出版，可以爲相關研究者提供重要參考，並爲方興未艾的經學研究添磚加瓦。

需要説明的是，該批校本由於年代久遠，部分頁面不甚清晰。爲了慎重起見，同時考慮到該批校本之底本，即清乾隆四年（一七三九）武英殿刻《十三經注疏》本《儀禮注疏》尋找並不困難，因此我們影印時，對其不作描潤，保持原貌。

陳東輝

二〇二三年十一月謹誌於浙江大學漢語史研究中心

注

〔一〕（清）淩廷堪：《儀禮注疏詳校序》，載陳東輝主編：《盧文弨全集》第四册《儀禮注疏詳校》卷首，浙江大學出版社二〇一七年版，第一頁。

〔二〕參見孫欽善：《中國古文獻學史》，中華書局二〇一五年版，第一〇七三頁。

〔三〕（清）盧文弨：《羣書拾補初編》，載陳東輝主編：《盧文弨全集》第一册，浙江大學出版社二〇一七年版，第一三六頁。

〔四〕王世偉：《盧文弨四十四年批校一經——〈儀禮注疏詳校〉十七卷原本》，載王世偉主編：《歷史文獻論叢》，上海社會科學院出版社二〇〇四年版，第二八七—二九一頁。

〔五〕後鈐『子壽』印。

〔六〕後鈐『臣黄嗣東』和『祖書堂珍藏』印。

〔七〕陳先行等編著的《中國古籍稿鈔校本圖録》（上海書店出版社二〇〇〇年版）亦謂其『校文均收入《儀禮注疏詳校》』（第七一〇頁）。

〔八〕批校本之底本爲清乾隆四年（一七三九）武英殿刻《十三經注疏》本《儀禮注疏》，即盧文弨所謂的『校刊官本』。爲叙述方便，有時依盧文弨稱其爲『官本』。

總目録

第一册

第二册

第三册

第四册

本册目録

儀禮疏序

唐朝散大夫行太學博士弘文館學士臣賈公彥撰

竊聞道本沖虛非言無以表其疏言有微妙非釋無能悟其理是知聖人言曲事資注釋而成至於周禮儀禮發源是一理有終始分爲二部並是周公攝政太平之書周禮爲末儀禮爲本本則難明末便易曉是以周禮注者則有多門儀禮所注後鄭而已其爲章疏則有二家信都黄慶者齊之盛德李孟悊者隋曰碩儒慶則舉大略小經注疏漏猶登山遠望而近不知悊則舉小略大經注稍周似入室近觀而遠不察二家之疏互有修

短時之所尚李則爲先案士冠三加有緇布冠皮弁爵弁既冠又著玄冠見於君有此四種之冠故記人下陳緇布冠委貌周弁以釋經之四種經之與記都無天子冠法而李云委貌與弁皆天子始冠之冠李之謬也喪服一篇凶禮之要是以南北二家章疏甚多時之所以皆資黃氏案鄭注喪服引禮記檀弓云絰之言實也明孝子有忠實之心故爲制此服焉則絰之所作表心明矣而黃氏妄云衰以表心絰以表首以黃氏公違鄭注黃之謬也黃李之訓略言其一餘足見矣今以先儒失路後宜易塗故悉鄙情聊裁此疏未敢專欲以諸家爲

本擇善而從，兼增己義，仍取四門助教李玄植詳論可否，僉謀已定，庶可施矣。凾丈之儒，青衿之俊，幸以去瑕取玖，得無譏焉。

卷端校字均收入儀禮注疏詳校，詳校成於乾隆六十年，即就卷端錄出，更加攷證，時先生年七十有九矣。五十餘年始成一書，觀此本用力之精勤，老而不倦，亟從小魯借臨一過，以志嚮往。光緒十三年八月後學黃壽年識

此吾鄉盧弓父先生儀禮詳校原本也書凡十本共十七卷每卷末皆有先生自記校閱年日始乾隆庚午訖甲寅用力於兹者凡四十有四年朱批似專据汪氏容甫本改訂墨批則雜引各家而間以己意攷校精密識非近世經生家所及余得之長安市中細讀一通如獲拱璧吾子孫能世守之固佳否則亦貽世之能讀是書者俾免散佚亦盧氏之功臣也 光緒十三年丁亥二月望日後學黃嗣東謹識

儀禮疏序

目錄鄭之所定不當遂自下注觀疏內引鄭此語皆謂之鄭目錄云是也注字俱當削去舊本無
舊各在本卷之首此賈氏作疏本已如此今但以篇名及鄭氏語匯一處可也至於每卷仍宜從舊

儀禮注疏原目

漢鄭氏目錄　唐賈公彥疏

士冠禮第一【注】童子任職居士位。年二十而冠。主人玄冠朝服。則是仕於諸侯。天子之士。朝服皮弁素積。古者四民世事。士之子恆爲士。冠禮於五禮屬嘉禮。大小戴及别錄此皆第一。

【疏】【注】釋曰：鄭云。童子任職居士位。年二十而冠爲士身加冠。知者。鄭見下昏禮及士相見。皆據士身自昏自相見。又大戴禮公冠篇。及下諸侯有冠禮夏之末造。亦據諸侯身自加冠。故鄭據士身自加冠爲目也。鄭云四民世事士之子恒爲士者。是齊語文。彼云桓公謂管仲曰。成民之事若何。管子對曰。四民勿雜處也。公曰。處士農工商若何。管子對曰。昔聖王之處士就閑燕也。處工就官府也。處商就市井也。處農就田野也。少而習焉。其心安焉。是四民世事士之子恆

經注閒引疏中往往如此

爲士也。引之者。證此士身年二十加冠法。若士之子
則四十強而仕。何得有二十爲士自加冠也。二十而
冠者。鄭據曲禮文二十曰弱冠。故云年二十而冠。其
大夫始仕者。二十已冠訖。五十乃爵命爲大夫。故大
夫無冠禮。又案喪服小功章云。大夫爲昆弟之長殤
傳云。大夫爲昆弟之長殤小功。謂爲士者若不仕者
也。以此知爲大夫無殤服也。小記云。丈夫冠而不爲
殤。大夫身已加冠。降兄殤在小功。是身有德行得爲
大夫。冠不以二十始冠也。若諸侯則十二而冠。故左
傳襄九年晉侯與諸侯伐鄭還。公送晉侯。以公宴于
河上。問公年。季武子對曰。會于沙隨之歲。寡君以生。
注云。沙隨在成十六年。晉侯曰。十二年矣。是謂一終。
一星終也。國君十五而生子。冠而生子。禮也。君可以
冠矣。是諸侯十二而冠也。若天子亦與諸侯同十二
而冠。故尚書金縢云。王與大夫盡弁。時成王年十五。
云王與大夫盡弁。則知天子亦十二而冠矣。又大戴
禮云。文王十三生伯邑考。左傳云。冠而生子。禮也。是
殷之諸侯亦十二而冠。若夏之天子諸侯與殷天子。
亦十二而冠。可知。若天子之子。則亦二十而冠。故禮
記祭法云。王下祭殤五。又禮記檀弓云。君之適長殤

晉侯二字因重而誤脫耳疏內往往有此

幸三乘是年十九已下乃爲殤故二十乃冠矣若天子諸侯冠自有天子諸侯冠禮故大戴禮有公冠篇天子自然有冠禮但儀禮之內亡耳士既三加爲大夫早冠者亦依士禮三加若天子諸侯禮則多矣故大戴禮公冠篇云公冠四加者緇布冠皮弁爵弁後加玄冕天子亦四加後當加袞冕矣案下文云天子之元子猶士天下無生而貴者則天子之子雖早冠亦用士禮而冠案家語冠頌云王太子之冠擬冠則天子元子亦擬諸侯四加若然諸侯之子不得四加與士同三加可知鄭又云冠於五禮屬嘉禮者鄭據周禮大宗伯所掌五禮吉凶賓軍嘉而言宗伯云以嘉禮親萬民下云以昏冠之禮親成男女是冠禮屬嘉禮者也鄭又云大小戴及別錄此皆第一者戴德戴聖與劉向爲別錄十七篇次第皆冠禮爲第一昏禮爲第二士相見爲第三自茲以下篇次則異故鄭云大小戴別錄此皆第一也其劉向別錄即此十七篇之次是也皆尊卑吉凶次第倫敘故鄭用之至於大戴即以士喪爲第四既夕爲第五士虞爲第六特牲爲第七少牢爲第八有司徹爲第九鄉飲酒第十鄉射第十一燕禮第十二大射第十三聘禮第十四

此儀禮鄭氏注并疏自當在士冠禮本篇

公食第十五。覲禮第十六。喪服第十七。小戴於鄉飲鄉射燕禮大射四篇亦依此別錄次第，而以士虞爲第八。喪服爲第九。特牲爲第十。少牢爲第十一。有司徹爲第十二。士喪爲第十三。既夕爲第十四。聘禮爲第十五。公食爲第十六。覲禮爲第十七。皆尊卑吉凶雜亂。故鄭君皆不從之矣。

儀禮。【疏】釋曰：儀禮者。一部之大名。士冠者。當篇之小號。退大名在下者。取配注之意故也。然周禮言周不言儀。儀禮言儀不言周。既同是周公攝政六年所制。題號不同者。周禮取別夏殷。故言周。儀禮不言周者。欲見兼有異代之法。故此篇有醮用酒。燕禮云諸公。士喪禮云商祝夏祝。是兼夏殷。故不言周。又周禮是統心。儀禮是履踐。外內相因。首尾是一。故周禮已言周。儀禮不須言周。周可知矣。且儀禮亦名曲禮。故禮器云經禮三百。曲禮三千。鄭注云：曲猶事也。事禮謂今禮也。其中事儀三千。言儀者。見行事有威儀。言曲者。見行事有屈曲。故有二名也。

鄭氏注【疏】釋曰：後漢書云：鄭玄字康成。青州北海郡高密縣人。鄭崇之後也。言注者。注義於經下。若水之注物。亦名爲著。故鄭敘云凡著三禮七十二篇云著者。取著明經義者也。孔子

君監作氏
毛作紵

周禮司寤疏引作三光考靈曜

之徒言傳者取傳述之意爲義不同故題目有異也
但周禮六官六十叙官之法事急者爲先不問官之
大小儀禮見其行事之法賤者爲先故以士冠爲先
無大夫冠禮諸侯冠次之天子冠又次之其昏禮亦
士爲先大夫次之諸侯次之天子爲後諸侯鄉飲酒
爲先天子鄉飲酒次之鄉射燕禮已下皆然又以冠
昏士相見爲先後者以二十而冠三十而娶四十强
而仕即有摯見鄉大夫見己君及見來朝諸侯之等
又爲鄉大夫州長行鄉飲酒鄉射之事已下先吉後
凶凶盡則行祭祀吉禮次叙之法其義可知略陳儀
禮元本至於禮之大義備於禮記疏

士昏禮第二【疏】士娶妻之禮以昏爲期因而名焉必以昏者陽往而陰來日入三商爲昏昏禮於五禮屬嘉禮大小戴及別錄此皆第二【疏】【注】釋曰鄭知是士娶妻之禮者以記云記士昏禮故知是士娶妻鄭云日入三商者商謂商量是漏刻之名故三光靈曜亦日入三刻爲昏不

乾隆四年校刊

疑當作考靈曜緯書名也

晝爲明家馬氏云日未出日沒後皆云二刻半前後共五刻今云三商者據整數而言其實二刻半也

士相見禮第三【注】士以職位相親始承摯相見之禮雜記會葬禮曰相見也反哭而退朋友虞祔而退士相見於五禮屬賓禮大小戴及別錄皆第三【疏】注釋曰鄭云士以職位相親始承摯相見者釋經亦有大夫及庶人見君之禮亦有士見大夫之法獨以士相見爲名者以其兩士職位不殊同類昵近故以士相見爲目云雜記會葬禮曰相見也反哭而退朋友虞祔而退者以送葬之禮恩厚者退遲恩薄者退疾引之者證有執摯相見之義也云士相見於五禮屬賓禮者案周禮大宗伯五禮賓禮之別有八春朝夏宗秋覲冬遇時會殷同此六者是五等諸侯見天子兼有自相朝覲之禮彼又云時聘曰問殷頫曰視二者是諸侯使臣出聘大夫及自相聘之禮並執玉帛而行無執禽摯之法此篇直新升爲士大夫之等同國執禽摯相見及見君之禮雖非出聘亦是賓主相見之法

故屬賓禮也。且士卑，雖得作介從君與卿大夫出向他國，無身自聘問之事。案聘禮，行夫是士官，其有美惡無禮，特行無介，始得出向他邦，亦非聘問之法也。然昏、冠及喪祭，尊卑各自有禮，及執摯相見，唯有此士相見，其篇內含卿大夫相見，以其新升為士，或士自相見，或士往見卿大夫，或卿大夫下見士，或見己國君，或士大夫見他國君，來朝者新出仕，從微至著，以士為先，後更有功，乃升為大夫，已上故以士為總號也。又天子之孤卿大夫士，與諸侯之孤卿大夫士執摯既同，相見之禮亦無別也。

鄉飲酒禮第四 疏 諸侯之鄉大夫，三年大比，獻賢者能者於其君，以禮賓之，與之飲酒，於五禮屬嘉禮。大戴此乃第十，小戴及別錄此皆第四。疏 注 釋曰：鄭知此鄉飲酒是諸侯之鄉大夫獻賢能法者。案春官小胥掌樂縣之法，而云凡縣鍾磬，半為堵，全為肆。注云：鍾磬者編縣之，二八十六枚而在一虡，謂之堵。鍾一堵，磬一堵，謂之肆。半之者，謂諸侯之卿大夫士也。諸侯之卿大夫半天子之卿大夫。西縣鍾。東縣磬。士亦半天子之士。縣磬而已。今此下雖縣磬而無鍾。故以爲諸侯卿大夫也。若然。謂諸侯卿大夫是大夫爲之。亦應鍾磬俱有而直有磬者。鄭彼注云。賓禮人之賢者。從士禮也。故縣磬而已。若然。天子卿大夫賓賢能從士禮。亦鍾磬俱有。不得獨有磬也。知諸侯之卿大夫非士者。案鄉射記云。士則鹿中。大夫則兕中。又經有堂則物當楣。序則物當棟。則非直州射。兼有諸侯卿大夫以五物詢衆庶行射之禮。則知諸侯卿大夫是大夫爲之可知也。凡鄉飲酒之禮。其名有四。案此賓賢能謂之鄉飲酒。一也。又案鄉飲酒義云。六十者坐。五十者立侍。是黨正飲酒。亦謂之鄉飲酒。二也。鄉射州長春秋習射於州序。先行鄉飲酒。亦謂之鄉飲酒。三也。案鄉飲酒義。又有鄉大夫士飲國中賢者。用鄉飲酒。四也。其王制云。習射尚功。習鄉尚齒。還是州長黨正飲酒灋。

鄉射禮第五。【注】州長春秋以禮會民而射於州序之禮。謂之鄉者。州。鄉之屬。鄉大夫或在焉。不改其禮。射

禮於五禮屬嘉禮大戴十一小戴及別錄皆第五

【疏】釋曰鄭云州長春秋以禮會民而射於州序者周禮地官州長職文也鄭引之者證此鄉射是州長射法云謂之鄉者欲見州長射名鄉射之意云州鄉之屬者周禮大司徒職云五州為鄉是州屬鄉故云州鄉之屬云鄉大夫或在焉者一鄉管五州鄉大夫或宅居一州之內則鄭注禮記云或則鄉之所居州黨而鄉大夫來臨此射禮是為鄉大夫在焉則冬鄉射又鄉大夫三年大比興賢者能者訖而以鄉射之禮五物詢衆庶亦行此州長射禮以詢之亦是鄉大夫在焉故名鄉射云不改其禮者雖鄉大夫在其禮仍依州長射禮故云不改其禮案經鄉大夫射於庠云堂則由楹外又云堂則物當楣又云大夫用兕中其禮與士射於序別而云不改者大射卿大夫士射先行鄉飲酒禮及末旅而射為不改其實亦有少異也鄭云射禮於五禮屬嘉禮者案周禮大宗伯云以嘉禮親萬民下有以賓射之禮親故舊朋友故知屬嘉禮也

大射程恂云疑二字衍

燕禮第六【注】諸侯無事，若卿大夫有勤勞之功，與羣
臣燕飲以樂之。燕禮於五禮屬嘉禮。大戴第十二，小
戴及別錄皆第六。【疏】【注】釋曰：案上下經注，燕有四等。目錄云：諸侯無事而燕，一也。卿
大夫有王事之勞，二也。卿大夫有聘而來，還與之燕，
三也。四方聘客與之燕，四也。若然，目錄云卿大夫有
勤勞之功，兼聘使之勞、王事之勞二者也。知臣子頻
聘還與之燕者，四牡勞使臣是也。知有王事之勞燕
者，下記云：若以樂納賓，則賓及庭奏肆夏。鄭注云：卿
大夫有王事之勞，則奏此樂焉，是也。知君臣無事有
燕者，案魯頌云：夙夜在公，在公明明。振振鷺，鷺于下。
鼓咽咽，醉言舞，于胥樂兮。鄭箋云：君臣無事，則相與
明義明德而已。絜白之士，羣集於君之朝，君以禮樂
與之飲酒燕樂，以盡其歡。是其無事而燕也。又知賓
及庭奏肆夏及是己之臣子有王事之勞者，案郊特牲
云：賓入大門而奏肆夏。鄭注云：賓朝聘者。是異國聘
賓入大門奏肆夏，故知記云賓及庭奏肆夏者是己
之臣子也。又知異國聘賓有燕者，聘禮所云燕與時

使卿相問之禮集說作則使卿相問

賜者是也。

大射儀第七。注名曰大射者，諸侯將有祭祀之事，與其羣臣射以觀其禮數，中者得與於祭，不數中者不得與於祭。大射儀於五禮屬嘉禮。大戴此第十三，小戴及別錄皆第七。疏注釋曰。云諸侯將有祭祀之事以下，文出於射義。

聘禮第八。注大問曰聘。諸侯相於久無事，使卿相問之禮。小聘使大夫。周禮曰：凡諸侯之邦交，歲相問也，殷相聘也，世相朝也。於五禮屬賓禮。大戴第十四，小戴第十五，別錄第八。疏注釋曰。鄭云大問曰聘者，則此篇發首所論是也。云久無事者，案下記云久無事則聘焉。注云事謂盟會之屬。若有事，事上相見。故鄭據久無事而言。云小聘使大夫者。下經云小聘曰問其禮如爲介三介是也。周禮曰者。大行人文。鄭彼注。小聘曰問。殷中也。久無事。又於殷朝者及而相聘也。父死子立曰世。凡君即位大國朝焉。小國聘焉。此皆所以習禮考義正刑一德以尊天子也。必擇有道之國而就修之。然歲相問。殷相聘。聘義所云。比年小聘三年大聘是也。大行人云。上公九介。侯伯七介。子男五介。又云。凡諸侯之卿其禮各下其君二等。聘義。上公七介。侯伯五介。子男三介。是諸侯之卿介各下其君二等者也。若小聘曰問。使大夫。又下其卿二等。此聘禮是侯伯之卿大聘以其經云五介。上介奉束錦。士介四人皆奉玉錦。又云。及竟張旜。孤卿建旜。據侯伯之卿聘者。必見侯伯之卿聘言周公作經。互見爲義。此見侯伯之卿大聘。玉人云。瑑圭璋八寸。璧琮八寸。以頫聘。據上公之臣。公食大夫組賓云。倫膚七。據子男之臣。是各舉一邊而言。明五等俱有。是其互見爲義也。

公食大夫禮第九

注　主國君以禮食小聘大夫之禮。於五禮屬嘉禮。大戴第十五。小戴第十六。別錄第九。

疏釋曰鄭知是小聘大夫者案下文云宰夫自東房薦豆六於醬東設黍稷六簋又設庶羞十六豆此等皆是下大夫小聘之禮下乃別云上大夫八豆八簋又云上大夫庶羞二十豆是食上大夫之法故知此篇據小聘大夫也若然聘禮據侯伯之大聘此篇小聘大夫者周公設經互見爲義案篇末云魚腊腸胃倫膚若九若十有一下大夫則若七若九鄭注云此以命數爲差九謂再命者十一謂三命者七謂一命者九或上或下者再命謂小國之卿次國之大夫也卿則曰上大夫則曰下大國之孤視子男以此言之魚腸胃倫膚皆七者謂子男小聘之大夫此公食序在聘禮之下是因聘而食之不言食賓與上介直云大夫者若云食賓與上介則小聘使下大夫上介乃是士是以直云大夫兼得大夫小聘賓與上介亦兼小聘之賓若然聘禮據大聘因見小聘此公食先見小聘後言大聘者欲見大聘小聘或先或後不常之義

覲禮第十

注覲見也諸侯秋見天子之禮春見曰朝

夏見曰宗。秋見曰覲。冬見曰遇。朝宗禮備。覲遇禮省。是以享獻不見焉。三時禮亡。唯此存爾。覲禮於五禮屬賓。大戴第十六。小戴十七。別錄第十。

【疏】釋曰。鄭云春見曰朝等。大宗伯文。云朝宗禮備覲遇禮省者。按曲禮下云。天子當扆而立。諸侯北面而見天子曰覲。天子當宁而立。諸公東面。諸侯西面曰朝。鄭注。諸侯春見曰朝。受摯於朝。受享於廟。生氣文也。秋見曰覲。一受之於廟。殺氣質也。朝者位於內朝而序進。覲者位於廟門外而序入。王南面立於扆宁而受焉。夏宗依春。冬遇依秋。春秋時齊侯唁魯昭公。以遇禮相見。取易略也。覲禮今存。朝宗遇禮今亡。據此注而言。是朝宗禮備。覲遇禮省者可知。鄭又云是以享獻不見焉者。享謂朝覲而行三享。獻謂三享後行私覿。私覿後即有私獻。獻其珍異之物。故聘禮記云。既覿。賓若私獻。奉獻將命。注云。時有珍異之物。或賓奉之。所以自序尊敬也。猶以君命致之。臣聘得有私獻。明諸侯朝覲有私獻可知。是以周禮大宰職云。大朝覲會同。贊玉幣玉

子夏傳此不必見其前
後疏亦本在各卷之首

獻。注云。幣諸侯享幣。玉獻獻國珍異。亦執玉以致之。大朝覲會同既有獻。則四時常朝有私獻可知。案下文有享亦當有獻。而云享獻不見者。案周禮大行人云。上公冕服九章。介九人。賓主之閒九十步。廟中將幣三享。侯伯子男亦云。鄭云。朝先享不言朝者。朝正禮不嫌有等。彼據春夏朝宗而言。不見秋冬者。以四時相對。朝宗禮備故見之。覲遇禮省。故略而不言。此下文見享者。下對春夏故言之。鄭云是以享獻不見者。據周禮大行人而說也。必知鄭據大行人者。以其引周禮四時朝見。鄭云是以享獻不見。明鄭據周禮大行人而言也。有人解享字上讀。以獻不見爲義者。苟欲就此文。有享無獻。不辭之甚也。

喪服第十一 ○子夏傳。【注】天子以下。死而相喪衣服年月親疏隆殺之禮。不忍言死而言喪。喪者棄亡之辭。若全存居於彼焉。已亡之耳。大戴第十七。小戴第九。劉向別錄第十一。【疏】釋曰。案禮器云。經禮三百。曲禮三千。鄭云。經禮謂周禮也。曲猶事也。事禮謂今禮也。禮篇多亡。大數未聞。其中事儀三千。若然。未亡之時。有天子諸侯卿大夫士之喪禮。其篇各别。今皆亡。唯士喪禮在。若然。據喪服一篇總包天子以下服制之事。故鄭目錄云。天子以下相喪衣服親疎之禮。喪服之制成服之後宜在士喪始死之下。今在士喪之上者。以喪服總包尊卑上下。不專據士。故在士喪之上。是以喪服爲第十一。喪服所陳。其理深大。今之所釋。且以七章明之。第一明黄帝之時。朴略尚質。行心喪之禮。終身不變。第二明唐虞之日。淳朴漸虧。雖行心喪。更以三年爲限。第三明三王以降。澆僞漸起。故制喪服以表哀情。第四明既有喪服。須明喪服二字。第五明喪服章次。以精麤爲序。第六明作傳之人。并爲傳之意。第七明鄭氏之注。經傳兩解之。第一明黄帝之時朴略尚質行心喪之禮終身不變者。案禮運云。昔者先王未有宮室。食鳥獸之肉。衣其羽皮。此乃伏羲之時也。又曰。後聖有作。治其絲麻。以爲布帛。養生送死。以事鬼神。此謂黄帝之時也。又案易繫辭云。古之葬者。厚衣之以薪。葬之中野。不封不樹。喪期無數。在黄帝九事章中。亦據黄帝之日。言喪期無數。是其心喪終身者也。第二明

唐虞之日淳朴漸虧雖行心喪更以三年為限者案
禮記三年問云將由夫患邪淫之人與則彼朝死而
夕忘之然而從之則是曾鳥獸之不若也夫焉能相
與羣居而不亂乎將由夫脩飾之君子與則三年之
喪二十五月而畢若駟之過隙然而遂之則是無窮
也故先王焉為之立中制節壹使足以成文理則釋
之矣然則何以至期也曰至親以期斷是何也曰天
地則已易矣四時則已變矣其在天地之中者莫不
更始焉以是象之也鄭注云法此變易可以期也又
云然則何以三年也注云言法此變易可以期何以
乃三年為又云曰加隆焉爾也焉使倍之故再期也
注云言於父母加隆其恩使倍期也據此而言則聖
人初欲為父母期加隆焉故為父母三年必加隆至
三年者孔子答宰我云子生三年然後免於父母之
懷是以子為之一年報之三年問云三年之喪人
道之至大者也是之謂至隆是百王之所同古今
之所壹也未有知其所由來者也注云不知其所從
來喻此三年之喪前世行之久矣既云喻前世行之
久則三年之喪實知其所從來但喻久爾故虞書云
二十八載帝乃殂落百姓如喪考妣三載四海遏密

八音是心喪三年未有服制之明驗也第三明三王已降澆偽漸起故制喪服以表哀情者案郊特牲云大古冠布齊則緇之鄭注云唐虞已上曰大古又曰冠而敝之可也注云此重古而冠之耳三代改制齊冠不復用也以白布冠質以爲喪冠也據此而言則唐虞已上吉凶同服惟有白布衣白布冠而已故鄭注云白布冠爲喪冠又案三王以來以唐虞白布冠爲喪冠又案喪服記云凡衰外削幅裳內削幅注云大古冠布衣布先知爲上外殺其幅以便體也後知爲下內殺其幅稍有飾也後世聖人易之以此爲喪服據此喪服記與郊特牲兩注而言則鄭云後世聖人夏禹也是三王用唐虞白布冠白布衣爲喪服矣第四明既有喪服須明喪服二字者案鄭目錄云不忍言死而言喪喪者棄亡之辭若全存於彼焉已棄亡之耳又案曲禮云天子曰崩諸侯曰薨大夫曰卒士曰不祿庶人曰死爾雅曰崩薨卒不祿皆訓死也是士以上爲義稱庶人言死得其總名鄭注曲禮云死之言澌精神澌盡又案檀弓孔子云喪欲速貧春秋左氏傳魯昭公出居乾侯齊侯唁公於野井公曰喪人其何稱是喪棄亡之辭棄於此存於彼是孝子

不忍言父母精神盡澌。雖棄於此。猶存於彼。以此鄭
義言之。其喪字去聲讀之。人或以平聲讀之者。雖不
與同。義亦通也。死者既喪。生人制服之者。但貌以
表心。服以表貌。故禮記閒傳云。斬衰何以服苴。苴惡
貌也。所以首其內見諸外。斬衰貌若苴。齊衰貌若枲
大功貌若止。小功緦麻容貌可也。下文云。斬衰三升
三升半。齊衰四升以下。是其孝子喪親以衣服表心。
但吉服所以表德。凶服所以表哀。德有高下。章有升
降。衰有淺深。布有精粗。不同者也。第五明喪服章次
以精粗爲敘者。案喪服上下十有一章。從斬至緦麻。
升數有異。異者斬有正義不同。爲父以三升爲正。爲
君以三升半爲義。其冠同六升。三年齊衰惟有正服
四升冠七升。繼母慈母雖是義。以配父。故與因母同
是以略爲節。有正而已。杖期齊衰有正而已。父在爲
母與爲妻同正服。齊衰五升冠八升。不杖齊衰期章
有正有義二等。正則五升冠八升。義則六升冠九升
齊衰三月章皆義服。齊衰六升冠九升。曾祖父母計
是正服。但正服合以小功。以尊其祖。不服小功而服
齊衰。非本服。故同義服也。殤大功有降有義。爲夫之
昆弟之長子殤是義。其餘皆降服也。降服衰七升冠

監有

粗監本誤麤下同

長子監本脫是也

十升。義服衰九升冠十一升。大功章有降有正有義。姑姊妹出適之等是降。婦人爲夫之族類爲義。自餘皆正。衰冠如上釋也。總衰唯有義服四升半冠七升而已。以諸侯大夫爲天子。故同義服也。殤小功有降有義。婦人爲夫之族類是義。自餘皆降服。降則衰冠同十升。義則衰冠同十二升。小功亦有降有正有義。如前釋。緦麻亦有降有正有義皆如上陳。但衰冠同十五升。抽去半而已。自斬以下至緦麻。皆以升數。升數少者在前。升數多者在後。要不得以此升數爲敘者。一則正義及降升數不得同在一章。又緦衰四升半在大功之下小功之上。鄭下注云。在小功之上者欲審著縷之精粗。若然。喪服章次雖以升數多少爲前後。要取縷之精麤爲次第也。第六明作傳之人又明作傳之意。傳曰者。不知是誰人所作。人皆云孔子弟子卜商字子夏所爲。案公羊傳是公羊高所爲。公羊高是子夏弟子。今案公羊傳有云者何。何以。曷爲孰謂之等。今此傳亦云者何。何以。孰謂。曷爲等之問。師徒相習。語勢相連。以弟子却本前師。此傳得爲子夏所作。是以師師相傳。蓋不虛也。其傳內更云傳者。是子夏引他舊傳以証己意。儀禮見在一十七篇。餘不爲傳。獨爲喪服作傳者。但喪服一篇總包天子以下五服差降。六術精麤變除之數既繁。出入正殤交互。恐讀者不能悉解其義。是以特爲傳解。第七鄭氏之注經傳兩解之。云鄭氏者。北海郡高密縣人。姓鄭名玄。字康成。漢僕射鄭崇八世孫也。後漢徵爲大司農而不就。年七十四卒於家。云注者。注義於經傳之下。辨其義意。若傳不釋經者。則注在傳上以釋經。若傳義雖明者。則在傳下以釋傳。又在傳下注者。須題云玄謂以別傳。若在傳上注者。不須題玄。義可知。或云注。或云傳。出注述者意耳。或有解云。前漢以前云傳。後漢以後云注。若然。王弼王肅之等。後漢之人云傳。此說非也。

士喪禮第十二 注 士喪其父母。自始死至於既殯之禮。喪於五禮屬凶。大戴第四。小戴第八。別錄第十二。

疏 注 釋曰。鄭云自始死至於既殯之禮者。自。從也。既已也。謂從始死已殯之後。未葬之前。皆錄之。是以於下殯後論朔奠筮宅井椁卜葬日之事也。又云喪五禮屬凶者。案周禮大宗伯掌五禮吉凶賓軍嘉。此於五禮屬凶。若然，天子諸侯之下皆有士，此當諸侯之士。知者，下云「君若有賜」，不言王；又喪大記云「君沐粱，大夫沐稷，士沐粱」，鄭云「士喪禮沐稻」，此云士沐粱，蓋天子之士也。又大斂陳衣與喪大記不同，鄭亦云彼天子之士，此諸侯之士。以此言之，此篇諸侯之士可知。但公侯伯之士一命，子男之士不命，一命與不命皆分爲三等，各有上中下。及行喪禮，其節同，但銘旌有異，故下云「爲銘各以其物，亡則以緇，長半幅」，物謂公侯伯之士一命已上，生時得建旌旗，亡謂子男之士，生時無旌旗之物者，雖此爲異，又鄭直云士喪父母，不言妻與長子，二者亦依士禮，故下記云「赴曰君之臣某死，赴母、妻、長子則曰君之臣某之某死」，是禮同，故得同附於君之臣，記不云父者，以其經主於父死，故記不言也。

既夕第十三【注】士喪禮之下篇也。既，已也。謂先葬二日，已夕哭時，與葬間一日。凡朝廟日，請啓期，必容焉。此諸侯之下士一廟，其上士二廟，則既夕哭先葬前

三日。大戴第五冊。小戴第十四。別錄名士喪禮下篇

第十三。[疏][注]釋曰。鄭目錄云士喪禮下篇者依別錄而言。以其記下士之始死。乃記葬時而總記之。故名士喪禮下篇也。鄭又云。先葬二日與葬閒一日者。驗經云。既夕哭。請啓期。告于賓。明旦夙興開殯卽遷于祖。一日。又厥明卽葬。故知是葬前二日。與葬閒一日也。云必容者。請啓期在葬前二日。中閒容朝廟一日。故云必容焉。鄭又云。此諸侯下士一廟。其上士二廟。則既夕哭先葬前三日者。以其一廟則[illegible]日朝。二廟則二日朝。故葬前三日。中閒容二日。故[illegible]日若然。大夫三廟者葬前四日。諸侯五廟者葬前[illegible]日。天子七廟者葬前八日。差次可知。

士虞禮第十四。[注]虞。安也。士既葬其父母。迎精而反。日中而祭之於殯宮以安之。虞於五禮屬凶。大戴第六。小戴第十五。別錄第十四。[疏][注]釋曰。案此經云側亨于廟門外之右。又

記云陳牲于廟門外。皆云廟。目錄云祭之殯宮者。廟則殯宮也。故鄭注士喪禮。凡宮有鬼神曰廟。以其虞卒哭在寢。祔乃在廟。是以鄭注喪服小記云。虞於寢。祔於祖廟。是也。

特牲饋食禮第十五 注 特牲饋食之禮。謂諸侯之士祭祖禰。非天子之士。而於五禮屬吉禮。疏 釋曰。鄭知非天子之士而云諸侯之士者。案曲禮云。大夫以索牛。士以羊豕。彼天子大夫士也。此儀禮特牲少牢。故知是諸侯大夫士也。且經直云適其皇祖某子。不云考。鄭云祖禰者。祭法云。適士二廟。官師一廟。官師謂中下之士。祖禰共廟。亦兼祭祖。故經舉祖兼有禰者。鄭達經意祖禰俱言也。若兼祭。無問一廟二廟。皆先祭祖後祭禰。是以文二年左傳云。文武不先不窋。子不先父。是也。若祭無問尊卑廟數多少。皆同日而祭畢。以此及少牢惟筮一日。明不別日祭也。

少牢饋食禮第十六 注 諸侯之卿大夫祭其祖禰於

廟之禮。羊豕曰少牢。少牢於五禮屬吉禮。大戴第八。小戴第十一。別錄第十六。【疏】【注】釋曰。鄭知諸侯之卿大夫者。曲禮下云。大夫以索牛。用大牢。是天子卿大夫。明此用少牢為諸侯之卿大夫可知。賓尸是卿。不賓尸為下大夫。為異也。

有司徹第十七。【注】少牢之下篇也。上大夫既祭儐尸於堂之禮。若下大夫祭畢禮尸於室中。無別行儐尸於堂之事。天子諸侯之祭。明日而繹。有司徹於五禮屬吉。大戴第九。小戴第十二。別錄少牢下篇第十七。【疏】【注】釋曰。言大夫既祭儐尸於堂之禮者。謂上大夫室中事尸。行三獻禮畢。別行儐尸於堂之禮。又云無祭畢禮尸於室中者。據下大夫室內事尸。行三獻。無別行儐尸於堂之事。即於室內為加爵禮尸。鄭下文云若不賓尸以下是也。

儀禮注疏原目

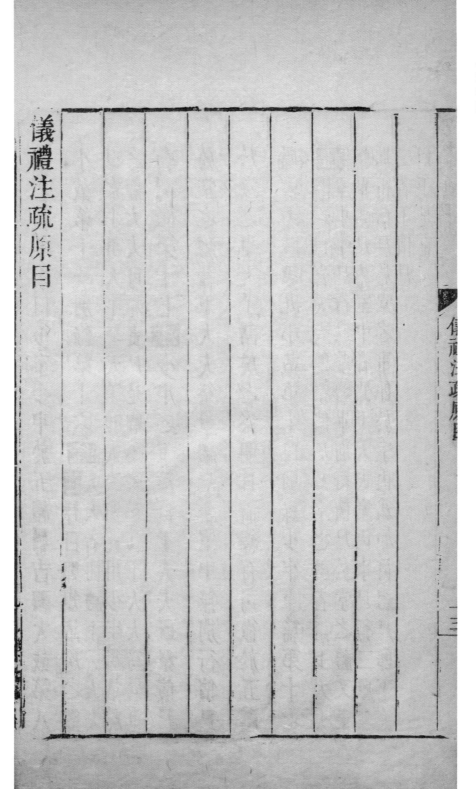

仕於諸侯集說作諸侯之士當是以意改正

儀禮注疏原目考證

士冠禮第一〔注〕主人玄冠朝服則是仕於諸侯天子之士朝服皮弁素積○朱子云此篇言主人玄冠朝服則是仕於諸侯而爲士者若天子之士則其朝服當用皮弁素積不得言玄冠朝服也鄭氏本文如此今見疏義而釋文乃以天子二字加於諸侯之上則舛繆而無文理矣今定從疏臣清植案全部儀禮士字皆指諸侯之士而言不謂天子之士也或以天子之士與諸侯之士誤混爲一故以天子二字加於諸侯上耳監本依朱子改正仍之

疏丈夫冠而不爲殤〇丈夫監本譌作大夫臣紱按丈夫對女子而言於大夫無與從考喪服小記原文改正

又疏戴德戴聖〇監本作大戴戴聖臣學健按二戴稱名不應有異今改從同

儀禮〇臣學健按此二字及下鄭氏注三字本應列於卷首而今附於士冠禮第一之末士昏禮第二之前疏所謂取配注之意故退一部之大名在下者也

士昏禮第二疏曰入三商爲昏疏謂商量是漏刻之名〇臣宗楷按商音傷商音的商字中作古商字中作

古詩齊風疏尚書緯謂刻爲商葢商乃漏箭所刻之處可證蘇易簡文三商而眠高春而起是也疏作商量未詳改從商謂商量是刻漏之名亦通

士相見禮第三疏行夫是士官○夫監本譌作人覲下言美惡無禮是行夫職文非行人也今从周禮改正

鄉射禮第五疏春秋以禮會人○臣學健按唐人諱民爲人然治經無改字之例此偶錯出者仍之

大射儀第七○監本脫儀字今依石經及朱子通解補又注大射儀三字監本作射儀二字今以篇題正之

聘禮第八疏及而相聘也○而監本作時今考大行人

注改正義見彼注疏

覲禮第十疏據此注而言〇注監本譌作彼今改正

既夕第十三〇既夕下石經有禮字陸德明釋文無之

臣紱按此舉篇首二字爲題禮字不必增黄榦續通解作上喪禮下

注大戴第五則〇則字未詳

特牲饋食禮第十五注於五禮屬吉禮〇臣紱按以他篇例之此下當有大戴第七小戴第十别錄第十五計十三字諸本皆無未曉所由吴澄曾言當補今仍闕之

有司徹第十七○石經及陸德明釋文敖繼公集說俱無徹字監本汲古閣本及黄榦續通解楊復儀禮圖竝有臣紱按此以篇首一句爲題全舉可也今仍之

儀禮注疏原目考證 三

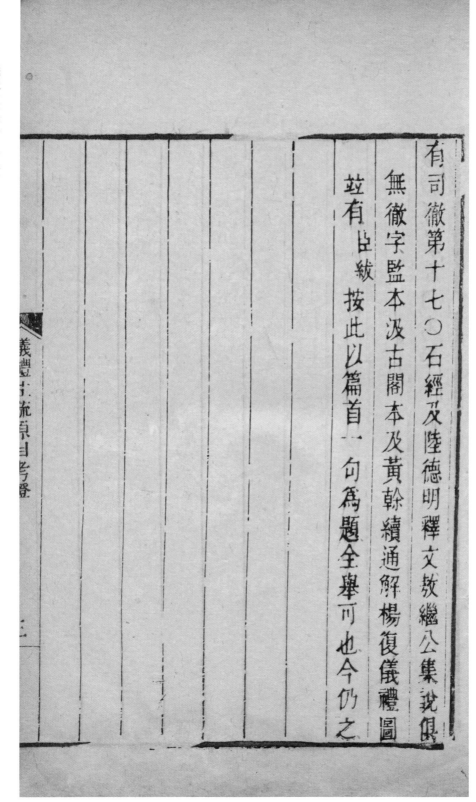

儀禮注疏原目考證

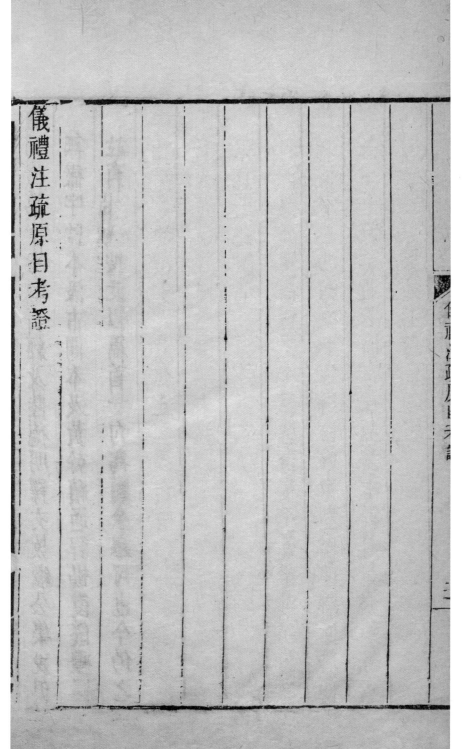

儀禮注疏

目錄

乾隆四年校刊

[seal]

乾隆四年校刊

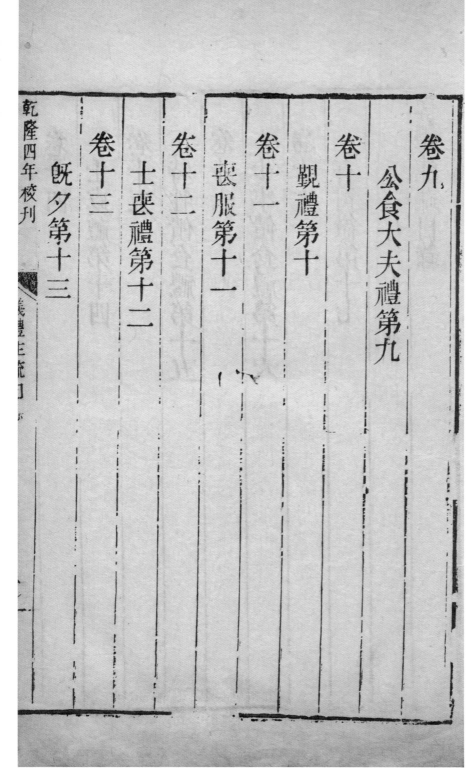

儀禮注疏目錄

乾隆庚午　盧文弨學

以宋本單行鄭注校本次行只題鄭氏注三字宋本注不盡與釋文賈疏合賈疏亦不同釋文本

筮日

儀禮注疏卷一

漢鄭氏注　唐陸德明音義　賈公彥疏

士冠禮第一

士冠禮【音義】冠古亂反下以意求之○筮于廟門【注】筮者以蓍問日吉凶於易也冠必筮日於廟門者重以成人之禮成子孫也廟謂禰廟不於堂者嫌蓍之靈由廟神【音義】筮市例反○廟劉昌宗音廟案廟古廟字著音尸禰乃禮反父廟也【疏】釋日自此至宗人告事畢一節論將行冠禮先筮諏日之事案下文云布席于門中闑西閾外者闑爲門限即是門外故特牲禮筮日主人即位於門外西面此不言門外者闑外之文可參故省文也【注】釋日鄭知筮以蓍者曲禮云龜日卜蓍日筮故知筮以蓍也云問日吉凶於易也者下云若不吉則筮遠日如初儀又案周禮大卜掌三易一日連山二日歸藏三日周易

乾隆四年校刊

儀禮注疏卷一　士冠禮

筮得卦以易辭占吉凶故云問月吉凶於易也不筮月者夏小正云二月綏多士女冠子取妻時也既有常月故不筮也云冠必筮日於廟門者重以成人之禮成子孫也者案冠義云筮日筮賓所以敬冠事敬冠事所以重禮重禮是筮日爲重禮之事也冠義又云古者重冠重冠故行之於廟行之於廟者所以尊重事尊重事而不敢擅重事不敢擅重事所以自卑而尊先祖也是成人之禮成子孫也此經惟論父子兄弟不言祖孫鄭兼言孫者家事統於尊若祖在則爲冠主故兼孫也云廟謂禰廟者案昏禮行事皆直云廟記云凡行事受諸禰廟此經亦直云廟故知亦於禰廟也然儀禮之內單言廟者皆是禰廟若非禰廟則以廟名別之故聘禮云賓朝服問卿卿受于祖廟又受聘在始祖廟既云不腆先君之祧是不言於廟舉祖祧以況之也士於廟若天子諸侯冠在始祖之廟是以襄九年季武子云以先君之祧處之祧則與聘禮先君之祧同謂遷主所藏始祖廟也若然服虔注以祧爲曾祖者以其公還及衛冠於衛成公之廟服注成公衛曾祖故以祧爲曾祖廟時不冠於衛之始祖以非己廟故也無大夫冠禮若幼而冠者與上同在禰廟也云不於堂者嫌蓍之靈由廟神者此據經

釋文作莫善乎蓍龜與此同

冠在廟堂。此蓍筮在門外，不同處，故以廟決堂。以蓍自有靈知吉凶，不假廟神，故云嫌蓍之靈由廟神也。案天府職云：「季冬陳玉，以貞來歲之美惡。」注云：「問歲之美惡謂問於龜。凡卜筮實問於鬼神，蓍龜能出其卦兆之占耳。」若然，卜筮實問七八九六之鬼神，故以六玉禮耳。而蓍龜直能出其卦兆之占，似無靈者，但蓍龜卦兆各有所對。若以蓍龜對生數成數之鬼神，則蓍龜直能出卦兆，不得有神；若以卦兆對生成之鬼神，則蓍龜亦自有神。是以易繫辭云「蓍之德圓而神」，又云「定天下之吉凶，成天下之亹亹者，莫善於蓍龜」。又郭璞云：「上有藂蓍，下有千齡蔡。凡蟲之智，莫善於龜；凡草之靈，莫善於蓍。」蓍龜自有靈也。是知蓍自有神，不假廟神也。不於寢門筮者，一取成人之禮成子孫，二兼取鬼神之謀，故易繫辭云「人謀鬼謀」，鄭注云「鬼謀謂謀卜筮於廟門」是也。

主人玄冠，朝服，緇帶，素韠，即位于門東，西面。【注】主人，將冠者之父兄也。玄冠，委貌也。朝服者，十五升布衣而素裳也。衣不言色者，衣與冠同也。筮必朝服，尊蓍龜之道。

也。緇帶，黑繒帶也。士帶博二寸，再繚四寸，屈垂三尺。素
韠，白韋韠也。長三尺，上廣一尺，下廣二尺，其頸五寸，肩
革帶博二寸。天子與其臣玄冕以視朔，皮弁以日視朝。
諸侯與其臣皮弁以視朔，朝服以日視朝。凡染黑，五入
爲緅，七入爲緇，玄則六入與。【音義】朝，直遥反，注同，後朝服放此。緇，側其反。韠，
音畢，蔽膝也。繒，似陵反。繚，音了，劉音遼。長，直亮反。廣，古
曠反。凡度長短曰長，直亮反；度廣狹曰廣，古曠反。他皆
放此。弁，皮彥反。緅，側畱反，劉子侯反。與，音餘。【疏】釋曰：此主人將欲謀日之時，先服即位於禰廟門外東西
面立，以待筮事也。【注】釋曰：經直云主人，當是父子加冠
之禮，知兼有兄者。論語云：出則事公卿，入則事父兄。父
兄者一家之統，父不在則兄爲主，司知，故兼其兄也。又
案下文若孤子，則父兄戒宿，冠之日，主人紒而迎賓，則
無親父親兄，故彼注云父兄諸父諸兄，則知此主人迎
賓是親父親兄也。云玄冠委貌者，此云玄冠，下記云委

貌彼云委貌見其安正容體此云玄冠見其色實一物也云朝服者十五升布衣者雜記云朝服十五升布也云素裳者雖經不言裳裳與韠同色既云素韠故知裳亦積白素絹爲之也云衣不言色者衣與冠同也者禮之通例衣與冠同色故郊特牲云黃衣黃冠是也裳與韠同色故下爵弁服纁裳韎韐韎韐卽纁之類是也經直云朝服不言色與冠同可知也若然鄭不言裳與韠同色者舉衣與冠同裳與韠同亦可知故不言也其衣冠色異經卽別言之是以下文爵弁服純衣是也云筮必朝服尊著龜之道也者此決正冠時主人服玄端爵韠不服此服乃服朝服是尊著龜之道也若然下文云有司如主人服又宿賓賓如主人服又宿贊冠者及夕爲期皆朝服云尊著龜者案鄉飲酒主人朝服則此有司賓主朝服自是尋常相見所服非特相尊敬之禮此筮而朝服決正冠時與士之祭禮入廟常服玄端今此筮亦在廟不服玄端故云尊著龜之道此筮雖有著草言龜者案周禮小事徒筮而已若大事先筮而後卜龜筮是相將之物同著朝服故兼言龜是以雜記卜筮皆朝服也案特牲禮筮日與祭同服玄端少牢筮日與祭同服朝服不特尊著龜者彼爲祭事龜不可尊於先祖

故同服此爲冠事𪚥可尊於子孫故服異也云緇帶黑繒帶者案玉藻云君素帶終禪大夫素帶禪垂士練帶率下禪注云大夫大夫禪其紐及末士禪其末而已又云雜帶君朱綠大夫玄華士緇禪鄭云君禪帶上以朱下以綠終之大夫禪垂外以玄內以華士禪垂之下外內皆以緇是謂緇帶鄭彼云是謂者指此文也若然天子諸侯帶繞腰及垂者皆禪之大夫則不禪其繞腰者直禪垂之三尺屈而垂者士則禪其末繞三尺所垂者不禪若然大帶所用物大夫已上用素士練緇爲帶體所禪者用緇則此言緇據禪者而言也云士帶博二寸再繚四寸屈垂三尺者此亦玉藻文大夫已上大帶博四寸此士卑降於大夫已上博二寸再繚共爲四寸屈垂三尺則大夫已上亦屈垂三尺同矣云素韠白韋韠者案玉藻云韠君朱大夫素士爵韋彼以韠爲總目而云君朱大夫素士爵韋是韠色不同下云韋者是君大夫同用韋也但彼是玄端服之韠此士用素韋爲之故鄭云白韋韠也又云韠長三尺至博二寸亦皆玉藻文鄭君彼注云頸五寸亦謂廣也頸中央肩兩角皆上接革帶肩與革帶廣同此韠即韍也祭服謂之韍朝服謂之韠也云天子與其臣玄冕以視朔皮弁以日視朝者此約玉

藻而卯案彼云天子玄端聽朔於南門之外皮弁以日視朝又云諸侯皮弁以聽朔於大廟朝服以日視朝於內朝彼注云端當爲冕謂天子以玄冕聽朔於南門之外明堂之中彼皆不言臣此鄭兼言臣者欲見在朝君臣同服引之者證此玄冠朝服而筮者是諸侯之士則諸侯與其臣與子加冠同服皮弁以筮日天子與其臣與子加冠同服玄冕以筮日矣知天子服玄冕諸侯服皮弁以筮日者鄭既取君臣同服明筮時還君臣同服若然天子用玄冕諸侯同皮弁其臣不得上同于君君下就臣同朝服也云凡染黑五入爲緅七入爲緇玄則六入與者案爾雅一染謂之縓再染謂之赬三染謂之纁此三者皆是染赤法周禮鍾氏染鳥羽云三入爲纁五入爲緅七入爲緇此是染黑法故云凡染黑也但爾雅及周禮無四入六入之文禮有朱玄之色故注此玄則六入下經注云朱則四入無正文故皆云與以疑之但論語有紺緅連文紺又在緅上則以纁入赤爲朱若以纁入黑則爲紺故淮南子云以涅染紺則黑于涅又以紺入黑汁則爲緅故紺緅連言也若然玄爲六入緇爲七入深淺不同而鄭以衣與冠同以緇與玄同色者大同小異皆是黑色故云同也

有司如主

用從監本改作同

乾隆四年校刊

人服，即位于西方，東面北上。【注】有司羣吏有事者，謂主人之吏所自辟除府史以下也。今時卒吏及假吏皆是也。【音義】辟，必亦反。卒，子忽反。假，古雅反。【疏】釋曰：此論主人有司從主人東面以待事也。【注】釋曰：士雖無臣，皆有屬吏胥徒及僕隸，故云有司羣吏有事者也。云謂主人之吏所自辟除府史以下者，案周禮三百六十官之下，皆有府史胥徒，不得君命，主人自辟除去役賦補置之，是也。又案周禮皆云府史，此云羣吏，吏史亦一也。故舉漢法爲證。又周禮鄭注云：官長所自辟除。此云主人者，以此經云主人，故依經而直云主人，主亦爲長者也。又此注以有司爲羣吏，案特牲以有司爲士屬吏，不同者，言羣吏則爲府史胥徒也。言屬吏則謂君命之士，是以下文宿贊冠者注云：謂賓若他官之屬，若中士下士也。又主人贊者亦云其屬中士若下士，是言屬者，尊之義。特牲云有司士之屬吏亦尊，類也。特牲有司之上有子姓，此文無者，彼祭祀事重，故子姓皆來，此冠事稍輕，故容有不至，故不言。

筮與席所卦者具饌于西

塾〔注〕筮所以問吉凶謂蓍也所卦者所以畫地記爻易曰六畫而成卦饌陳也具俱也西塾門外西堂也〔音義〕饌劉仕轉反一音士戀反塾音孰劉又音育爾雅云門側之堂謂之塾畫音獲下同爻戶交反〔疏〕釋曰下云布席于門中闑西閾外彼據筮此云西塾據陳處言〔注〕釋曰筮所以問吉凶謂蓍也者案曲禮云龜爲卜蓍爲筮故知問吉凶謂蓍案易筮法用四十九蓍分之爲二以象兩掛一以象三揲之以四以象四時歸奇于扐以象閏十有八變而成卦是也云所卦者所以畫地記爻者筮法依七八九六之爻而記之但古用木畫地今則用錢以三少爲重錢重錢則九也三多爲交錢交錢則六也兩多一少爲單錢單錢則七也兩少一多爲拆錢拆錢則八也案少牢云卦者在左坐卦以木故知古者畫卦以木也云易曰六畫而成卦者說卦云昔者聖人之作易也將以順性命之理是以立天之道曰陰與陽立地之道曰柔與剛立人之道曰仁與義兼三才而兩之故易六畫而成卦注云三才天地人之道六畫畫六爻引之者證畫地識爻之法云西塾門外西堂也者案

乾隆四年校刊

爾雅云門側之堂謂之塾卽士虞禮云羞燔俎在內西塾上南順是也筵在門外故知此經西塾門外西堂也

布席于門中闑西閾外西面【注】闑門橜也閾閫也古文闑爲槷閾爲蹙【音義】闑魚列反閾音域劉況逼反門限橜其月反閫苦本反劉音困槷魚列反蹙子六反【疏】釋曰此所布之席擬卜筮之事言在門中者以大分言之云闑西閾外者指陳席處也【注】釋曰云闑門橛者闑一名橛也云閾閫也者曲禮云外言不入于閫閫門限與閾爲一也云古文闑爲槷閾爲蹙者遭于暴秦燔滅典籍漢興求錄遺文之後有古文今文漢書云魯人高堂生爲漢博士傳儀禮十七篇是今文也至武帝之末魯恭王壞孔子宅得亡儀禮五十六篇其字皆以篆書是爲古文也古文十七篇與高堂生所傳者同而字多不同其餘三十九篇絕無師說祕在于館鄭注禮之時以今古二字並之若從今文不從古文卽今文在經闑閾之等于注內疊出古文槷蹙之屬是也若從古文不從今文則古文在經注內疊出今文卽下文孝友時格鄭注云今文格爲嘏又喪服注今文無冠布纓之等是也此注不從古文槷蹙者以槷蹙

非門限之義故從今不從古也儀禮之內或從今或從
古皆逐義彊者從之若二字俱合義者則互換見之即
下文云壹揖壹讓升注云古文壹皆作一公食大夫三
牲之肺不離贊者辯取之一以授賓注云古文一爲壹
是大小注皆疊今古文二者俱合義故兩從之又鄭疊
古今之文者皆釋經義盡乃言之若疊古今之文訖須
別釋餘義者則在後皆言之即下文孝友時格注云今
文格爲嘏又云凡醮不祝之類是也若然下記云章甫
殷道鄭云章明也殷質言以表明丈夫也甫
或爲父今文爲斧事相爲故因疊出今文也**筮人執筴**
抽上韇兼執之進受命於主人【注】筮人有司主三易者
也韇藏筴之器也今時藏弓矢者謂之韇丸也兼并也
進前也自西方而前受命者當知所筮也【音義】筴初革反韇音
獨【疏】釋曰此經所陳據筮時之事案少牢云史左執筮
右抽上韇兼與筮執之東面受命于主人得主人
命訖史曰諾西面于門西抽下韇左執筮右兼執韇以
擊筮乃立筮此云筴彼云筮一也但筮法不殊此亦應

大小二字疑

不異。少牢具陳，此不言者，文不具，當與彼同。案三正記，大夫蓍五尺，故立筮。士之蓍三尺，當坐筮。與彼異也。【疏】釋曰：案周禮春官筮人掌三易，一曰連山，二曰歸藏，三曰周易。注云：問蓍曰筮，其占易。是筮人主三易者也。云櫝藏筴之器者，櫝有二，其一從下向上承之，其一從上向下韜之也。云今時藏弓矢者謂之韜者，此舉漢法爲况，亦欲見韜弓矢以皮爲之，故詩云：象弭魚服。是以魚皮爲矢服，則此韜亦用皮也。知自西方者，上云即位于西方，故知前以向東方受命也。云受命者當知所筮也者，謂執之不知以請筮何事，宰遂命之也。凡卜筮之法，案洪範云：七稽疑，擇建立卜筮人，三人占，從二人之言。又案尚書金縢云：乃卜三龜，一習吉。則天子諸侯卜時三龜並用，于玉瓦原三人各占一兆也。筮時連山歸藏周易亦三易並用，夏殷以不變爲占，周易以變者爲占，亦三人各占一易。卜筮皆三占從二。三者，三吉爲大吉，一凶爲小吉，三凶爲大凶，一吉爲小凶。案士喪禮筮宅，卒筮，執卦以示命筮者，命筮者受，視反之，東面旅占。注云：旅，衆也。反與其屬共占之，謂掌連山歸藏周易者。又卜葬日云：占者三人在其南。注云：占者三人，掌玉兆、瓦兆、原兆者也。少牢大夫禮亦云三人占。鄭既

于當作掌

云反與其屬占之則鄭意大夫卜筮同用一龜一易三八共占之矣其用一龜一易則三代類用不專一代故春秋緯演孔圖云孔子修春秋九月而成卜之得陽豫之卦宋均注云陽豫夏殷之卦名故今周易無文是孔子用二代之筮則大夫卜筮皆不常據一代者也

宰自右少退贊命【注】宰有司主政教者也自由也贊佐也命告也佐主人告所以筮也少儀曰贊幣自左詔辭自右【音義】少詩召反【疏】【注】釋曰鄭宰是有司主政教者士雖無臣以屬吏為宰若諸侯使司徒兼家宰以出政教之類故云主政教者引少儀者證贊命在右之義以其地道尊右故贊命在右是以士之喪禮亦云命筮者在主人之右注云命尊者宜由右出特牲云宰自主人之左贊命不由右者為神求吉變故也士喪在右不在左者以其始死未忍異于生故在右也少牢宰不贊命大夫尊屈士卑不嫌故使人贊命也

筮人許諾右還即席坐西面卦者在左【注】即就也東面受命右還北行就席卦者有

司主畫地識爻者也【音義】還音旋後皆放此識音志爻戶交反【疏】釋曰此言筮人於主人受命訖行筮事也但卽席坐西面者主爲筮人而言則坐文亞在西面下今退西面于下者欲西亞之文下就畫卦者亦西向故也【注】釋曰鄭知東面受命者以其上文有司在西方東面主人在門東西面今從門西東面主人之宰命之故東面受命可知也知右還北行就席者以其主人在門外之東南席在門中故知右還北行乃得西面就席坐也云卦者有司主畫地識爻者上云所卦者謂木于此云卦者據人以杖畫地記識爻爻之七八九六者也

卒筮書卦執以示主人【注】卒已也書卦者筮人以方寫所得之卦也【疏】釋曰此言所筮六爻俱了卦體得成更以方版畫體示主人之事也【注】釋曰云書卦者筮人者下文云筮人還東面旅占則此書卦是筮人也不使他人書卦者筮人尊卦亦是尊著龜之道也案特牲云卒筮寫卦筮者執以示主人注云卦者主畫地識爻六爻備乃以方版寫之則彼寫卦亦是卦者故鄭云卦者畫爻者彼爲祭禮吉事尚提提故卦者寫卦筮人執卦以示主人士喪禮注

云卦者寫卦示主人，經無寫卦之文，是卦者自書示主人，以其喪禮遽于事，故卦者自畫自示主人也。此冠禮筮者自寫自示主人，冠禮異于祭禮喪禮故也。主人受眡，反之。【注】反，還也。【音義】眡音視。還音環，一音旋。【疏】釋曰：此筮訖，寫所得卦示主人，主人受得，省視，雖未辨吉凶，主人尊，先受視，以知卦體而已。主人既知卦體，反還與筮人，使人知其占吉凶也。筮人還，東面旅占，卒，進告吉。【注】旅，衆也。還與其屬共占之。古文旅作臚。【音義】臚，力居反。【疏】釋曰：此言筮人既於主人受得卦體，還于門西東面，旅共占之，是吉卦，乃進向門東，東面告主人云吉也。若不吉，則筮遠日，如初儀。【注】遠日，旬之外。【疏】釋曰：曲禮吉事先近日，此冠禮是吉事，故先筮近日，不吉，乃更筮遠日，是上旬不吉，乃更筮中旬，又不吉，乃更筮下旬。云如初儀者，自筮于廟門已下至告吉是也。【疏】釋曰：曲禮云旬之內曰近某日，旬之外曰遠某日，彼據吉禮而言，旬之內曰近某日，據士禮旬內筮，故云近某日，是以特牲旬內筮日是也。旬之外曰遠某日，據大夫以上禮，旬外筮。

戒賓

故言遠某日。是以少牢筮旬有一日。是也。案少牢云。若不吉則及遠日。又筮日如初。鄭注云。及至也。遠日後丁若後己。言至遠日又筮日如初。明不并筮。則前月下來月之上旬。上旬不吉。至上旬又筮中旬。中旬不吉。至中旬又筮下旬。下旬不吉則止。不祭祀也。若然。特牲不言及。則可上旬之内筮不吉則預筮中旬。中旬不吉又預筮下旬。又不吉則止。若此冠禮。亦先近日。士冠禮亦于上旬之内預筮三旬。不吉則更筮後月之上旬。以其祭祀用孟月。不容入他月。若冠子則年已二十不可止。然須冠。故容入後月也。若然。大夫已上筮旬外。士筮旬内。此士禮。前注云。遠日旬之外者。此遠日旬之外。自是當月上旬之内筮不吉。更筮中旬之遠日。非謂曲禮文大夫以上前月預筮來月上旬爲遠某日者。彼自有遠日。與此別也。

徹筮席。【注】徹。去也。斂也。【音義】去。起呂反。【疏】【注】釋曰。席則徹去之。筮則斂藏之。故兩訓之也。

宗人告事畢。【注】宗人。有司主禮者也。【疏】【注】釋曰。士雖無臣。亦有宗人掌禮。比于宗伯。故云有司主禮者。

主人戒賓。賓禮辭。許。【注】戒。警也。告也。賓。主人之僚友。

古者有吉事。則樂與賢者歡成之。有凶事。則欲與賢者哀戚之。今將冠子。故就告僚友使來。禮辭。一辭而許也。再辭而許曰固辭。三辭曰終辭。不許也。【音義】警居領反。【疏】釋曰自此以下至賓拜送一節。論主人筮日訖。三日之前。戒僚友使來觀禮之事也。云主人戒賓者。謂主人親至賓大門外之西東面。賓出大門外之東西面戒之。云賓禮辭許者。即下云戒賓曰某有子某將加布于其首。願吾子之教之也。賓對曰。某不敏。恐不能共事以病吾子。敢辭。主人曰某猶願吾子之終教之也。賓對曰吾子重有命。某敢不從。是一度辭後乃許之。是賓禮辭許者也。【注】釋曰。同官爲僚。同志爲友。此賓與主人同是官。與爲同志。故以僚友解之。此謂上中下士。嘗執摯相見者也。若未嘗相見。則不必戒。故鄭以僚友言之。是也。云古者有吉事則樂與賢者歡成之者。則此經戒賓使來者是也。云有凶事則欲與賢者哀戚之者。則士喪禮始死。命赴者使告君及同僚之等是也。云禮辭一辭而許者。即此文是也。云再辭而許曰固辭者。則士相見云某也願見無由達。某子以命命某見。主人對曰。某子命某見。吾子有辱。請吾子之就家也。某將走見。賓對曰。某不足以辱命。請終賜見。主人對曰。某不敢爲儀。固請吾子之就家也。某將走見。賓對曰。某不敢爲儀。固以請。主人對曰。某也固辭不得命。將走見。是其再辭而許。名爲固辭之義也。云三辭曰終辭不許也者。又士相見云。士見于大夫。終辭其摯。是三辭不許爲終辭之義也。若一辭不許。後辭而許。則爲禮辭許。若再辭不許。後三辭而許。則爲再辭而許之曰固辭。若不許。至于三辭。又不許。則爲三辭。曰終辭不許也。又三辭而許。則曰三辭。若三辭不許。乃曰終辭。是以公食大夫。戒賓。上介出請入告。三辭。又司儀云。諸公相爲賓。主君郊勞。交擯三辭。車逆拜辱。三揖三辭。注云。先辭辭其以禮來于外。後辭辭升堂。皆是三辭而許。稱三辭。若然。此戒賓。賓禮辭許。不固辭。案鄉飲酒。主人請賓。賓禮辭許。注云。不固辭者。素所有志。是賓習道藝。未嘗賓舉。是素所有志。故不固辭。此亦素有志。樂與主人歡成冠禮。故不固辭。諸經云禮辭許者。是素有志之類也。

主人再拜。賓答拜。

主人退賓拜送【注】退去也。歸也。【疏】釋曰。案鄉飲酒禮。主人戒賓。賓拜辱。主人

筮賓

答拜乃請賓賓禮辭許主人再拜賓答拜主人退賓拜辱鄉射亦然皆與此文不同此經文不具當依彼文爲正但此不言拜辱者亦是不爲賓已故也○前期三日筮賓如求日之儀注前期三日空二日也筮賓筮其可使冠子者賢者恒吉冠義曰古者冠禮筮日筮賓所以敬冠事敬冠事所以重禮重禮所以爲國本疏釋曰此文下盡宿賛冠者亦如之論筮賓若賛冠者之節云前期三日者加冠日爲期期前三日也筮賓者謂於僚友衆士之中筮取吉者爲加冠之賓也云如求日之儀者亦於廟門外下至告事畢唯命筮別其餘威儀竝同故云如求日之儀也命筮辭無文宰賛蓋云主人某爲適子某加冠筮某爲賓庶幾從之若庶子則改適字爲庶字其餘亦同此經不云命筮并上筮日亦不云命筮者皆文不具也注釋曰云前期三日空二日也者謂正加冠日是期日冠日之前空二日外爲前期三日故云空二日也二日之中雖有宿賓宿賛冠者及夕爲期但非加冠之事故云空也云筮賓筮其可使冠子者郎

宿賓

下文三加皆賓親加冠于首者是也。云賢者恆吉者，解經先戒後筮之意。凡取人之法，先筮後戒，今以此賓是賢者，必知吉，故先戒賓，賓已許，方始筮之，以其賢恆自吉，故先戒後筮之也。若賢恆吉，必筮之者，取其審慎重冠禮之事，故鄭引冠義爲證也。云重禮所以爲國本者，詩云：人而無禮，胡不遄死。禮運云：治國不以禮，猶無耜而耕也。故云重禮所以爲國本也。然冠既筮賓，特牲少牢不筮賓者，彼以祭祀之事，主人自爲獻主，羣臣助祭而已。天子諸侯之祭，祭前已射于射宮，擇取可預祭者，故不筮之也。○乃宿賓，賓如主人服，出門左，西面再拜。主人東面答拜。【注】宿，進也。宿者必先戒，戒不必宿。其不宿者爲衆賓，或悉來或否。主人朝服。【音義】爲，于僞反。【疏】釋曰：此經謂宿賓，擯者傳主人辭入內告賓，賓如主人服，出門與主人相見之儀也。【注】釋曰：鄭訓宿爲進者，謂進之使知冠日當來，故下文宿曰：某將加布于某之首，吾子將涖之，敢宿。賓對曰：某敢不夙興。是宿之使進之義也。云宿者必先戒者，謂若賓及贊冠同在上戒賓之內，已戒之矣。今又宿，是

增十三字從宋本。然見下主人迎出門左，此似疏本無。

宿者必先戒也云戒不必宿者即上文戒賓之中除正賓及贊冠者但是僚友欲觀禮者皆戒之使知而已後更不宿是戒不必宿者也云不宿者衆賓或悉來或否者此決賓與贊冠者戒而又宿不得不來衆賓主來觀禮非要須來容有不來者故直戒不宿也云主人朝服者見上文筮日時朝服至此無改服之文則知皆朝服凡有戒無宿者非止於此案鄉飲酒鄉射主人戒賓及公食大夫各以其爵皆是當日之戒理無宿也又大射宰戒百官有事于射者射人戒諸公卿大夫射司士戒士射與贊者前射三日宰夫戒宰及司馬皆有戒而無宿是也射人宿視滌此言宿者謂將射之前於宿須視滌濯非戒宿之意也若然特牲禮云前期二日宿尸前無戒而直有宿者特牲文不具其實亦有戒也又禮記祭統云先期旬有一日宮宰宿夫人夫人亦散齊七日致齊三日注云宿讀為肅肅猶戒也戒輕肅重也蓋彼以夫人尊故不得言戒而變言宿讀為肅者肅亦戒之意彼以宿當戒處非謂祭前三日之宿也大宰云祀五帝則掌百官之誓戒者謂戒百官使之散齊至祭前三日當致齊也凡宿賓之法案特牲云前期三日筮尸乃宿尸厥明夕陳鼎則前期二日宿之也少牢筮日下

云宿。鄭注云，大夫尊，儀益多，筮日既戒諸官以齊戒矣，至前祭一日又戒以進之，使知祭日當來。又云：前宿一日宿戒尸。注云：先宿尸者，重所用爲尸者。又爲將筮，吉則乃遂宿尸。是前祭二日筮尸訖，宿尸，至前祭一日又宿尸。天子諸侯祭前三日宿之，使致齊也。乃宿賓，賓許，主人再拜，賓荅拜，主人退，賓拜送。注 乃宿賓者，親相見致其辭。疏 釋曰：上據擯者傳辭，賓出與主人相見。此經據主人自致辭，故再舉宿賓之文也。宿贊冠者一人，亦如之。注 贊冠者，佐賓爲冠事者，謂賓若他官之屬，中士若下士也。宿之以筮賓之明日。疏 注 釋曰：案下文冠子之時，贊者坐櫛設纚卒紘之類，是贊冠者佐賓爲冠事者。以其佐賓爲輕，故不筮也。云謂賓若他官之屬者，此所取本由主人之意，或取賓之屬，或取他官之屬，故鄭兩言之。案周禮三百六十官，每官之下皆有屬官，假令上士爲官首，其下有中士下士爲之屬；若中士爲官首，其下即有下士爲之屬也。云中士若下士也者，此據主人是上士而言之，贊冠者皆降一等。假令主人是上士。賓亦是上士。則取中士爲之贊。假令主人是下士。賓亦是下士。則亦取下士爲之贊。禮窮則同故也。云宿之以筮賓之明日者。以下有厥明夕爲期。是冠前一日宿賓宿贊。在厥明之上。則去冠前二日矣。筮賓是前期三日。則知宿賓贊冠者是筮賓之明日可知。不在宿賓下而在宿贊冠之下言之者。欲取與厥明相近故也。○厥明夕爲期于廟門之外。主人立于門東。兄弟在其南少退西面北上。有司皆如宿服立于西方東面北上。【注】厥其也。宿服朝服。【疏】釋曰。自此至賓之家。論前一日之夕。爲明日加冠之期告賓之事也。云厥明夕爲期者。謂宿賓與贊冠明日向暮爲加冠之期。必於廟門者。以冠在廟。知亦在廟爲期也。主人之類在門東。賓之類在門西者。各依賓主之位。夾處東西也。【注】釋曰。知宿服朝服者。以其宿服如筮日之服。筮日朝服。轉相如。故知是朝服也。擯者請期。宰告曰。質明行事。【注】擯者。有司佐禮者。在主人曰擯。在客曰介。質正也。宰

兄弟主人親戚也

見下兄弟畢袗玄似此處本無

告曰旦日正明行冠事【音義】擯必刃反介音界【疏】釋曰上經布位已訖故此經兄爲期之事言請期者謂請主人加冠之期言告曰者即是宰贊命告之也注釋曰上云有司此言擯者故知擯者是有司佐主人行冠禮者也云在主人曰擯在客稱介者案聘禮及大行人皆以在主人曰擯在客稱介亦曰相司儀云每門止一相是也云旦日正明行冠事者案特牲請期曰羹飪鄭注云肉謂之羹飪熟也謂明日質明時而曰肉熟重豫勞賓此無羹飪故云質明少牢云旦明行事故此注取彼而言旦日正明行冠事也

告兄弟及有司【注】擯者告也【疏】注釋曰上文陳兄弟及有司位次此告訖下乃云告事畢則兄弟及有司亦廟門之外矣必告之者禮取審慎之義故也必知擯者告者上擯者請期此即云告明還是擯者告可知

告事畢【注】宗人告也【疏】注釋曰知宗人告者亦約上文筮日時宗人告事畢得知也

擯者告期于賓之家【疏】釋曰有司是家之屬吏者則告期皆得在位賓是同僚之等爲期時不在故就家告之於夕爲期當暮即得告之者以其共仕於君其家必在城郭

之內相近○夙興設洗直于東榮南北以堂深水在洗故得告也

東【注】夙早也興起也洗承盥洗者棄水器也士用鐵榮屋翼也周制自卿大夫以下其室爲夏屋水器尊卑皆用金罍其大小異【音義】直音值深申鴆反凡度淺深曰深後放此盥音管夏戶雅反後同○罍力回反【疏】釋曰自此至賓升則東面論將冠子豫陳設冠與服器物之事也【注】釋曰云洗承盥洗者棄水器也者謂盥手洗爵之時恐水穢地以洗承盥洗水而棄之故云棄水器云士用鐵者案漢禮器制度洗之所用士用鐵大夫用銅諸侯用白銀天子用黃金也云榮屋翼也者即今之抟風云榮者與屋爲榮飾言翼者與屋爲翅翼也云周制自卿大夫以下其室爲夏屋者言周制也夏殷卿大夫以下屋無文故此經是周法即以周制而言也案此經是士禮而云榮鄉飲酒鄉大夫禮鄉射喪大記大夫士禮皆云榮又案匠人云夏后氏世室堂脩二七廣四脩一五室此謂宗廟路寢同制則路寢亦然雖不云兩下爲之彼下文云殷人重屋四

乾隆四年校刊

其本作反
疏內猶然

阿。鄭云四阿四注屋。重屋謂路寢廟之路寢四阿則夏之路寢不四阿矣。當兩下爲之是以檀弓孔子云見若覆夏屋者矣。鄭注云夏屋今之門廡漢時門廡也兩下爲之故舉漢法以況夏屋兩下爲之或名兩下屋爲夏屋。夏后氏之屋亦爲夏屋鄭云卿大夫以下其室爲夏屋兩下而周之天子諸侯皆四注故喪大記云升自屋東榮鄭以爲卿大夫士其天子諸侯當言東霤也周天子路寢制似明堂五室十二堂上圓下方明四注也諸侯亦然故燕禮云洗當東霤鄭云人君爲殿屋也云水器尊卑皆用金罍及大小異者此亦案漢禮器制度尊卑皆用金罍及其大小異此篇與昏禮鄉飲酒鄉射特牲皆直言水不言罍大射雖云罍水不云枓少牢云司宮設罍水于洗東有枓鄭注云設水用罍沃盥用枓禮在此也欲見器枓俱有餘文無者不具之意也儀禮之內設洗與設尊或先或後不同者若先設洗則兼餘事此士冠賓與贊共洗昏禮有夫婦與御媵之等少牢特牲兼舉鼎不專爲酒以是皆先設洗鄉飲酒鄉射先設尊者以其專爲酒燕禮大射自相對大射辨尊卑故先設尊燕禮不辨尊卑故先設洗又儀禮之內或有尊無洗或尊洗皆有又不言設之者是不具也

陳服

也改是蜀下句

及亦當改具

文從監本

于房中西墉下東領北上【注】墉牆【疏】釋曰自此至東面論陳設衣服器物之等以待冠者喪大記與士喪禮服或西領或南領此東領者此嘉禮異於凶禮故士之冠時先用卑服北上便也爵弁服纁裳純衣緇帶韎韐【注】此與君祭之服雜記曰士弁而祭於公爵弁者冕之次其色赤而微黑如爵頭然或謂之緅其布三十升纁裳淺絳裳凡染絳一入謂之縓再入謂之赬三入謂之纁朱則四入與純衣絲衣也餘衣皆用布唯冕與爵弁服用絲耳先裳後衣者欲令下近緇明衣與帶同色韎韐緼韍也士緼韍而幽衡合韋爲之士染以茅蒐因以名焉今齊人名蒨爲韎韐韍之制似韠冠弁者不與衣陳而言於上以冠名服

乾隆四年校刊

耳今文纁皆作熏【音義】纁許云反韎音妹又武拜反韐古洽反又音閤緅七絹反范散騎音倉亂反染如琰反赬丑貞反令力呈反近附近之近縕音溫劉烏本反韍音弗幽於糾反茅亡交反蒐所留反蒨七見反【疏】釋曰此所陳從北而南故先陳爵弁服【注】釋曰士禮玄端自祭以爵弁服助君祭故云與君祭之服也云爵弁者冕之次者凡冕以木爲體長尺六寸廣八寸績麻三十升布上以玄下以纁前後有旒其爵弁制大同唯無旒又爲爵色爲異又名冕者俛也低前一寸二分故得冕稱其爵弁則前後平故不得冕名以其尊卑次於冕故云爵弁冕之次也云其色赤而微黑如爵頭然或謂之緅者七入爲緇若以纁入黑則爲紺以紺入黑則爲緅是三入赤再入黑故云其色赤而微黑也云如爵頭然者以目驗爵頭赤多黑少故以爵頭爲喻也以緅再入黑汁與爵同故取鍾氏緅色解之故鄭注鍾氏云緅今禮俗文作爵言如爵頭色也鄭此言赤者對文爲赤若將緅比纁則又黑多矣故淮南子云以涅染紺則黑於涅況更一入黑爲緅乎故巾車云雀飾鄭注云雀黑多赤少之色是也云其布三十升者取冠倍之義是以喪服衰三升冠六升朝服十五升冠

當作三入爲紺言意文貫

故覍三十升也。云纁裳淺絳裳者，絳則一染至三染同云淺絳。詩云：我朱孔陽。毛傳云：朱深纁也。故從一染至三染皆謂之淺絳也。云朱則四入與者，爾雅及鍾氏皆無四入之文，經有朱色，故鄭約之。若以纁入黑則爲紺，若以纁入赤則爲朱。無正文，故云與以疑之也。然上注以解玄緇，故引鍾氏染黑法。此注解纁，故引爾雅染赤法也。云純衣絲衣也者，案鄭解純字，或爲絲，或爲色，兩解不同者，皆望經爲注。若色理明者，以絲解之；若絲理明者，以色解之。此經玄衣與纁裳相對，上玄下纁，色理自明，絲理不明，則以絲解之。昏禮女次純衣，注云絲衣，以下文有女從者畢袗玄，色理自明，則亦絲理不明，故亦以絲理解之。周禮媒氏云：純帛無過五兩。注云：純實緇字也，古緇以才爲聲。納幣用緇，婦人陰也。以經云純帛，絲理自明，故爲色解之。祭統云：蠶於北郊，以共純服。絲理自明，故鄭亦以色解也。論語云：麻冕禮也，今也純儉。以純對麻，絲理自明，故鄭亦以色解之。是純有不同之事。但古緇紂二字並色，若據布爲色者則爲緇字，若據帛爲色者則爲紂字。但緇布之緇多在本字不誤，紂帛之紂則多誤爲純。云餘衣皆用布者，此據朝服、皮弁服、玄端服及深衣、長衣之等，皆以布爲之，是以雜記云。

朝服十五升布玄端亦朝服之類則皮弁亦是天子朝
服深衣或名麻衣故知用布也云雖冕與爵弁服用絲
耳者祭統云王后蠶於北郊以供純服爵弁服是冕服
之次故知亦用絲也云先裳後衣者欲令下近緇明衣
與帶同色者衣在上宜與冠相近應先言衣今退衣在
裳下者若衣與冠同色者先言衣後言裳今爵弁與衣
異故退純衣於下使與帶同色也云韎韐緼韍也者此
經云韎韐玉藻云緼韍二者一物故鄭合爲一物解之
也云士緼韍而幽衡者玉藻文言幽衡者同繫於革帶
故連引之也云合韋爲之者鄭即因解明緼韍之事言
韐者韋旁著合謂合韋爲之故名韐也云士染以茅蒐
因以名焉者案爾雅云茹藘茅蒐孫氏注一名蒨可以
染絳若然則一草有此三名矣但周公時名蒨草爲韎
草以此韎染韋合之爲韐因名韍爲韎韐也云韍之制
似韠者案上注已釋韠制其韍之制亦如之但有飾無
飾爲異耳祭服謂之韍其他服謂之韠易困卦九二困
於酒食朱韍方來利用享祀是祭服之韍也又案明堂
位云有虞氏服韍夏后氏山殷火周龍章鄭云後王彌
飾天子備焉諸侯火而下卿大夫山士韎韋而已是士
無飾則不得單名韍一名韎韐一名緼韍而已是韍有

與韠異。以制同飾異。故鄭云韍之制似韠也。但染草爲韍之體。天子與其臣。及諸侯與其臣有異。詩云朱芾斯黄。鄭云天子純朱。諸侯黄朱。詩又云。赤芾在股。是諸侯用黄朱。玉藻再命三命皆云赤韍。是諸侯之臣亦用赤韍。易困卦九二云。困於酒食。朱韍方來。利用享祀。鄭注云。二據初辰在未。未爲土。此二爲大夫有地之象。未上値天廚。酒食象。困於酒食者。采地薄不足已用也。二與日爲體。離爲鎮霍。爻四爲諸侯。有明德受命當王者。離爲火。火色赤。四爻辰在午。時離氣赤。又朱是也。文王將王。天子制用朱韍。故易乾鑿度云。孔子曰。天子三公諸侯同色。困卦困于酒食。朱韍方來。又云。天子三公大夫皆朱韍。諸侯亦同色者。其染之法。同以淺絳爲名。是天子與其臣純朱。諸侯與其臣黄朱爲異也。云冠弁不與衣陳而言於上。以冠名服耳者。案此文上下陳服則於房。緇布冠皮爵弁在堂下。是冠弁不與服同陳。今以弁在服上。並言之者。以冠弁表明其服耳。不謂同陳之也。云今文纁皆作熏者。纁是色。當從絲旁爲之。故疊今文不從熏。從經文古纁也。

皮弁服。素積。緇帶。素韠。

注 此與君視朔之服也。皮弁者。以白鹿皮爲冠

斯黄自是訛字非異文

象上古也。積猶辟也。以素爲裳，裳辟蹙其要中。皮弁之衣用布，亦十五升，其色象焉。

【音義】辟，必亦反，下同。要，一遙反。

【疏】釋曰：此皮弁服卑於爵弁，故陳之次在爵弁之南。上爵弁服、下玄端服皆言衣，此獨不言衣者，以其上爵弁服與爵弁異，故言衣；下玄端服但冠時用緇布冠，不用玄冠，既不言冠，故言衣也。今此皮弁之服用白布衣，與冠同色，故不言衣也。

【注】釋曰：案玉藻云：諸侯皮弁聽朔於大廟。又案鄉黨說孔子之服云：素衣麑裘。鄭云：視朔之服。視朔之時，君臣同服也。云皮弁者，以白鹿皮爲冠，象上古也者，謂三皇時以白鹿皮冒覆頭，鉤領繞項。至黃帝則有冕，故世本云：黃帝作冕旒。禮運云：先王未有宮室。又云：食草木之實、鳥獸之肉，未有麻絲，衣其羽皮。鄭云：此上古之時。則此象上古，謂象三皇時。以五帝爲大古，以三皇爲上古也。若然，黃帝雖有絲麻布帛，皮弁至三王不變，是以下記云：三王共皮弁。鄭注云：質不變。鄭注郊特牲云：所不易於先代。故孝經緯云：百王同之，不改易也。案禮圖仍以白鹿皮爲冠，故云以白鹿皮爲冠，象上古也。云積猶辟也，以素爲裳，辟蹙其要中者，經典云素者有三義。

汪云爵或制字之誤

若以衣裳言素者。謂白繒也。即此文之等。是也。畫繢言素者。謂白色。即論語云繪事後素之等。是也。器物無飾亦曰素。則檀弓云奠以素器之等。是也。鄭云以素爲裳。辟蹙其要中也。知皮弁之衣亦用十五升布者。雜記云。朝服十五升。此皮弁亦天子之朝服。故亦十五升布也。然喪服注云。祭服朝服。辟積無數。則祭服皮弁皆辟積無數。餘不云者。皮弁可知。不並言也。雖喪服裳幅三袧有數耳。云其色象焉者。謂象皮弁之色用白布也。以此言之。論語注云。素用繒者。彼上服裼衣用素也。

玄端玄裳黃裳雜裳可也。緇帶爵韠。【注】此莫夕於朝之服。玄端即朝服之衣。易其裳耳。上士玄裳。中士黃裳。下士雜裳。雜裳者前玄後黃。易曰。夫玄黃者。天地之雜也。天玄而地黃。士皆爵韋爲韠。其爵同。不以玄冠名服者。是爲緇布冠陳之。玉藻曰。韠。君朱。大夫素。士爵韋。【音義】莫音暮。朝直遙反。夫玄之夫音扶。【疏】釋曰。此玄

三字疑

端服。服之下，故後陳於皮弁之南。陳三等裳者，凡諸侯之下皆有二十七士。公侯伯之士一命，子男之士不命。不問一命不命，皆分爲三等，故服分爲三等之裳以當之。上下經三等之服同用緇帶者，以其士唯有一緇禪當之帶，故三服共用之。大帶所以束衣，革帶所以佩韠，及佩玉之等。不言革帶者，舉韠有革帶可知，故略不言耳。三裳之下云可也者，欲見三等之士各有所當。當者即服之，故言可以許之也。注釋曰：云此莫夕於朝之服者，當是莫夕於君之朝服也。案玉藻云：君朝服以日視朝于內朝，夕深衣，祭牢肉。是君朝服朝，夕服深衣矣。下又云朝玄端，夕深衣。朝時不朝服，與君不同，故鄭注云謂大夫士也。則彼朝玄端，夕深衣，是大夫士家私朝也。若然，大夫士既服玄端深衣以聽私朝矣，此服注云莫夕於朝之服，是士向莫之時夕君之服。必以莫爲夕者，朝禮備，夕禮簡，故以夕言之也。若卿大夫莫夕於君，當亦朝服矣。案春秋左氏傳成十二年，晉郤至謂子反曰：百官承事，朝而不夕。此云莫夕者，無事亦無夕法，若夕有事，須見君則夕，故昭十二年子革云夕，襄十四年子我亦云夕者，皆是有事見君，非常朝夕之事也。云玄端即朝服之衣，易其裳耳者，上云玄冠朝服緇帶素韠，此玄

端亦緇帶。彼云朝服即此玄端也。但朝服亦得名端。故
論語云端章甫。鄭云端諸侯視朝之服耳。皆以十五升
布爲緇色正幅爲之。同名也。云易其裳耳者。彼朝服素
韠。韠同裳色。則裳亦素。此既易其裳以三等裳同爵韠。
則亦易之矣。不言者。朝服言素韠不言裳。故須言易。彼
言素韠。此云爵韠。於文自明。故不須言易也。云上士玄
裳中士黃裳下士雜裳者。此無正文。直以諸侯之士皆
有三等玄裳。故還以三等之士礼之。但玄是天色。黃是
地色。天尊而地卑。故上士服玄。中士服黃。下士當雜裳。
雜裳者還用此玄黃。但前陽後陰。故知前玄後黃也。云
易曰者。是文言文。引之者。證此裳等是天地二色爲之。
云士皆爵韋爲韠。其爵同者。三裳同云爵韠。故知三等
之士同用爵韋爲韠也。其爵韋者。所引玉藻文是也。云
不以玄冠名服者。是爲緇布冠陳之者。今不以玄冠表
此服者。此爲冠時緇布冠陳之。冠既不用玄冠。故不言
也。云玉藻者。案彼注云此玄端服之韠也。云韠者與下
君大夫士爲總目。韋者又總三者用韋爲之。言君朱大
夫素士爵者。韠之韋色也。云君朱者。見五等諸侯則天
子亦朱矣。韠同裳色。則天子諸侯朱裳。士言爵。則此經
爵韠亦一也。以其裳有三等。爵亦雜色。故同爵韠。若然

乾隆四年校刊

以意改

敖繼公曰此缺項者蓋別以緇布一條圍冠而後不合故名之曰缺項桉此註讀缺為頍未妥

大夫素裳則與朝服不異者禮窮則同也。緇布冠缺項，青組纓屬于缺；緇纚廣終幅，長六尺；皮弁笄；爵弁笄；緇組紘纁邊；同篋。【注】缺讀如有頍者弁之頍。緇布冠無笄者，著頍圍髮際，結項中，隅為四綴以固冠也。項中有編，亦由固頍為之耳。今未冠笄者著卷幘，頍象之所生也。滕薛名蔮為頍，屬猶著。纚，今之幘梁也。終，充也。纚一幅長六尺，足以韜髮而結之矣。笄，今之簪。有笄者屈組為紘，垂為飾；無笄者纓而結其條。纁邊，組側赤也。同篋，謂此以上凡六物，隋方曰篋。【音義】缺依注音頍，去蘂反，又音跬，劉屈絹反，下皆同。項，下講反。組音祖。屬，章玉反，注同。纚，山買反，舊山綺反。笄音雞。紘音宏。纓從下而上者。篋，苦協反。著頍之著，陟略反，下著卷同。綴，丁衞反。編，劉紀屈反。卷

夫圓反。菌古內反。猶著之著。直略反。韜。一本作叏。【疏】【注】
士刀反。簪側金反。上時掌反。隋他果反。狹而長。釋
曰。云缺讀如有頍者弁之頍者。讀從頍弁詩。義取在首
頍者弁貌之意也。云緇布冠無笄者。案經皮弁爵弁言
笄。緇布冠不言笄。故云無笄也。云著頍圍髮際者。無正
文。約漢時卷幘亦圍髮際。故知也。云結項者。此亦無正
文。以經云頍。明于項上結之也。云隅爲四綴以固冠也
者。此亦無正文。以義言之。既武以下別有頍項。明于首
四隅爲綴。上綴于武。然後頍項得安穩也。云項中有緇
亦由固頍爲之耳者。此亦無正文。以義言之。頍之兩頭
皆爲緇。別以繩穿緇中結之。然後頍得牢固。故云亦由
固頍爲之也。云今之未冠笄者著卷幘頍象之所生者
此舉漢法以況義耳。漢時男女未冠笄者首著卷幘。卷
幘之狀。雖不可知。既言頍圍髮際。故以冠之。明漢時卷
幘亦以有帛之等圍繞髮際爲之矣。云頍象之所生者
漢時卷幘是頍之遺象所生至漢時。故云頍象之所生
也。云滕薛名蔮爲頍者。此亦舉漢時事以況之。漢時滕
薛二國云蔮。蔮卷幘之類。亦遺象。故爲況也。云纚今之
幘梁者。亦舉漢法爲況耳。幘梁之狀。鄭目驗而知。至今
久遠。亦未審也。云纚一幅長六尺足以韜髮而結之矣

乾隆四年校刊

三字依注增改

者人髮之長者不過六尺纚六尺故云足以韜髮旣云韜髮乃云結之則韜訖乃爲紒矣云有笄者卽經云皮弁及爵弁皆云笄者是有笄也云屈組爲紘者經緇組紘纁邊是爲有笄者而設言屈組謂以一條組於左笄上繫定遶頤下右相向上仰屬于笄屈繫之有餘因垂爲飾也云無笄者纓而結其條者無笄卽經緇布冠是也則以二條組兩相屬于頍故經云組纓屬于頍也旣屬訖則所垂條于頤下結之故云纓而結其條也云纁邊組側赤也者纁是三入之赤色又云邊則于邊側赤也若然以緇爲中以纁爲邊側而織之也云同篋謂此上凡六物者緇布至屬于頍共爲一物纚長六尺二物皮弁笄三物爵弁笄四物其緇組紘纁邊皮弁爵弁各有一爲二物通前四爲六物云隋方曰篋者爾雅無文此對筩而不隋也隋謂狹而長也案周禮弁師云掌王五冕而云玉笄朱紘則天子以玉爲笄以朱爲紘又案祭義云天子冕而朱紘諸侯冕而靑紘諸侯之笄亦當用玉矣又案弁師韋弁與皮弁同科皮弁有笄則二者亦有笄矣又爲笄者屬纓不見有緌則六冕無緌矣然士緇布冠無緌故下記云孔子曰其緌也吾未之聞也若諸侯亦以緇布冠爲始冠之冠則有緌故玉藻云緇

疏舊本作注筵席也。釋曰云云中間無注釋曰三字今改作兩段則鄭注云七字可省

布冠繢緌諸侯之冠也鄭注云尊者飾其大夫紱䌓禮器云管仲鏤簋朱紘鄭注云大夫士當緇組紘纁邊是也其并亦當用象耳

櫛實于簞【注】簞笥也【音義】櫛莊乙反簞音丹笥也笥息嗣反字林先字反【疏】【注】釋曰鄭注曲禮圓曰簞方曰笥與簞方圓有異而云簞笥共爲一物者鄭舉其類注論語亦然

蒲筵二在南【注】筵席也【疏】釋曰筵二者一爲冠子即下云筵于東序少北是也一爲醴子即下云筵于戶西南面是也云在南者最在南頭對下文側尊一甒醴在服北也【注】釋曰鄭注云筵席也者鄭注周禮司几筵云敷陳曰筵藉之曰席然其散言之筵席通矣前敷在地者皆言筵藉取相承之義是以諸經在地者多言筵也

側尊一甒醴在服北有篚實勺觶角柶脯醢南上【注】側猶特也無偶曰側置酒曰尊側者無玄酒服北者纁裳北也篚竹器如笭者勺尊升所以㪺酒也爵三升曰觶柶狀如匕以角爲之者欲滑也南上者

文弨增

篚次尊，籩豆次篚。古文甒作廡。

【音義】甒，亡甫反，又音武。篚，方尾反。勺，上灼反。觶，之豉反，字林音至。柶，音四，匕也。醢，音海。笭，力丁反，一音泠。㪺，九于反，又音俱，挹也。廡，音武。

【疏】注釋曰：云側猶特也，無偶曰側，置酒曰尊，側者無玄酒者，凡禮之通例稱側有二：一者無偶特一爲側，則此文側是也。又昏禮云側尊甒醴于房中，亦是無玄酒曰側。至於昏禮合升側載，聘禮云側襲，士虞禮云側尊，此皆是無偶爲側之類也。一者聘禮云側受几者，側是旁側之義也。云服北者，纁裳北也者，此上先陳爵弁服之特，纁裳最在北，向南陳之。此北云服北，明在纁裳北可知也。云篚竹器如笭者，其字皆竹下爲之，故以竹器言之。如笭者，亦舉漢法爲況也。云勺尊升所以㪺酒也者，案少牢云罍水有枓，與此勺爲一物，故云尊升，對彼是罍枓，所以㪺水，則此爲尊枓㪺酒者也。云爵三升曰觶者，案韓詩外傳云：一升曰爵，二升曰觚，三升曰觶，四升曰角，五升曰散。相對，爵觶有異，散文則通，皆曰爵，故鄭以爵名觶也。云柶狀如匕，以角爲之者，欲滑也者，對士喪禮用木柶者，喪禮反吉也。云南上者，篚次尊，籩豆次篚。知然者，以經云尊在服北，南上，則是從南北向陳之，以尊爲貴，次云篚，後云籩豆故知次第然也云古文甒作廡者此甒為酒器廡是廈屋兩下故不從古文也爵弁皮弁緇布冠各一匴執以待于西坫南南面東上賓升則東面

【注】爵弁者制如冕黑色但無繅耳周禮王之皮弁會五采玉璂象邸玉笄諸侯及孤卿大夫之冕皮弁各以其等為之則士之皮弁又無玉象邸飾緇布冠今小吏冠其遺象也匴竹器名今之冠箱也執之者有司也坫在堂角古文匴為篹坫為襜

【音義】匴素管反本或作篹坫丁念反繅音早璂音其邸丁禮反篹素管反劉音纂襜以占反

【疏】釋曰此一節論使有司三人各執其一豫在階以待冠事賓未入南面以向賓在堂亦以向賓言升則東面據終言之也

【疏】釋曰云爵弁者制如冕黑色但無繅耳者已於上解訖今復言之者上文直舉冠以表服其冠賓不陳故略言其冠至此專為冠言之是以注并引皮弁

以下之事。案弁師言冕有五采繅玉皮弁有五采玉璂
象邸玉笄。下云諸侯及孤卿大夫之冕。韋弁皮弁弁絰
各以其等爲之。鄭注云。各以其等繅斿玉璂如其命數
也。但上文已言上公之法。故此諸侯唯據侯伯子男。是
以鄭云。冕則侯伯繅七就。用玉九十八。子男繅五就。用
玉五十。繅玉皆三采。孤繅四就。用玉三十二。三命之卿
繅三就。用玉十八。再命之大夫繅再就。用玉八。藻玉皆
朱綠。韋弁皮弁。則侯伯璂飾七。子男璂飾五。玉亦三采。
孤則璂飾四。三命之卿璂飾三。再命之大夫璂飾二。玉
亦二采。弁絰之弁。其辟積如冕繅之就。然庶人弔者素
委貌。一命之大夫冕而無斿。士變冕爲爵弁。其韋弁皮
弁之會無結飾。弁絰之弁不辟積。彼經文具言之。今此
注略引以證士皮弁無玉以象爲飾之意。不取於韋弁
弁絰乃依命數之事。故不具引之。云緇布冠今小吏冠
其遺象也者。但緇布冠士爲初加之冠。冠訖則弊之不
用。庶人則常著之。故詩云臺笠緇撮。是庶人以布冠常
服者。以漢之小吏亦常服之。故舉爲況。云匴竹器名今
之冠箱也者。此亦舉漢法爲況。云執之者有司也者。則
上云有司如主人服。有司不主一事。故知此亦有司也。
云坫在堂角者。但坫有二文。有一者。謂若明堂位云崇

即位

坫亢圭及論語云兩君之好有反坫之等在廟中有之以亢圭反爵之屬此篇之內言坫者皆據堂上角爲名故云堂角云古文匴爲篹坫作襜者皆從經今文故疊古文也○主人玄端爵韠立于阼階下直東序西面【注】玄端士入廟之服也阼猶酢也東階所以答酢賓客也堂東西牆謂之序【音義】阼才故反酢才各反【疏】釋曰上文已陳衣冠器物自此以下至外門外論賓主兄弟等著服及位處也云玄端爵韠者主人之服與上所陳子加冠玄端服亦一也云立于阼階下者時欲與賓行禮之事也云直東序者直當也謂當堂上東序牆也【注】釋曰案特牲士禮祭服用玄端此亦士之加冠在廟故與祭同服故云士入廟之服也云東西牆謂之序者爾雅釋宮文○兄弟畢袗玄立于洗東西面北上【注】兄弟主人親戚也畢猶盡也袗同也玄者玄衣玄裳也緇帶韠位在洗東退於主人不爵韠者降於主人也古文袗

爲均也。【音義】袗之刃反。劉之慎反。音真同。【疏】釋曰。此論兄弟來觀禮之服也。【注】釋曰。云兄弟主人親戚也者。既云兄弟。故是主人親戚。云袗同也玄者。玄衣玄裳也。緇帶韠者。以其同玄。故知上下皆玄。云緇帶韠者。緇亦玄之類。因上有緇帶。故韠亦言緇。實亦玄也。云位在洗東退於主人者。主人當序南西面。洗當東榮。兄弟又在洗東。故云退於主人也。云不爵韠者降於主人也者。韠亦同色。主人尊故也。兄弟用緇韠不用爵韠。兄弟卑。故云降於主人也。擯者玄端負東塾。【注】東塾門內東堂負之。北面。【疏】釋曰。擯者不言如主人服。別言玄端。則與主人不同可知。主人與兄弟不同。故特言玄端。與下贊者玄端從之同。言玄則此擯者是主人之屬中下若下士也。故直舉玄端。不言裳也。【注】釋曰。知是擯者是主人擯相。事在門內。故知在門內東堂負之。北面向主人也。將冠者采衣。紒在房中。南面。【注】采衣。未冠者所服。玉藻曰。童子之節也。緇布衣。錦緣。錦紳。并紐。錦束髮。皆朱錦也。紒。結髮。古文紒爲結。

【音義】紛，音訃，後同。緣，以絹反。紐，女九反。【疏】釋曰：將冠者，即童子二十之人也。以其冠事未至，故言將冠者也。【注】釋曰：云「緇布衣錦緣」者，以其童子不帛襦袴，不衣裘裳，故云緇布衣，以錦為緇布衣之緣也。云「錦紳」者，以錦為大帶也。云「并紐」者，亦以錦為紐，紳之垂也。云「錦束髮」者，以錦為總。云「皆朱錦也」者，童子之錦皆朱錦也。云「紛結髮」者，則《詩》曰「總角丱兮」是也。以童子尚華飾，故衣此也。

○賓如主人服，贊者玄端從之，立于外門之外。【注】外門，大門外。【疏】釋曰：云「賓如主人服」者，以其賓與主人尊卑同，故得如之。贊者皆降主人一等，其衣冠雖同，其裳則異，故不得如主人服，故別玄端也。若然，此冠兄弟及賓贊皆得玄端，特牲主人與尸祝佐食玄端，自餘皆朝服者，彼助祭在廟，緣孝子之心，欲得尊嘉賓以事其祖禰，故朝服與主異也。

擯者告。【注】告者，出請入告。【疏】【注】釋曰：出請入告者，告主人也。

主人迎，出門左，西面再拜。賓答拜。【注】左，東也。出以東為左，入以東為右。【疏】【注】釋曰：出以東為左，入以東為右，據主人在東，賓在西出則以西爲右入以西爲左也主人揖贄者與賓揖先入【注】贄者賤揖之而已又與賓揖先入道之贄者隨賓【音義】道音導【疏】注釋曰云贄者賤揖之而已者正謂贄者降于主人與賓一等爲賤也云又與賓揖者對前爲賓拜訖今又揖者爲主人將先入故又與賓揖乃入也云贄者隨賓後不見更與贄者爲禮故知隨賓入也每曲揖【注】周左宗廟入外門將東曲揖直廟將北曲又揖【疏】注釋曰周左宗廟者祭義與小宗伯俱有此文對般右宗廟也言此皆欲見入大門東向入廟云入外門將東曲揖者主人在南賓在北俱向東是一曲故一揖也至廟南主人在東北面賓在西北面是曲爲二揖故云直廟將北曲又揖也適下將入廟又揖三也至于廟門揖入三揖至于階三讓【注】入門將右曲揖將北曲揖當碑揖【音義】碑彼宜反【疏】注釋曰經直云入門揖鄭知此爲三揖者以上云每曲揖據入門東行時此入廟門三揖是據主人將右欲背客宜揖將北曲

始加

汪稚川云此于洗西三字蓋因注而衍也注本以二句相足成文若謂以由賓階非釋盥于洗西則方位不相當矣
稚川名兆澄

與客相見。又揖。云當碑揖者。碑是庭中之大節。又云揖是知三揖據此而言也。案昏禮注。入三揖者。至內霤將曲揖。既曲北面揖。當碑揖。及聘禮、鄉飲酒入三揖注雖不同。皆據此三節爲三揖。義不異也。

主人升。立于序端西面。賓西序東面。【注】主人賓俱升立相鄉。【音義】鄉許亮反。又作嚮。【疏】【注】釋曰。此文主人與賓立相鄉。位定。將行冠禮者也。主人升堂不拜至者。冠子非爲賓客。故異於鄉飲酒之等也。

○贊者盥于洗西。升。立于房中。西面。南上。【注】盥於洗西。由賓階升也。立于房中。近其事也。南上。尊於主人之贊者。古文盥皆作浣。【音義】近。附近之近。浣。戶管反。【疏】【注】釋曰。此贊者。冠者之贊冠者。不在堂。升即位于房中。與主人贊者並立者。以其與主人贊者俱是執勞役之事。故先入房。並立待事。故鄭云近其事也。云盥於洗西由賓階升也者。贊者盥於洗西。無正文。案鄉飲酒主人在洗北南面。賓在洗南北面。如此相鄉。又主人從內。賓從外來之便。贊者亦從之。文卑不可與賓並。故在洗西

乾隆四年校刊

東面。及向賓階。便知在洗西也。云由賓階升者。以與主人贊者在房竝立。恐作阼階。故明其同於賓客也。云南上。尊於主人之贊者。以其賓主贊者俱降一等。兩贊尊卑同。而云尊者。直以主人尊敬賓之贊。故云尊於主人之贊。又知與主人贊竝立者。以贊冠一人而已。而云南上。明與主人贊爲序也。

主人之贊者筵于東序。少北。西面。注 主人之贊者。其屬中士若下士。筵布席也。東序。主人位也。適子冠於阼。少北。辟主人。音義 適。丁歷反。辟。音避。疏 注釋曰。云主人之贊者其屬中士若下士者。以主人上士。士爲正。故云其屬中士若主人是中士。贊是其屬下士爲之。賓與贊冠者同。云筵布席也者。謂布冠者席也。云東序主人位也者。引冠義云適子冠於阼爲證是也。

將冠者出房南面。注 南面立於房外之西。待賓命。疏 注釋曰。知在房外之西不在東者。以房外之東南當阼階。是知房外者皆在房外之西。故昏禮女出於母左。母在房外之西。故得出時在母左也。云待賓命者。以其下文有賓揖將冠則賓有命也。贊者奠纚笄櫛于筵南端。【注】贊者，賓之贊冠者也。奠，停也。古文櫛爲節。【疏】釋曰：前頍項已下六物同一篋陳於房，今將用之，故贊冠者取置于將冠之席南擬用。若然，六者俱用，不言纓紘等四物，大略其實皆有可知。不言櫛盛于簞，今亦幷簞將來置於席南端也。服不將來置於席南者，皆加冠訖，適房中隱處加服訖，乃見容體也。【注】釋曰：知贊者是其賓之贊冠者也者，以其贊冠者上爲冠事而來，故知取幷纚是賓之贊冠者。若非賓之贊者，則云主人以別之，故上云主人之贊者是也。賓揖將冠者，將冠者即筵坐。贊者坐，櫛，設纚。【注】即，就。設，施。【疏】釋曰：此二者勞役之事，故贊者爲之也。賓降，主人降。賓辭，主人對。【注】主人降，爲賓將盥，不敢安位也。辭對之辭未聞。【音義】爲，于僞反。【疏】【注】釋曰：云"辭對之辭未聞"者，上筮賓、宿賓之時，雖不言其辭，下皆陳其辭，此賓主之辭不陳，不言，故云未聞也。賓盥卒，壹揖，壹讓，升。主人升，復初位。【注】揖讓皆

乾隆四年校刊

壹者降於初古文壹皆作一【疏】釋曰云主人升復初位者謂初升序端也【注】釋曰一壹得通用雖疊古文不破之也賓筵前坐正纚興降西階一等執冠者升一等東面授賓【注】正纚者將加冠宜親之興起也降下也下一等升一等則中等相授冠緇布冠也【疏】【注】釋曰云正纚者將加冠宜親之者以其贊者前已設纚訖今賓復出正之者雖舊設已正以親加冠故纚亦宜親之也云下一等升一等則中等相授者案匠人天子之堂九尺賈馬以爲傍九等爲階則諸侯堂宜七尺則七等階大夫堂宜五尺則五等階士宜三尺則三等階故鄭以中等解之也知冠是緇布冠者以下文有皮弁爵弁故知此是緇布冠也賓右手執項左手執前進容乃祝坐如初乃冠興復位贊者卒【注】進容者行翔而前鶬焉至則立祝坐如初坐筵前興起也復位西序東面卒謂設缺項

再加

結纓也。[音義]祝，之又反，一音之六反。注同。鶬，七良反。[疏][注]釋曰：云進容者，行翔而前鶬焉者，曲禮云：堂上不趨，室中不翔，則堂下固得翔矣。又云：大夫濟濟，士蹌蹌。注云：皆行容止之貌。此進容是士，故知進容謂行翔而前鶬焉。至則立祝者，以經祝下乃云坐如初，故祝特立可知。云坐如初坐筵前者，上正纚時筵前坐，是初坐也。云卒謂設缺項結纓也者，下文皮弁贊者卒紘，此謂緇布冠無笄紘，直頍項青組纓屬於頍，故卒者終頍項與結纓也。若然，經云右手執項，謂冠後為項，非頍項。其下皮弁爵弁無頍項，皆云執項，故知非頍項也。

冠者興，賓揖之，適房，服玄端爵韠，出房南面。[注]復出房南面者，一加禮成，觀衆以容體。[音義]復，扶又反。[疏][注]釋曰：言復者，對前出房，故云復。前出房為待賓命，此出為觀衆以容體也。案郊特牲論加冠之事，云加有成也，故此鄭云一加禮成也。云觀衆以容體者，以其既去緇布衣錦緣童子服，著此玄端成人之服，使衆觀知，故云觀衆以容體也。

賓揖之，即筵坐，櫛，設笄。賓盥正纚如初，降二等，受皮

乾隆四年校刊

儀禮注疏卷一　七　冠禮

弁右執項左執前進祝加之如初復位贊者卒紘【注】如初爲不見者言也卒紘謂繫屬之【音義】見賢遍反屬音燭【疏】釋曰此當第二加皮弁之節云卽筵坐櫛者坐訖當脫緇布冠乃更櫛也云設笄者凡諸設笄有二種一是紒內安髮之笄一是皮弁爵弁及六冕固冠之笄今此櫛訖未加冠卽言設笄者宜是紒內安髮之笄也若安髮之笄則緇布冠亦宜有之前櫛訖不言設笄者以其固冠之笄緇布冠無笄而皮弁爵弁有笄上文已陳訖今若緇布冠亦言設笄卽與皮弁爵弁相亂故緇布冠不言設笄其實亦有也若然緇布冠不言設笄而言設纚皮弁冠言設笄不言設纚互見爲義明皆有也其於固冠之笄則於賓加弁之時自設之可知【注】釋曰云如初爲不見者言也者上加緇布冠時有賓降主人降賓辭主人對賓盥卒一揖一讓升主人升復初位賓筵前坐之等相次此皆不見故設經省文如之而已故云爲不見者言也云卒紘謂繫屬之者卽上注云有笄者屈組以爲紘伸屬之左相繫定右相屈繫擬解時易爲繫屬之也

興賓揖之適房服素積素

三加

醴冠者

韠，容出房南面。注 容者，再加彌成，其儀益繁。疏 釋曰：興謂冠者加皮弁訖，起而賓揖之也。云適房服素積素韠者，上陳服皮弁云緇帶素韠，此不言緇帶者，上惟有一帶，不言可知，故不言也。注 釋曰：此對上加緇布冠時直言出房南面不言容，此則言容，以再加彌成，其儀益繁，故言容。其實彼出亦是容，故鄭注云觀衆以容體也。

賓降三等，受爵弁，加之，服纁裳韎韐，其他如加皮弁之儀。注 降三等，下至地。他謂卒紘容出。疏 注 釋曰：云降三等下至地者，據士而言。云他謂卒紘容出者，以其自餘皆緇布冠見訖，皮弁如之而已，至卒紘容出，唯皮弁有之，故知他謂此二者也。

徹皮弁、冠、櫛、筵，入于房。注 徹者，贊冠者、主人之贊者爲之。疏 釋曰：冠即緇布冠也。不言緇布冠者，可知故也。皮弁具言者，以有爵弁之嫌。然不言爵弁者，著之以受醴，至見母兄弟姑姊訖，乃易服故也。注 釋曰：云徹者贊冠者主人之贊者爲之者，以其贊冠者奠櫛，主人之贊者設筵，故知還遣之也。○筵于戶西，南面。注筵主人之贊者。戶西，室戶西。疏注釋曰：知主人之贊者設筵者，以上文筵于東序，已遣主人之贊，故知此亦主人之贊者也。云戶西室戶西者，以下記醮于客位在戶西，醮醴同處，故知戶西也。

贊者洗于房中，側酌醴，加柶，覆之，面葉。注洗，盥而洗爵者。昏禮曰：房中之洗在北堂，直室東隅；篚在洗東，北面盥。側酌者，言無爲之薦者。面，前也。葉，柶大端。贊酌者，賓尊不入房。古文葉爲擖。疏注釋曰：云洗盥而洗爵者，凡洗爵者必先盥。盥有不洗爵者。此經直云洗，明盥手乃洗爵，故鄭云盥而洗爵。引昏禮房中之洗至北面盥者，證房中有洗之事。若然，前設洗于庭者，不爲醴，以房中有洗醴尊也。云側酌者言無爲之薦者，謂無人爲之薦脯醢，還是此贊者，故下直言薦脯醢，不言別有他人，明還是贊者也。昏禮贊醴婦，是贊者自酌自薦，經雖不言側酌，側自明也。云葉柶大端者，謂扱醴之面柄細，故以爲柶大端。此與昏禮賓皆云面葉者，此以賓尊不入戶，贊者面葉授賓賓得面枋授冠者冠者得之面葉以扱醴而祭昏禮禮賓亦主人尊不入房贊者面葉以授主人主人面枋以授賓賓得面葉以扱祭至於聘禮禮賓宰夫實觶以醴加柶于觶面枋授公者凡醴皆設柶聘禮宰夫不訝授公側受醴則還面枋以授賓故面枋也賓揖冠者就筵筵西南面賓受醴于戶東加柶面枋筵前北面【注】戶東室戶東今文枋為柄【音義】枋音柄彼命反【疏】【注】釋曰知室戶東者以其冠者筵室戶西賓自至房戶取醴酌醴者出向西以授也冠者筵西拜受觶賓東面答拜【注】筵西拜南面拜也賓還答拜於西序之位東面者明成人與為禮異於答主人【疏】【注】釋曰云筵西拜南面拜也者上云冠者筵西南面知以觶拜還南面也知賓東面在西序者以上文與主人相對本位於西序也云東面者明成人與為禮異於答主人者案鄉飲酒鄉射賓於西階北面答主人拜今此以西序東面拜故云異於答主人又昏禮禮賓聘禮禮賓皆云拜送此云答拜不云

乾隆四年校刊

冠者見母

拜送者。彼醴是主人之物，故云拜送。此醴非賓物，故云荅拜也。薦脯醢。【注】贊冠者也。【音義】薦本又作虆，子見反，或作廌，非也。廌依字直買反，解廌獸名，後放此。【疏】【注】釋曰：上文云贊者酌醴，是贊冠者，明此薦亦是贊冠者也。冠者即筵坐，左執觶，右祭脯醢，以柶祭醴三，興，筵末坐，啐醴，捷柶，興，降筵，坐奠觶，拜，執觶興。賓荅拜。【注】捷柶，扱柶於醴中。其拜皆如初。古文啐為呼。【音義】啐，七內反。捷，初洽反，本又作插，亦作扱。【疏】釋曰：云祭醴三興者，三祭者一如昏禮始扱一祭，又扱再祭也。云筵末坐啐醴，捷柶興，降筵，此啐醴不拜既爵者，以其不卒爵，故不拜也。○冠者奠觶于薦東，降筵，北面坐，取脯，降自西階，適東壁，北面見于母。【注】薦東，薦左。凡奠爵，將舉者於右，不舉者於左。適東壁者，出闈門也。時母在闈門之外，婦人入廟由闈門。【音義】

字冠者

見賢遍反下及注入見如見見于君贄見與見如見母同闈音韋劉音暉宮中小門也[疏][注]釋曰云薦東爲左者據南面爲正故云薦左也云凡奠爵將舉者於右者謂若鄉飲酒鄉射是也此文及昏禮贊醴婦是不舉者皆奠之於左也云適東壁者出闈門也者宮中之門曰闈門母既冠子無事故不在門外今子須見母故知出闈門也云婦人入廟由闈門者雜記云夫人奔喪入自闈門升自側階鄭注云宮中之門曰闈門爲相通者也是也

母拜受子拜送母又拜[注]婦人於丈夫雖其子猶俠拜[音義]俠古洽反[疏][注]釋曰鄭云婦人於丈夫雖其子猶俠拜者欲見禮子之體例但是婦人於丈夫皆使俠拜故舉子以見義也

○賓降直西序東面主人降復初位[注]初位初至階讓升之位[疏]釋曰此將欲與冠者造字而迎之位也[注]釋曰云初位初至階讓升之位者謂初迎賓至階讓升之位其賓直西序則非初讓升之位主人直東序西面者欲迎其事聞字之言故也

冠者立于西階東南面賓字之冠者對[注]對應

乾隆四年校刊

賓出就次

也。其辭未聞。【音義】應，應對之應。【疏】釋曰：云賓字之者，即下文有字辭，又有某甫之字，若孔子云尼父之字是也。【注】釋曰：云其辭未聞者，下有賓祝辭，不見冠者應辭，故云未聞也。案禮記冠義云：既冠而字之，成人之道也。見於母，母拜之。據彼則字訖乃見母。此文先見母乃字者，此先見母是正禮，彼見母在下者，記人以下有兄弟之等皆拜之，故退見母於下，使與兄弟拜文相近也。若然，未字先見母，字訖乃見兄弟之等，急於母，緩於兄弟也。

○賓出，主人送于廟門外。【注】不出外門，將醴之。【疏】【注】釋曰：以下云請醴賓，故云將醴之也。

請醴賓，賓禮辭，許。賓就次。【注】此醴當作禮。次，門外更衣處也。必帷幕簟席為之。【音義】處，昌慮反。幕，武博反。【疏】【注】釋曰：云此醴當作禮者，對上文有酌醴、受醴之等不破之。此當為上於下之禮，不得用醴禮，即從醴字。何者？周禮云天子禮諸侯用醴，不云醴賓，明不得以醴禮賓，即為醴，故破從禮也。云次門外更衣處也者，次者舍之名，以其行禮衣服或與常服不同，更衣之時須入於次，故云更衣處也。云必帷

冠者見兄弟贊者姑姊

見於君及鄉大夫鄉先生

幕簟席爲之者。案聘禮記云：宗人授次，次以帷，少退于君之次。注云：主國之門外，諸侯及卿大夫之所使者次位皆有常處。又案周禮幕人掌帷幕帟綬之事，注云：帷幕皆以布爲之，四合象宮室曰幄。云簟席者，士卑，或用簟席。是以雜記諸侯大夫喪皆用布，士用簟席爲之。次亦當然。○冠者見於兄弟，兄弟再拜，冠者答拜。見贊者，西面拜，亦如之。[注]見贊者西面拜，則見兄弟東面拜。贊者後賓出。[音義]後，戶豆反。[疏][注]釋曰：見兄弟位在東方，此贊冠者則賓之類，故贊者東面也。言贊者先拜冠者，冠者答之也。知贊者後賓出者，亦於見兄弟下始見之，明贊者後賓出也。出亦當就次待禮之也。入見姑姊，如見母。[注]入，入寢門也。廟在寢門外。如見母者，亦北面。姑與姊亦俠拜也。不見妹，妹卑。[疏][注]釋曰：男子居外，女子居內，廟在寢門外。入見入寢門可知。不見父與賓者，蓋冠畢則已見也。不言者，從可知也。云不見妹，妹卑者，以其妹卑於姑姊，故不見也。○乃易服，服玄冠玄端爵韠，奠摯見於君，遂以摯見於鄉大夫、鄉先生。【注】易服不朝服者，非朝事也。摯，雉也。鄉先生，鄉中老人爲卿大夫致仕者。【音義】贄，本又作摯，音至。朝，直遥反。【疏】釋曰：云「易服」者，爵弁既埽祭之服，不可服見君與先生等，故易服服玄端也。【注】釋曰：云「易服不朝服者，非朝事也」者，此乃因加冠以成人之禮見君，非立朝之節，故不朝服。服，經直云玄端，則以兼玄冠矣。今更云玄冠者，以初冠時服玄端爲緇布冠服，緇布冠非常著之冠，冠而弊之，易服宜服玄冠配玄端，故兼云玄冠也。朝服與玄端同玄端，則玄裳、黄裳、雜裳黑屨者，朝服玄冠玄端雖同，但裳以素而屨色白也。以其但正幅，故朝服亦得端名。然六冕皆正幅，故亦名端，是以《樂記》云「魏文侯端冕而聽古樂」，又《論語》云「端章甫」，鄭云「端，玄端，諸侯視朝之服」，則玄端以射得名爲玄端也。云「摯，雉也」者，士執雉是其常，故知摯是雉也。云「鄉先生，鄉中老人爲卿大夫致仕者」，此即《鄉飲酒》與《鄉射禮》先生及書傳父師皆一也。先生亦有士之少師，鄭不言者，經云鄉大夫，不言士，故先生亦略不言，其實亦當

醴賓

秀水盛世佐本依内則元文重醴下增爲稻醴清糟黍醴清糟粱醴清糟案疏云稻醴以下是也其文畧以已見注中後人轉寫脫之

有士也〇乃醴賓以壹獻之禮【注】壹獻者主人獻賓一而已
卽燕無亞獻者獻酢酬賓主人各兩爵而禮成特牲少
牢饋食之禮獻尸此其類也士禮一獻卿大夫三獻賓
醴不用柶者泲其醴內則曰飲重醴清糟凡醴事質者
用糟文者用清【音義】少詩召反泲子禮反下同【疏】釋曰此
亦當爲醴不言可知也【注】釋曰云壹獻者主人獻賓而
巳卽燕無亞獻者案特牲少牢主人獻尸主婦亞獻賓爲
二獻此則主人獻賓而巳無亞獻知卽燕者鄉飲酒末
有燕故知獻後有燕云獻酢酬賓主人各兩爵而禮成
者主人獻賓賓酢主人主人將酬賓先自飲訖乃酬賓
賓奠而不舉是賓主人各兩爵而禮成也必知一獻之
禮備有酬酢者昏禮舅姑饗婦以一獻之禮奠酬得正
禮不旅又曰婦酢舅更爵自薦是備酬酢也鄉飲酒亦
備獻酢酬是其義也云特牲少牢饋食之禮獻尸此其
類也者此賓主人各兩爵無亞獻彼主人主婦各一爵

稻醴清糟黍醴清糟粱醴

乾隆四年校刊

集說作儷兩皮鹿皮

有亞獻雖不同得主人一獻義類同故云此其類也云士禮一獻者卽士冠及昏禮鄉飲酒禮鄉射皆是一獻也云卿大夫三獻者案左氏傳云季孫宿如晉拜莒田也晉侯享之有加籩武子退使行人告曰小國之事大國也苟免於討不敢求貺得貺不過三獻又禮記郊特牲云三獻之介亦謂卿大夫三獻之介案大行人云上公饗禮九獻侯伯七獻子男五獻是以大夫三獻士一獻亦是其差也云醴賓不用柶者泲其醴者此有獻酢酬飲之泲者故不用柶冠禮禮子用醴不泲故用柶也云內則曰飲者鄭注云曰諸飲也云重醴清糟者鄭云重陪也糟醇也清泲也致飲有醇者有泲者陪設之稻醴以下是也云凡醴事質者用糟文者用清者質者謂若冠禮禮子之類是也故以房戶之間顯處設尊也

主人酬賓束帛儷皮【注】飲賓客而從之以財貨曰酬所以申暢厚意也束帛十端也儷皮兩鹿皮也古文儷爲離【音義】儷音麗兩也飲於鴆反【疏】釋曰云主人酬賓當奠酬之節行之以財貨也此禮賓與饗禮同但爲饗禮有酬幣則多故聘禮云若不親食致饗以酬

幣注云禮幣束帛乘馬亦不足過也又案大戴禮云禮幣采飾而四馬是大夫禮多與士異也案禮器云琥璜爵鄭云天子酬諸侯諸侯相酬以此玉將幣也則又異於大夫也凡酬幣之法尊卑獻數多少不同及其酬幣唯於奠酬之節一行而已春秋秦后子出奔晉后子享晉侯歸取酬幣終事八反杜注云備九獻之儀始禮自齎其一故續送其八酬酒幣彼九酬之間皆有幣春秋之代奢侈之法非正禮也注釋曰云束帛十端也者禮之通例凡言束者無問脯與錦皆以十爲數也云儷皮兩鹿皮也者當與射禮庭實之皮同禮記郊特牲云虎豹之皮示服猛也又覲禮庭用馬則國君用馬或虎豹皮若臣聘禮則用鹿皮故鄭注聘禮云凡君於臣臣於君麋鹿皮可也言可者以無正文若然兩國諸侯自相見亦用虎豹皮也

贊者皆與贊冠者爲介注贊者衆賓也皆與亦飲酒爲衆賓介賓之輔以贊爲之尊之飲酒之禮賢者爲賓其次爲介音義與音預注同疏注釋曰鄭知贊者衆賓者以其下別言贊冠者明贊者是衆賓也云介賓之輔者以其鄉飲酒

此已上正禮已具

醮 以下言禮之變

之禮。賢者爲賓。其次爲介。又其次爲衆賓。彼據將貢以爲優劣之次也。此雖不貢。以飲酒之禮立賓主。亦以優劣立介以輔也。云以贊爲之尊之者。謂賓之贊冠者。故遣爲介也。云飲酒之禮賢者爲賓。其次爲介者。取尊賢爲義也。

賓出主人送于外門外。再拜。歸賓俎。【注】一獻之禮有薦有俎。其牲未聞。使人歸諸賓家也。【疏】【注】釋曰。賓不言薦脯醢者。案舅姑共饗婦以一獻。有姑薦。則此一獻亦有薦脯醢可知。經有俎。必有特牲。但鄉飲酒鄉射取擇人而用狗。此冠禮無擇人之義。則不用狗。但無正文。故云其牲未聞也。知使人歸諸賓家者。以賓出主人送于門外。乃始言歸賓俎。明歸於賓家也。

○若不醴則醮用酒。【注】若不醴。謂國有舊俗可行。聖人用焉不改者也。曲禮曰。君子行禮。不求變俗。祭祀之禮。居喪之服。哭泣之位。皆如其國之故。謹脩其法而審行之。是也。酌而無酬酢曰醮。醴亦當爲禮。【音】

醮子召反。釋曰自此以上說周禮冠子之法自此
劉側救反。【疏】以下至取籩脯以降如初說夏殷冠子
之法。釋曰云若不醴則醮用酒者案上文適子冠於
阼三加訖一醴於客位是周法今云若不醴則醮用酒
非周法故知先王法矣故鄭云若不醴謂國有舊俗可
行聖人用焉不改者也云聖人者卽周公制此儀禮用
舊俗則夏殷之禮是也云曲禮曰已下者是下曲禮文
也云君子行禮不求變俗者與下文爲目謂君子所往
之國不求變彼國之俗若衞居殷墟者也云祭祀之禮
者若郊特牲云殷人先求諸陽周人先求諸陰求諸陽
者先合樂乃灌地降神也求諸陰者謂先灌地乃合樂
若衞居殷地用殷禮則先合樂乃灌也云居喪之服者
謂若檀弓周之諸侯絕旁期降上下殷之諸侯服旁期
不降上下衞居殷墟亦不降上下也云哭泣之位者殷
禮無文亦應有異也云皆如其國之故者謂上所云皆
如其故國之俗而行之云是者依先王舊俗而行不改
之事向來所解引曲禮據人君施化之法不改彼國舊
俗證此醮用酒舊俗之法也故康誥周公誡康叔居殷
墟當用殷法是以云茲殷罰有倫使用殷法故所引曲
禮皆據不變彼國之俗但君子行禮不求變俗有二途

若據曲禮之文云君子行禮不求變俗鄭注云求猶務也不務變其故俗重本也謂去先祖之國居他國文云祭祀之禮居喪之服哭泣之位皆如其國之故謹脩其法而審行之注其法謂其先祖之制度若夏殷者謂若杞宋之人居鄭衛鄭衛之人居杞宋若據彼注謂臣去己國居他國不變己國之俗是以定四年祝佗云殷人六族在魯啓以商政亦不變本國之俗故開商政示之皆據當身居他國不變己國之俗與此注引不同者不求變俗義得兩合故各據一邊而言也云酌而無酬酢曰醮者鄭解無酬酢曰醮唯據此文而言所以然者以冠法用醴無酬酢曰醮案曲禮云長者舉未釂鄭注云盡爵曰釂是醮不專於無酬酢者若然醴亦無酬酢不爲醮名者但醴大古之物自然質無酬酢此醮用酒酒本有酬酢故無酬酢得名醮也云醴亦當爲禮者亦上請醴賓之醴故破之也

尊于房戶之閒兩甒有禁玄酒在西加勺南枋

注房戶閒者房西室戶東也禁承尊之器也名之爲禁者因爲酒戒也玄酒新水也雖今不用猶設之不

忘古也【疏】注釋曰云禁承酒之器也名之爲禁者因爲酒戒也者以醴不言禁醴非飲醉之物故不設戒爲此用酒酒是所飲之物恐醉因而禁之故云因爲酒戒若然玄酒非飲亦爲禁者以玄酒對正酒不可一有一無故亦同有禁也云不忘古也者上古無酒今雖有酒猶設之是不忘古也洗有篚在西南順【注】洗庭洗當東榮南北以堂深篚亦以盛勺觶陳於洗西南順北爲上也【音義】盛音成【疏】注釋曰知洗庭洗者上周法用醴之時醴之尊在房今醮用酒與常飲酒同故洗亦當在庭是以下云賓降取爵于篚辛洗升酌故知洗在庭也設洗法在設尊前此洗亦當在設尊前設之故此直言洗有篚在西不言設也若然上不言設洗者以其上云醮用酒卽連云尊于房如此故不言設洗云當東榮南北以堂深者上已有文也云篚亦以盛勺觶者周法用醴在房庭洗無篚此用酒庭洗有篚故周公設經辯其異者但醴篚在房以盛勺觶此庭篚亦盛勺觶故云亦也云南順北爲上也者席之制有首尾者據識之先後爲首尾此篚亦云上者應亦有記識爲上下以其南順故

言北爲上也。始加，醮用脯醢。賓降，取爵于篚，辭降如初。卒洗，升酌。【注】始加者，言一加一醮也。加冠于東序，醮之於戶西，同耳。始醮亦薦脯醢。賓降者，爵在庭，酒在堂，將自酌也。辭降，如初如將冠時降盥，辭主人降也。凡薦出自東房。【疏】釋曰：云「始加，醮用脯醢」者，此言與周別之事。周家三加訖，乃一醴於客位，用脯醢。此始加訖，即醮于客位，用脯醢，是其不同也。但言始加醮用脯醢者，言商與周異之意，其實未行事，是以下乃始云賓降取爵于篚也。【注】釋曰：云「加冠於東序，醮之于戶西，同耳」者，經不見者，嫌與周異，故辯之。其經不言冠者醮之處，即與周同，故經不言也。云「始醮亦薦脯醢」者，以其經云醮用脯醢之言，若醮用酒不著其節，故亦如上周家三加始薦脯醢。云「賓降者，爵在庭，酒在堂，將自酌也」者，決周家醴在房，贊者酌授賓，賓不親酌，此則賓親酌酒洗爵，故有升降也。云「辭降，如初如將冠時降盥，辭主人降也」者，欲見用醴時直有將冠時賓降，無賓降取爵，以其酌在房故也。今云如初者，唯謂如將冠降出之事也。云凡薦出自東房者，用醴時尊在房，脯醢出自東房；醮用酒尊在堂，脯醢亦出自東房。鄉飲酒、鄉射、特牲、少牢薦者皆出東房，故云凡以該之也。冠者拜受，賓答拜如初。【注】贊者筵于戶西，賓升，揖冠者就筵，乃酌冠者，南面拜受。賓授爵，東面答拜，如醴禮也。於賓答拜，贊者則亦薦之。【疏】【注】釋曰：此經略言拜受答拜，不言處所面位，言如初者，以其雖用酒與周異，自外與周同，故直言如初也。是以鄭取士醴子法以言之，故言如初以結之也。云於賓答拜贊者則亦薦之者，經直云拜受答拜如初，亦不言薦之時節，故鄭別言之，亦當如周家醴子時薦也。凡醴子、醮婦并昏禮禮賓面位不同者，皆隨時之便，故不同也。冠者升筵坐，左執爵，右祭脯醢，祭酒，興，筵末坐，啐酒，降筵拜，賓答拜，冠者奠爵于薦東，立于筵西。【注】冠者立俟賓命，賓揖之，則就東序之筵。【疏】釋曰：此經雖用醴酒不同其於行事與周禮醴子同但位有異彼一加訖入房易服訖出房立待賓命此則醮訖立於席西待賓命爲異皆爲更加皮弁也云與筵末坐啐酒者爲醮於容位敬之故也昏禮禮賓與聘禮禮賓在西階上啐醴者昏禮注云此筵不主爲飲食起聘禮注云糟醴不卒故也冠子用醴拜此醮子用酒亦拜者以與醴子同是成人法拜啐故雖用醮亦拜啐也

徹薦爵筵尊不徹【注】徹薦與爵者辟後加也不徹筵尊三加可相因由便也【音義】便婢面反【疏】注釋曰云徹薦與爵者辟後加也者案下文云加皮弁如初儀再醮攝酒其他皆如初酒則云攝明因前也除酒之外云其他如初明薦爵更設是後加卒設於席前也故知前云徹薦爵爲辟後加也

加皮弁如初儀再醮攝酒其他皆如初【注】攝猶整也整酒謂撓之今文攝爲㪚【音義】撓劉奴高反㪚女輒反【疏】注釋曰云攝猶整也整酒謂撓之者案有司徹云司宮攝酒注云更洗益整頓之不言云洗亦當爲撓撓謂更撓攪添益整頓示新也

加爵弁如初

殺　疏云殺牲而醮
此注汪容甫據集說本加審定如此

儀。三醮，有乾肉折俎，嚌之。其他如初。北面取脯，見于母。

【注】乾肉，牲體之脯也。折其體以爲俎。嚌，嘗之。【音義】折，之設反。注同。嚌，才計反。【疏】釋曰：前二醮有脯醢，更加此乾肉折俎，言嚌之者，嚌謂至齒，嘗之。案下若殺再醮不言攝，此經再醮言攝，三醮不言攝，則再醮之後皆有攝，互文以見義也。云取脯見于母者，亦適東壁俠拜，與周同。案下文若殺已下云卒醮取籩脯以降，此亦取籩脯。乾肉曰脯。【注】釋曰：云乾肉牲體之脯也者，案周禮腊人云：掌乾肉。凡田獸之脯腊。鄭注云：大物解肆乾之，謂之乾肉。若今涼州烏翅矣。薄析曰脯，捶之而施薑桂曰腶脩。若然，乾肉與脯脩別。言若今涼州烏翅，或爲豚解而七體以乾之，謂之乾肉，及用之，將升於俎，則節折爲二十一體，與燕禮同，故總名乾肉折俎也。

○若殺，則特豚，載合升，離肺實于鼎，設扃鼏。【注】特豚，一豚也。凡牲皆用左胖，煑於鑊曰亨，在鼎曰升，在俎曰載。載合升者，明亨與載皆合左右胖。離，

乾隆四年校刊

松厓云今文扃為鉉是扃即鉉也顔師古謂扃貫于鉉為兩物

割也。割胏者，使可祭也，可嚌也。今文扃為鉉，古文鼏為密。【音義】殺，如字。胏，芳吠反。扃，古螢反，扛鼎也。鼏，亡歷反，鼎覆也。胖，普半反。鑊，戶郭反。亨，普庚反。鉉，延犬反，范古顔反，劉音闕，又胡畎反。【疏】釋曰：上醮子用乾肉不殺，自此至取籩脯以降，論夏殷醮子殺牲之事。殺言若者，是不定之辭，殺與不殺俱得，云若也。云載合升者，在鼎曰升，在俎曰載，載在後，今先言載，後言升，又合字在載升之間，通言之者，欲見在俎在鑊俱曰合也。云設扃鼏者，以茅覆鼎，長則束其本，短則編其中。案冬官匠人：廟門容大扃七个，注云：大扃，牛鼎之扃，長三尺。又曰：闈門容小扃參个，注云：小扃，腳鼎之扃，長二尺。皆依漢禮器制度，知此豚鼎之扃，當用小扃也。【注】釋曰：云特豚一豚也者，此特若郊特牲之特，特皆以特為一也。云凡牲皆用左胖者，案特牲、少牢皆用右胖，少儀云大牢則以牛左肩折九个為歸胙，用左，則用右而祭之。鄉飲酒、鄉射生人用右體，生人亦與祭同用右者，皆據周而言也。此云用左，鄭據夏殷之法，與周異也。但士虞喪祭用左，反吉故也。云煑於鑊曰亨者，案特牲云：亨於門外東方，西面北上，注云：亨，煑也。煑豕魚腊以鑊，各一爨。詩云：誰能亨魚臘之釜爨爲是鑊爲亨也云在鼎曰升在俎曰載者案皆禮云特豚合升又云側載特牲亦云卒載加七于鼎少牢云司馬升羊實于一鼎皆是在鼎曰升在俎曰載之文但在鼎直有升名在俎則升載兩稱也故少牢云升羊載右胖升豕其載如羊有司徹亦云乃升注云升牲體於俎也是在俎升載二名也云載合升者明亨與載皆合左右胖者以升載並陳文合在二者之間使知從鑊至俎皆合左右胖也云離割也割肺者使可祭也嚌也者凡肺有二種一者舉肺一者祭肺舉肺就中復有三稱一名舉肺爲食而舉二名離肺少儀羊之肺離而不提心也三名嚌肺以齒嚌之此三皆據生人爲食而有也就祭肺之中亦復有三稱一者謂之祭肺爲祭先而有之二者謂之刌肺刌切之使斷三者謂之切肺名雖與刌肺異切肺則刌肺也三者皆爲祭而有若然切肺離肺指其形餘皆舉其義稱也云今文扃爲鉉古文鼏爲密者一部之內皆然不從今文故疊之也

始醮如初注亦薦脯醢徹薦爵筵尊不徹矣疏釋曰云始醮如初者此一醮與不殺同未有所加故云如初也

再醮兩豆葵菹蠃醢兩

乾隆四年校刊

籩栗脯。【注】蠃醢蜱蝓醢。今文蠃爲蝸。【音義】蠃力禾反。蜱音移。劉音夷。蝓音俞。劉又音由。蝸力禾反。又古華反。【疏】釋曰。此二豆二籩增數者。爲有殺牲。故盛其饌也。案鄭注周禮醢人云。細切爲齏。全物若䐑爲菹。作醢及醬者。先膊乾其肉。乃後剉之。雜以粱麴及鹽。漬以美酒。塗置甀中。百日則成矣。是作醢及菹之法也。【注】釋曰。云蜱蝓醢者。蚹蠃蜱蝓。爾雅文。

三醮。攝酒如再醮。加俎。嚌之。皆如初。嚌肺。【注】攝酒如再醮。則再醮亦攝之矣。加俎嚌之。嚌當爲祭。字之誤也。祭俎如初。如祭脯醢。

【音義】加俎嚌之。嚌音祭。出注。

【疏】【注】釋曰。云攝酒如再醮。則再醮亦攝之矣者。周公作經。取省文。再醮不言攝酒。以三醮如之。則再醮攝之可知。故鄭云再醮亦攝之矣。云加俎嚌之嚌當爲祭字之誤也者。經有二嚌。不破如初嚌之嚌。唯破加俎嚌之字者。以祭先之法。祭乃嚌之。文不並有二嚌。故破加俎之嚌爲祭也。云祭俎如初如祭脯醢者。以三醮唯祭俎之肺。不復祭脯醢也。若然。前不殺之時。一醮徹脯醢爲再醮之脯醢。至再醮不言徹脯醢者。以三醮上唯加

朱子云。嚌肺者。釋上嚌之爲肺也。

孤子冠

乾肉不薦脯醢故不徹也今殺亦然一醮徹薦爵至再醮亦不徹薦唯徹爵而已亦爲三醮以不加籩豆加牲俎是以祝辭一醮亦云嘉薦至三醮直云籩豆有楚楚陳列貌是三醮不加籩豆明文也

卒醮取籩脯以降如初。【疏】釋曰此取籩脯見其與前不異上周法與不殺皆不云籩者上皆直薦脯醢不云籩豆此若殺云兩籩故云籩脯若然既殺有俎肉而取脯者見其得禮而已故不取俎肉如若得束帛者不須取脯是以冠禮禮賓得束帛皆不取脯也

○若孤子則父兄戒宿【注】父兄諸父諸兄【疏】釋曰上陳士有父加冠禮訖自此至東塾北面論士之無父自有加冠之法也周公作文於此乃見之者欲見周與夏殷孤子同冠於阼禮之於客位唯一醴三醮不同子異以作經言其與上異者而已【注】釋曰言父兄諸父諸兄者以其上文父兄非直戒宿而已故知此是諸父諸兄非己之親父親兄也

冠之日主人紒而迎賓拜揖讓立于序端皆如冠主禮於阼【注】冠主冠者親父若宗兄也古文紒爲結今文

禮作醴。[注]釋曰：云主人紒而迎賓者，即上采衣紒是也。云拜揖讓立于序端者，謂主人出先拜賓，答拜訖，揖讓而入于廟門，既入門，又三揖至階，又三讓而升堂，乃立于東序端，賓升立西序端，一皆如上。父兄爲主人，故作文省略，總云揖讓立于序端，皆如冠主也。云禮於阼者，別言其異者也。[注]釋曰：云今文禮作醴者，鄭不從今文者，以其言醴判不蒙以醮，言禮則兼醴醮二法故也。凡拜，北面于阼階上。賓亦北面于西階上答拜。[疏]釋曰：此亦異於父在者。云凡拜者，謂初拜至及卒拜之等，賓主皆北面，與父在時拜于筵西南面、賓拜于序端東面爲異也。若殺，則舉鼎陳于門外，直東塾，北面。[注]孤子得申禮，盛之。父在，有鼎不陳於門外。[疏]釋曰：云若殺者，有則殺，無則已，故云若，不定之辭也。言舉鼎者，謂於廟門外之東壁鑊所舉至廟門外之東，面東塾，三鼎豚魚腊，鼎皆北向，相重而列之也。[注]釋曰：案上文父在亦有殺法，今鄭云孤子得申禮盛之者，不爲殺起，止爲陳鼎于外而言。鄭知父在有鼎不陳於外者，以上文若殺，直云特豚載合升，不辯外

庶子冠

毋不在

門孤子乃云舉鼎陳于門外類知上父在陳鼎不於門外也凡陳鼎在外者賓客之禮也在內者私家之禮也是在外者爲盛也今孤子則陳鼎在外故云孤子得中禮盛之也

○若庶子則冠于房外南面遂醮焉【注】房外謂尊東也不於阼階非代也不醮於客位成而不尊【疏】釋曰上已言三代適子冠禮訖此經論庶子加冠法也周公作經於三醮之下言之則三代庶子冠禮皆於房外同用醮矣但不知三代庶子各用幾醮耳今於周之適子三加一醴夏殷適子三加三醮是以下文祝辭醴一而醮三皆爲適子而言至於三代庶子皆不見別辭則周之庶子宜依適子用一醴夏殷庶子亦依三醮三代適子有祝辭若庶子則無故下文注云凡醮者不祝【注】釋曰知房外謂尊東也者上陳尊在房戶之閒案鄉飲酒賓在東則尊東明此亦於尊東也云不於阼階非代也者案下記云適子冠於阼以著代也明庶子不於阼非代故也云不醮於客位成而不尊者下記云醮於客位加有成也是適子於客位成而尊之此則成而不尊故因冠之處遂醮焉

○冠者母不在則

辭

使人受脯于西階下【疏】釋曰：案內則云：舅沒則姑老。若死當云沒，不得云不在。且母死則不得使人受脯。今言不在者，或歸寧，或疾病也。使人受脯，爲母生在，於後見之也。○戒賓曰：某有子某，將加布於其首，願吾子之教之也。【注】吾子，相親之辭。吾，我也。子，男子之美稱。古文某爲謀。【音義】稱，尺證反，下之稱美稱同。【疏】釋曰：自此至雖其所當者，周公設經直見行事，恐失次第，不言其辭。今行事既終，總見戒賓醮及爲字之辭也。云某有子某者，上某，主人名；下某，子之名。加布，初加緇布冠也。云願吾子之教之也者，即此以加冠行禮爲教之也。【注】釋曰：云吾子相親之辭，吾我也者，謂自己身之子，故云吾子相親之辭也。云子男子之美稱者，古者稱師曰子，又公羊傳云名不若字，字不若子，是子者男子之美稱也。今請賓與子加冠，故以美稱呼之也。賓對曰：某不敏，恐不能共事，以病吾子，敢辭。【注】病猶辱也。古文病爲秉。【音義】共音恭。主人曰：某猶願吾子之終教之也。賓對曰：吾子重有命，某敢不從。【注】敢不從，許之辭。【音義】重，直用反，下注同。宿曰：某將加布於某之首，吾子將涖之，敢宿。賓對曰：某敢不夙興。【注】涖，臨也。今文無對。【音義】涖音利，一音類。始加，祝曰：令月吉日，始加元服。【注】令、吉，皆善也。元，首也。【疏】注釋曰：元，首。左傳曰：先軫入狄師而死之，狄人歸先軫之元，是元為首。又尚書云君為元首，亦是元為首也。棄爾幼志，順爾成德。壽考惟祺，介爾景福。【注】爾，女也。既冠為成德。祺，祥也。介、景，皆大也。因冠而戒，且勸之。女如是則有壽考之祥，大女之大福也。【音義】祺音其。女音汝，下同。【疏】注釋曰：云既冠為成德者，案冠義，既冠責以父子君臣長幼之禮，皆成人之德。云祺祥也者，祺訓為祥，祥又訓為善也。云因冠而戒者，則經棄爾幼志，順爾成德是也。云且勸之者，即經云壽考惟祺，介爾景福。是也。再加曰：吉月令辰，乃申爾服。注 辰，子丑也。申，重也。疏 釋曰：上云令月吉日，此云吉月令辰，互見其言，是作文之體，無義例也。注 釋曰：云辰子丑也者，以十幹配十二辰，直云辰子丑，明有幹可知，卽甲子乙丑之類，略言之也。敬爾威儀，淑愼爾德。眉壽萬年，永受胡福。注 胡，猶遐也，遠也。遠無窮。古文眉作麋。音義 麋，亡悲反。三加曰：以歲之正，以月之令，咸加爾服。注 正，猶善也。咸，皆也。皆加女之三服，謂緇布冠、皮弁、爵弁也。兄弟具在，以成厥德。黃耇無疆，受天之慶。注 黃，黃髮也。耇，凍棃也。皆壽徵也。疆，竟。音義 耇，音茍。疆，居良反。竟也，下同。竟，音敬，又音景。疏 注 釋曰：爾雅云：黃髮兒齒。故以黃爲黃髮也。云耇凍棃者，爾雅云：耇，老壽也。此云耇凍棃者，以其面似凍棃之色故也。醴辭曰：甘醴惟厚，嘉薦令芳。注 嘉，善也。善薦謂脯醢芳香也。[疏][注]釋曰：謂脯醢爲善薦芳香者，謂作之依時，又造之依法，故使芳香而善也。拜受祭之，以定爾祥。承天之休，壽考不忘。[注]不忘，長有令名。[音義]休，虛蚪反。醮辭曰：旨酒既清，嘉薦亶時。[注]亶，誠也。古文亶爲癉。[音義]亶，丁但反。時，劉本作古旹字。癉，劉音旦，一音丁但反。始加元服，兄弟具來。孝友時格，永乃保之。[注]善父母爲孝，善兄弟爲友。時，是也。格，至也。永，長也。保，安也。行此乃能保之。今文格爲嘏。凡醮者不祝。[音義]嘏，古雅反，又作假。[疏][注]釋曰：善父母爲孝，善兄弟爲友者，爾雅文。不言善事父母善事兄弟者，欲見非但善事父母兄弟，而亦爲父母兄弟之所善者。諸行周備之意也。云凡醮者不祝者，案上文前後例周與夏殷冠子法，其加冠祝辭三節，不辨三代之異，則三代祝辭同可知也。至於醮，醮之辭三等別陳之者，以其數異，辭宜不同故也。若然，醮辭雖據適子而言，以其

乾隆四年校刊　儀禮注疏卷一　士冠禮　十二

監本此注有休美也三字

將著代重之，故備見祝辭也。此注云「凡醮者不祝」者，言凡，謂庶子也。既不加冠於阼，又不禮於客位，無著代之理，故略而輕之也。亦不設祝辭者，曾子問注云「凡殤不備祭之類也」。其天子冠禮祝辭，案大戴公冠篇，成王冠，周公爲祝詞，使王近於人，遠於年，嗇於時，惠於財，其辭既多，不可具載。其諸侯無文，蓋亦有祝辭異於士也。

再醮曰：旨酒既湑，嘉薦伊脯。【注】湑，清也。伊，惟也。【音義】湑，息呂反。【疏】【注】釋曰：湑，泲酒之稱，故伐木詩云「有酒湑我」，注云「湑，茜之也」。鳧鷖詩云「爾酒既湑」，注云「湑，酒之泲者」，是湑爲清也。云「伊，惟也」者，助句辭，非爲義也。乃申爾服，禮儀有序。祭此嘉爵，承天之祜。【注】祜，福也。【音義】祜，音戶。三醮曰：旨酒令芳，籩豆有楚。【注】旨，美也。楚，陳列之貌。【疏】【注】釋曰：楚茨詩亦云「籩豆有楚」，注云「楚，陳列之貌」。是用其再醮之籩豆，不增改之，故云有楚也。咸加爾服，肴升折俎。承天之慶，受福無疆。【注】肴升折俎，亦謂豚。【疏】【注】釋曰：云「折俎」者，即謂折上若殺之豚也。

宋本昭告爾字下注昭明也三字　爰字二句下注爰於也十二字　宜之至所當下注于猶爲也至或作父

字辭曰禮儀既備令月吉日昭告爾字爰字孔嘉 注 昭明也爰於也孔甚也 疏 釋曰此字文在三醮之下而言則醮與三醮字辭同可知此辭賓直西序東面與子爲字時言之也髦士攸宜宜之于假永受保之 注 髦俊也攸所也于猶爲也假大也宜之是爲大矣 音義 假古雅反大也曰伯某甫仲叔季唯其所當 注 伯仲叔季長幼之人稱甫是丈夫之美稱孔子爲尼甫周大夫有嘉甫宋大夫有孔甫是其類甫字或作父 音義 長丁丈反父音甫又如字 疏 釋曰云伯某甫者某若云尼甫嘉甫也但設經不得定言人字故言某甫是以禮記諸侯薨復曰皐某甫復某某鄭云某甫且字以臣不名君且爲某之字呼之既此某甫立爲且字言伯仲叔季者是長幼次第之稱若兄弟四人則依次稱之夏殷質則稱仲周文則稱叔若管叔霍叔之類是也云唯其所當者二十冠時與之作字猶

依毛本知毛作遂誤

兩穪字盛本作稱是也

孔子生三月名之曰丘。至二十冠而字之曰仲尼有兄曰伯居第二則曰仲。但殷質。二十爲字之時兼伯仲叔季呼之。周文。二十爲字之時未呼伯仲。至五十乃加而呼之。故檀弓云五十以伯仲。周道也。是呼伯仲之世。則兼二十字而言。若孔子生於周代。從周禮呼尼甫。至五十去甫。以尼配仲而呼之曰仲尼是也。若然。二十冠而字之。未呼伯仲叔季。今於二十加冠而言者。一則是殷家冠時遂以二十字呼之。二則見周家若不死。至五十乃加而呼之。若二十已後死。雖未滿五十。卽得呼伯仲。知義然者。見慶父乃是莊公之弟。桓六年莊公生。至閔公二年慶父死。時莊公未滿五十。慶父乃是莊公之弟。時未五十。慶父死。號曰共仲。是其死後雖未五十得呼仲叔季。故二十冠時則以伯仲叔季當擬之。故云唯其所當也。注釋曰。知甫是丈夫之美稱者。以其人之賢愚皆以爲字。故隱元年公及邾儀父盟于蔑。穀梁傳云。儀字也。父猶傅也。男子之美稱也。是也。云孔子爲仲尼甫者。哀十六年孔丘卒。哀公誄之曰。哀哉尼甫。因字號謚曰尼甫也。云周大夫有嘉甫者。桓公十五年天王使嘉甫來求車是也。云宋大夫有孔甫是其類者。左氏傳桓二年宋孔父嘉爲司馬是也。鄭引此者。證有冠而爲此字之意故云是其類也又甫字或作父者字亦通或尼甫嘉甫孔甫等見爲父字者也屨夏用葛。玄端黑屨，青絇繶純，純博寸。注屨者順裳色。玄端黑屨，以玄裳爲正也。絇之言拘也，以爲行戒，狀如刀衣鼻，在屨頭。繶，縫中紃也。純，緣也。三者皆青。博，廣也。音義屨，九遇反。絇，其于反。繶，於力反。純，章允反，劉之閏反。注下同。縫，扶用反。紃，音旬。緣，以絹反。疏釋曰：自此至繶屨，論三服之屨。不於上與服同陳者，一則屨用皮葛，冬夏不同；二則屨在下，不宜與服同列，故退在於此。此言夏用葛，下云冬皮，則春宜從夏，秋宜從冬，故舉冬夏寒暑極時而言。詩魏風以葛屨履霜，刺褊也。注釋曰：云屨者順裳色者，禮之通例，衣與冠同，屨與裳同，故云順裳色也。云玄端黑屨以玄裳爲正也者，以其玄端有玄裳、黃裳、雜裳，經雖云玄端黑屨，與玄裳同色，不取黃裳、雜裳，故云以玄裳爲正也。云絇之言拘也，以爲行戒者，以拘者自拘持之意，故云以爲行戒也。云狀如刀衣鼻在屨頭者，此以漢法言之，今之屨頭見有下鼻，似刀衣鼻，故

乾隆四年校刊

稍廢棄。蓋自爾之後有記乎。又案喪服記子夏爲之作傳，不應自造還自解之。記當在子夏之前，孔子時未知定誰所錄。又鄭注禮記冠義云：冠義者，記子冠中之義也。者記時所不同，故有二記。此則在子夏前，其周禮考工記六國時所錄，故遭秦燔滅典籍，有韋氏、雕氏闕，其記則在秦漢之際，儒者加之，故王制有正聽之棘木之下，記異時所記，故其言亦殊也。

冠義始冠緇布之冠也。大古冠布，齊則緇之。其緌也，孔子曰：吾未之聞也。冠而敝之可也。【注】大古，唐虞以上。緌，纓飾。未之聞，大古質無飾。重古始冠，冠其齊冠。白布冠，今之喪冠是也。【音義】大音泰，注同。齊側皆反，注同。本亦作齋。緌，如離反，注同。敝，婢世反，劉蒲鼈反。上時掌反，下以上同。【疏】釋曰：此經直言加緇布冠，不言有緌無緌，又不言加冠之後此緇布冠更著與不，故言不緌不更著之事也。云大古冠布者，謂著白布冠也。云齊則緇之者，將祭而齊，則爲緇者，以鬼神尚幽闇也。云其緌也孔子曰吾未之聞也者，孔子時有緌者，故非時人緌之。諸侯則

見郊特牲

得著緌故玉藻云緇布冠繢緌諸侯之冠也鄭云尊者飾也士冠不得緌也云冠而敝之可也者據上以上云冠時用之士冠訖則敝之不復著也若庶人猶著之故詩云彼都人士臺笠緇撮是用緇布冠籠其髮是庶人常服之矣［注］釋曰云大古唐虞以上者此記與郊特牲皆陳代三代之冠云牟追章甫委貌之等鄭注郊特牲云三代改制齊冠不復用也以白布冠質以爲喪冠也三代既有此明大古是唐虞以上可知云緌纓飾未之聞大古質無飾者此經據孔子時非其著緌未知大古有緌以否故鄭云大古質無飾也云重古始冠冠其齊冠者以經云始冠緇布之冠即云大古冠布則齊冠一也故鄭云冠其齊冠也云白布冠今之喪冠是也者以其大古時吉凶同服白布冠未有喪冠三代有牟追之等則以白布冠爲喪冠若然喪服起自夏禹以下也○

適子冠於阼以著代也醮於客位加有成也三加彌尊諭其志也［音義］適丁歷反本又作嫡［疏］釋曰此記人說夏殷法可兼于周以其於阼及三加皆同唯醮禮有異故知舉一以見二也

冠而字之敬其名也［疏］名者質所

受於父母冠成人益文故敬之【疏】【注】釋曰案内則云子生三月父名之不言母今云受於父母者夫婦一體受父即是受於母故兼言也云冠成人益文者對名是受於父母爲質字者受於賓爲文故君父之前稱名至於他人稱字也是字敬名也○委貌周道也章甫殷道也毋追夏后氏之道也【注】或謂委貌爲玄冠委猶安也言所以安正容貌章明也殷質言以表明丈夫也甫或爲父今文爲斧毋發聲也追猶堆也夏后氏質以其形名之三冠皆所常服以行道也其制之異同未之聞

【音義】毋音牟追丁回反注同堆丁回反本或作搥同【疏】釋曰記人歷陳此三代冠者上緇布冠是諸侯已下始加之冠此委貌之等記人以經有緇布冠皮弁爵弁玄冠故還記緇布冠以下四種之冠以解經之四者此委貌即解經易服服玄冠是也【注】釋曰云今文爲斧者義無取故疊之不從也云毋發聲也者若在上謂

之發聲。在下謂之助句。義無取則是發聲也。云三冠皆所常服以行道者。以釋經三代皆言道。是諸侯朝服之冠。在朝以行道德者也。云其制之異同未之聞者。委貌玄冠。於禮圖有制。但章甫毋追相與異同未聞也。周弁殷冔夏收。**注**弁名出於槃。槃大也。言所以自光大也。冔名出於幠。幠覆也。言所以自覆飾也。收言所以收斂髮也。齊所服而祭也。其制之異未聞。**音義**冔況甫反。槃畔干反。幠火吳反。**疏**釋曰。乂歷陳此三者。欲見三代加冠皆有弁。云周弁者。弁是古冠之大號。非直言爵弁。亦兼含六冕於其中。見士之三加之冠。周爲爵弁。故歷陳此三者也。**注**釋曰。云弁名出於槃。槃大也者。無正文。鄭以意解之。論語云。服周之冕。以五色繅。服有文飾。則卿有德。故云言所以自光大也。云冔名出於幠。幠覆也。言所以自覆飾也。收言所以收斂髮也者。皆以意解之也。云制之異亦未聞者。案漢禮器制度。弁冕。周禮弁冕。相參考之。冕以木爲體。廣八寸。長尺六寸。績麻三十升布爲之。上以玄。下以纁。前後有旒。尊卑各有差等。天子玉笄朱紘。其

當係脊本

制可聞。云未聞者，但夏殷之禮亡。其制與周異，亦如上未聞也。三王共皮弁素積。【注】質不變。【疏】釋曰：此亦三代自天子下至士皆是再加，當在周弁三加之上，退之在下者，欲見此是三代之冠。百王同之，無別代之稱也。故郊特牲云：「三王共皮弁。」注云：「所不易於先代。」故孝經亦云：「百王同之，不改易也。」若然，百王同之，言三王共者，以損益之極極於三王。又上三冠亦據三代，故云三王共皮弁，其實先代後代皆不易。是以鄭云「質不變也」。○無大夫冠禮而有其昏禮，古者五十而后爵，何大夫冠禮之有？【注】據時有未冠而命爲大夫者。周之初禮，年未五十而有賢才者，試以大夫之事，猶服士服，行士禮。二十而冠，急成人也。五十乃爵，重官人也。大夫或時改娶，有昏禮是也。【疏】釋曰：此經所陳，欲見無大夫冠禮之事。有大夫冠禮，記者非之。【注】釋曰：鄭云據時有未冠而命爲大夫者，言周末作記之時，有二十以前未加冠而命爲大夫者記非之也云周之初禮年未五十而有賢才者試以大夫之事猶服士服行士禮者鄭解古者五十而後爵何大夫冠禮之有是古未有周大夫有冠禮故非之此鄭云未五十則二十已上或有未二十有賢才亦得試爲大夫者故喪服殤小功章云大夫爲昆弟之長殤鄭云大夫爲昆弟之長殤小功謂士若不仕以此知爲大夫無殤服言爲大夫無殤服謂兄殤在小功則兄十九已下死大夫則十九以下與爲兄殤服已爲大夫則早冠矣丈夫冠而不爲殤故也雖早冠亦行士禮而冠是大夫無冠禮也云二十而冠急成人也五十乃爵重官人也者解試爲大夫二十則其爵命要待五十意也云大夫或時改娶有昏禮者釋經而有其昏禮以其三十而娶五十乃命爲大夫則昏時猶爲士何得有大夫昏禮乎五十以上容改娶故有大夫昏禮也若然案下文古者生無爵鄭云古謂殷此經以古爲周初者下云古者生無爵對周時士生有爵故鄭云古者生無爵據殷也今此云古者以周末時大夫冠對周初時無若以古者爲殷時則周家有大夫冠禮何得言周末始有乎明古者據初而言也

公侯之有冠禮也夏之末造也【注】造作也自

夏初以上諸侯雖父死子繼年未滿五十者亦服士服行士禮五十乃命也至其衰末上下相亂篡弑所由生故作公侯冠禮以正君臣也坊記曰君不與同姓同車與異姓同車不同服示民不嫌也以此坊民民猶得同姓以弑其君者【音義】篡初患反 坊音防【疏】釋曰記人言此者欲見夏初以上雖諸侯之貴未有諸侯冠禮猶依士禮故記之於士冠篇末也

【注】釋曰云自夏初以上者以經云公侯之有冠禮夏之末造明夏初未有言以上者夏以前唐虞之等亦未有諸侯冠禮也未滿五十者亦服士服行士禮五十乃命也者既云服士服行士禮亦如上文五十而後爵何公侯冠禮之有以其與大夫同未五十服士服行士禮也云至其衰末上下相亂至以正君臣也者解經夏之末造公侯冠禮也引坊記者欲見夏末以後制諸侯冠禮以防諸侯相篡弑之事也云同車者謂參乘爲車右及御者也云不同服者案玉藻云君之右虎裘厥左狼裘

又云業右恆朝服君則各以時事服是不同服天子之此謂非在軍時若在軍時君臣同服韋弁服也

元子猶士也天下無生而貴者也注元子世子也無生而貴皆由下升疏釋曰此記者見天子元子冠時亦依士冠禮故於此兼記之也天子之元子雖四加與十二冠其行事猶依士禮也故云猶士也元子尚不得生而貴則天下之人亦無生而貴者也注釋曰云無生而貴皆由下升者天子元子冠時行士禮後繼世爲天子是由下升自餘天下之人從微至著皆由下升也

繼世以立諸侯象賢也注象法也爲子孫能法先祖之賢故使之繼世也疏釋曰記此者欲見上言天子之子冠行士禮此諸侯之子冠亦行此禮以其士之子恆爲士有繼世之義諸侯之子亦繼世象父祖之賢雖繼世象賢亦無生而貴者行士冠禮故記之於此也注釋曰云能法先祖之賢者凡諸侯出封皆由有德若周禮典命云上公八命其卿六命大夫四命及其出封皆加一等出爲五等諸侯即爲始封之君是其賢也於後子孫繼立者皆不毀始

祖之廟。是象先祖之賢也。以官爵人，德之殺也。【注】殺猶衰也。德大者爵以大官，德小者爵以小官。【音義】殺，色界反，舊所例反，注同。【疏】釋曰：記人記此者，欲見仕者從士至大夫而冠，無大夫冠禮者也。云以官爵人者，以，用也，謂用官爵命於人也。【注】釋曰：云德之殺也者，殺，衰也，以德大小爲衰殺，故鄭云德大者爵以大官，德小者爵以小官。官者，管領爲名；爵者，位次高下之稱也。

死而謚，今也。古者生無爵，死無謚。【注】今，謂周衰記之時也。古，謂殷。殷士生不爲爵，死不爲謚。周制以士爲爵，死猶不爲謚耳，下大夫也。今記之時，士死則謚之，非也。謚之由魯莊公始也。【音義】謚，時志反。【疏】釋曰：記人記此者，欲見自上所陳冠禮以士爲本者，自無生而貴，皆從士賤者而升也。云死而謚，今也者，以士生時雖有爵，死不合有謚，若死而謚之，正謂今周衰之時也。云古者生無爵，死無謚者，古謂殷以前夏之時，士生無爵，死無謚，是士賤，今古皆

德之殺也非是注文觀下故鄭云云則非正釋注明也

不合有謚也【疏】釋曰鄭云今謂周衰記之時也者以記
者自云今也明還據周衰記之時案禮運云孔子曰我
觀周道幽厲傷之是周衰也自此以後始有作記故云
周衰記之時也云古謂殷者周時士有爵故知古謂殷
云殷士生不爲爵死不爲謚者對周士生有爵死猶不
謚也云周制以士爲爵死猶不謚耳下大夫也者案周
禮掌客職云羣介行人宰史以其爵等爲之牢禮之陳
數鄭注云以命數則參差難等略於臣用爵而已羣介
行人皆士故知周士有爵雖有爵死猶不謚卿大夫以
上則有謚也云今記之時士死則謚之非也者解經死
而謚今也云謚之由魯莊公始也者案禮記檀弓云魯
莊公及宋人戰于乘丘縣賁父御卜國爲右馬驚敗績
公隊佐車授綏公曰末之卜也縣賁父曰他日不敗績
而今敗績是無勇也遂死之圉人浴馬有流矢在白肉
公曰非其罪也遂誄之士之有誄自魯莊公始也若然
作記前莊公誄士至記時亦行之故此記云死而謚今
也故鄭云今謂周衰之時也案郊特牲云死而謚之今
也古者生無爵死無謚鄭注云古謂殷以前也大夫以
上乃謂之爵死有謚也以此而言則殷大夫以上死有
謚而檀弓云幼名冠字五十伯仲死謚周道也者殷已

前皆因生號爲謚。若堯舜禹湯之屬是也。因生號以謚。故不得謚名。周禮死則别爲謚。故云死謚周道也。

經一千八百九十三字

注三千六百二字

儀禮注疏卷一

儀禮注疏卷一考證

筮于廟門疏但著龜卦兆各有所對○但著龜卦兆五字監本脫去　臣學健按下以著龜卦兆對言之若脫此則下句無所承今尋繹文義補之

主人玄冠朝服疏既云素韠○監本作云素韠者今從朱子通解改

又疏證此玄冠朝服而筮者是諸侯之士○冠監本作冕　臣紱按士服至爵弁而止無冕也今改正

有司如主人服疏亦尊類也○尊監本作親　臣龍官按上文云是言屬者尊之義則此當是尊

龜爲卜筴爲筮有明文矣史記有龜筴列傳

布席于門中疏擬卜筮之事○擬監本作疑 臣紱按此所布之席擬用以卜筮也燕禮膳宰具官饌疏云擬燕可證

筮人執筴○敖繼公云筴當作筮傳寫之誤也疏少牢大夫禮亦云三人占○ 臣學健按少牢無此文朱子亦曾疑之

乃宿賓賓如主人服注其不宿者爲衆賓或悉來或否○爲字陸讀作去聲疏以爲衆賓貫下句朱子云疏與音皆非是矣只合作如字讀賓字句絶

夙興設洗直于東榮注其大小異○其一本作及 臣學

毛本正作霍監本乃作瞿耳此康成易注非緯文

敎云此缺項者蓋别以緇布一條圍冠而後不合故名之曰缺項注本是

健按及字意相連其字意另出玩上文云水器尊卑皆用金罍當是其字

疏榮屋翼也即今之搏風○臣紱按搏風謂屋榮在兩旁如鳥翼之搏風也刻本混作搏非

爵弁服疏此經云韎韐玉藻云緼韍○監本脱玉藻云緼韍五字臣紱按下文云二者一物則必有此句乃明

又疏離爲鎮霍○霍監毛本作瞿此緯書無可考

緇布冠缺項注缺讀如有頍者弁之頍○臣恂按萬斯大讀如字謂冠項後缺者非也此另是一物非即緇

布冠緇布冠在匴待于西坫南缺項在篋陳于房

主人迎出門左疏據主人在東賓在西○監本脫東賓在三字　臣紱按主無在西之理與賓相對語意乃全

贊者盥于洗西升疏贊者盥于洗西無正文○　臣紱按經文明言之乃云無正文何也此或有譌

賓筵前坐疏匠人天子之堂九尺○　臣紱按考工記匠人職云周人明堂堂崇一筵疏蓋据此文而約之

贊者洗于房中側酌醴○萬斯大云經無北堂置洗之文當以贊者洗爲句謂贊者就阼階下直東榮之洗洗觶而入房中酌醴耳　臣紱按經言洗于房中則房

劉端臨曰案士昏禮正作建注云建猶扱也則此處宜作建無疑

中有洗可見此省文法也前言醴在服北則洗在房中矣何必又言房中酌之乎當以注疏爲正

扱柶○扱石經及敖本作建今從釋文

母拜受注婦人於丈夫雖其子猶俠拜○臣紱按古人於禮所專行者必特拜之不以卑幼爲嫌如特牲饋則父先拜其子士昏禮舅姑饗婦則舅拜獻其婦此經母拜其子亦然因其冠而拜之非爲受脯也

乃醴賓以壹獻之禮疏賓者謂若冠禮禮子之類是也故以房戶之間顯處設尊也○臣紱按此三句內似有脫文當云賓者謂若冠禮禮子之類是也故設尊

在房中文者此禮賓是也故以房戶之間顯處設尊也文義方完備

冠者升筵坐疏聘禮注云糟醴不卒故也○卒監本譌啐臣紱按謂不卒爵也經云啐醴則非不啐明矣

若殺則特豚載合升○敖繼公云載字衍文臣紱按昏禮期初昏陳鼎亦云其實特豚合升無載字

再醮兩豆疏云螔蝓醢者蚹蠃螔蝓○監本脫蚹蠃螔蝓四字今考爾雅補之

若孤子疏惟一醴三醮不同耳○監本作一醮三禮臣紱按醴一而已醮則有三蓋刻本互譌據經文正之

若庶子疏於三醮之下言之○醮監本作代臣紱按上經言三醮非三代也

又疏皆爲適子而言○適子監本譌作三代臣紱按以上下文意求之應以適子爲是

戒賓曰某有子某○以下二十一節敖繼公云以士昏禮例之皆當爲記文此在經末未詳

始加祝曰○以下諸祝辭臣紱按朱子云皆當以古音讀之其韻乃叶故通解載有叶音是也然陸德明釋文本無叶音朱子叶音止依吳棫韻補未有訂正如嘉字當居何反宜字當牛何反今讀宜如字而嘉叶

居之反以就之準之古音亦不盡合今仍去之以還陸氏之舊

始加元服兄弟具來疏凡殤不備祭之類也○監本脫備字臣紱按祭殤不備禮非不祭也今从曾子問注補之

冠義始冠疏未知大古有緌以否○以或云當改作與臣紱按以否猶言與否唐人語多如此賈疏內時有之不必改

周弁殷冔夏收疏非直言爵弁亦兼含六冕于其中見士之三加之冠周爲爵弁故歷陳此三者也○監本

疏以此節專爲爵弁而發今顛倒其辭云非直言爵弁亦兼含六冕反説向遠矣當仍從元本者爵弁者改爲有爵弁者

云非直含六冕亦兼爵弁於其中見士之三加之冠者爵弁者故云弁弁者冠名也臣紱按上二句語勢似倒以六冕尊於爵弁也爵弁者以下語不相貫今畧以經意順之而仍存其舊文于此

繼世以立諸侯象賢也〇朱子云此下三節於冠義無所當疑錯簡也疏義亦非是

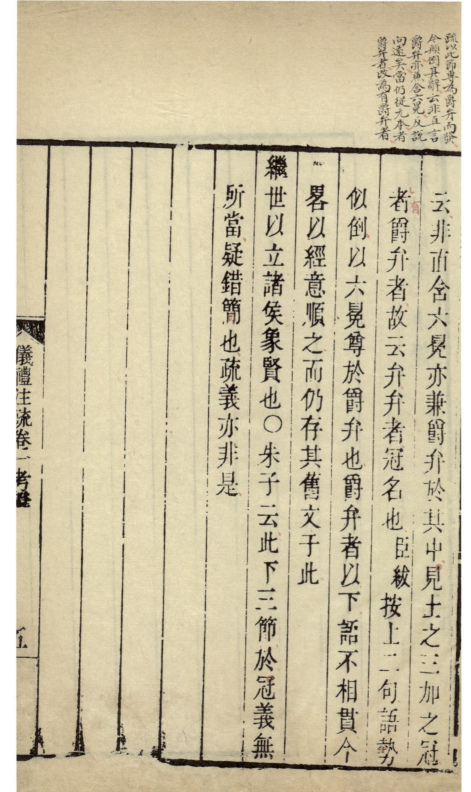

儀禮注疏卷一考證

乾隆四十一年歲在丙申揚州汪君中字容甫示余以校讐善本乃從長洲朱文游家所藏宋本校定者

然所補之文亦即有見于後者其離絕段落時有不同而皆不與疏相應蓋宋本元無疏豈鄭注相傳

有不同耶然如于洗西之流衍文則誠得之矣三月九日東里盧文弨識距庚午二十七年矣　四十九年十一月二

十四日校此卷疏訖時將離太倉歸杭州

宋本疑亦誤衍須再攷

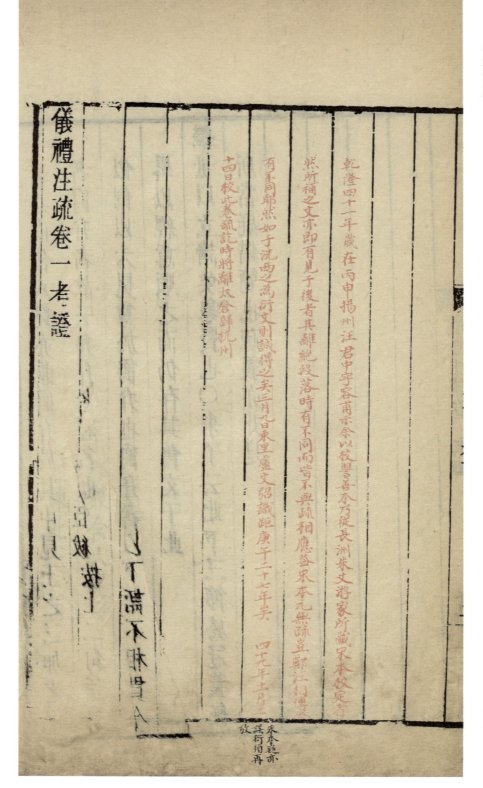

阮本從錢福林校惟第一本疏有硃點餘本疏皆不點今依舊止點
第一本餘本俱不點

納采

儀禮注疏卷二

漢鄭氏注　唐陸德明音義　賈公彥疏

士昏禮第二

昏禮。○下達納采用鴈。【注】達。通達也。將欲與彼合昏姻必先使媒氏下通其言女氏許之乃後使人納其采擇之禮詩云取妻如之何匪媒不得昏必由媒交接設紹介皆所以養廉恥納采而用鴈爲摯者取其順陰陽往來。【音義】納采七在反擇也（取妻七住反亦作娶下同紹介音界）【疏】（昏禮至用鴈）釋曰從此下至主人許賓入授如初禮陳納采問名之禮云下達者謂未行納采已前男父先遣媒氏至女氏之家通辭往來女氏許之乃遣使者行納采之禮也言下達者男爲上女爲下取陽唱陰和之義故云下達謂以言辭下通於女氏也是以下記昏辭云吾子有惠貺室某也注云稱有惠。明下達。謂此下達也。云納采用鴈者。昏禮有六。五禮用鴈。納采、問名、納吉、請期、親迎是也。唯納徵不用鴈。以其自有幣帛可執故也。且三禮不云納。言納者。恐女氏不受。若春秋内納之義。若然。納采言納者。以其始相采擇。恐女家不許。故言納。問名不言納者。女氏已許。故不言納也。納吉言納者。男家卜吉。往與女氏。復恐女家翻悔不受。故更言納也。納徵言納者。納幣帛則昏禮成。復恐女家不受。故更云納也。請期、親迎不言納者。納幣則昏禮已成。女家不得移改。故皆不言納也。其昏禮有六。尊卑皆同。故春秋莊公二十二年經書冬公如齊納幣。穀梁傳曰。納幣大夫之事也。禮有納采。有問名。有納徵。有告期。四者備而後娶。禮也。公之親納幣。非禮也。故譏之。彼無納吉者。以莊公在母喪内親行納幣。非禮之事。故闕其納吉以非之也。[illegible]釋曰。鄭云必先使媒氏下通其言。女氏許之。乃後使人納其采擇之禮者。欲見納采之前有此下達之言也。案周禮地官有媒氏職。是天子之官。則諸侯之國亦有媒氏。傳通男女。使成婚姻。故云媒氏也。云用鴈為摯者。取其順陰陽往來者。案周禮大宗伯云。以禽作六摯。卿執羔。大夫執鴈。上執雉。此昏禮無問尊卑皆用鴈。故鄭注其意云。取順陰陽往來也。順

交接設紹介似不專指昏禮

陰陽往來者。鴈木落南翔，冰泮北徂。夫爲陽，婦爲陰，今用鴈者，亦取婦人從夫之義。是以昏禮用鴈。引詩者，證須媒下達之義也。云昏必由媒交接設紹介者，詩云：匪媒不得。是由媒也。其行五禮自納采以下，皆使使往，是交接設紹介也。云皆所以養廉恥者，解所以須媒及設紹介者，皆所以養成男女使有廉恥也。使媒通之，媵御沃盥交之等，皆是行事之漸，養廉恥之義也。

主人筵于戶西，西上，右几。注：主人，女父也。筵爲神布席也。戶西者，尊處，將以先祖之遺體許人，故受其禮於禰廟。席西上，右設几，神不統於人。席有首尾。音義：爲，于僞反。處，昌慮反。疏：釋曰：此女將受男納采之禮，故先設神坐乃受之。注：釋曰：云筵爲神布席也者，下文禮賓云：徹几改筵，是爲人設席，故以此爲神席也。云戶西者，以戶西是賓客之位，故爲尊處也。必以西爲客位者，以地道尊右故也。知受禮於禰廟者，以記云：凡行事受諸禰廟也。云席西上，右設几，神不統於人者，案鄉射、燕禮之等，設席皆東上，是統於人。今以神尊，不統於人，取地道尊右之義。故席

松厓云鄭注禮不必爲句貫讀誤

西上。几在右也。云席有首尾者，以公食記蒲筵萑席皆卷自末，是席有首尾也。使者玄端至。【注】使者，夫家之屬，若羣吏使往來者。玄端，士莫夕之服。又服以事其廟。有司緇裳。【音義】使，所吏反，注使者同。莫音暮。【疏】【注】釋曰：云使者夫家之屬者，案士冠贊者於中士、下士差次爲之，此云夫家之屬，亦當然。假令主人是上士，屬是中士；主人是中士，屬是下士；主人是下士，屬亦當是下士，禮窮則同也。云玄端士莫夕之服，又服以事其廟者，此亦如士冠禮玄端士莫夕於朝之服也。但士以玄端祭廟，今使者服玄端至，亦於主人廟中行事，故云又服以事其廟也。云有司緇裳者，案士唯有三等之裳，玄裳、黃裳、雜裳，此云緇裳者，即玄裳者矣，以其緇玄大同小異也。然士有三等裳，今直言玄裳者，據主人是上士而言。案士冠云有司如主人服，則三等士之有司亦如主人服也。擯者出請事，入告。【注】擯者，有司佐禮者。請，猶問也。禮不必事，雖知猶問之，重慎也。【疏】【注】釋曰：云擯者有司佐禮者，案士冠禮有司並是主人之屬及羣吏。佐主人行禮之人。故知此擯者亦是主人有司佐禮者也。在主人曰擯。云請猶問也。禮不必事。雖知猶問之重慎也者。案論語云。無必。故云不必事也。以其前已有下達之事。今使者來在門外。是知有昏事也。而猶問之。重慎也。主人如賓服。迎于門外。再拜。賓不答拜。揖入。注 門外。大門外。不答拜者。奉使不敢當其盛禮。疏 釋曰。案士冠禮主人迎於大門外。云主人西面賓東面。此及鄉飲酒鄉射皆不言面位者。文不具耳。當亦如士冠也。注 釋曰。知門外是大門外者。以其大夫唯有兩門。寢門大門而已。廟在寢門外之東。此下有至于廟門。明此門外是大門外可知也。云不答拜者。奉使不敢當其盛禮者。此士卑無君臣之禮。故賓雖屬吏。直言不答拜。不言辟。若諸侯於使臣則言辟。是以聘禮。擯迎入門。公拜。賓辟不答拜。公食大夫。主為賓已。故賓再拜稽首。亦辟乃拜之。以其君尊故也。至于廟門。揖入。三揖。至于階。三讓。注 入三揖者。至內霤將曲揖。既曲北面揖。當碑揖。音義 霤。力又反。疏 注 釋曰。凡入門

松崖云主人在阼階則賓當庪今文似得之

三揖者以其入門賓主將欲相背故須揖賓主各至堂塗北面相見故亦須揖至碑碑在堂下三分庭之一在北是庭中之節故亦須揖但士冠注云入門將右曲揖將北曲揖當碑揖此注至内霤將曲揖既曲北面揖當碑揖文不同者鄭擧二文相兼乃足也三者禮之大節尊卑同故鄉飲酒鄉射聘禮公食大夫皆有此三揖之法但注有詳畧耳

主人以賓升西面賓升西階當阿東面致命

主人阼階上北面再拜阿棟也入堂深示親親今文阿爲庪庪居委反釋曰賓則使者也禮之通例賓主敵者賓主俱升若士冠與此文是也若鄉飲酒鄉射皆主尊賓卑故初至之時主人升一等賓乃升至卒洗之後亦俱升唯聘禮公升二等賓始升者彼注云亦欲君行一臣行二也覲禮王使人勞侯氏使者不讓先升者奉王命尊故也主人阼階上北面再拜者主人不言當阿則如鄉飲酒主人當楣再拜釋曰案鄉飲酒聘禮皆云賓當楣無云當阿者獨此云當阿故云示親親也凡士之廟五架爲之棟北一楣下有室戶中脊爲棟棟南一架爲前楣楣前接簷爲庪鄉

射記云序則物當棟堂則物當楣。故云是制五架之屋也。鄉大夫射於庠，庠則有室，故物當前楣。士射於序，序則無室，故物當棟。此士之廟雖有室，其棟在室外，故賓得深入當之也。

授于楹間，南面。【注】授於楹間，明為合好，其節同也。南面，並授也。〔音義〕楹音盈。合好，呼報反。

【疏】釋曰：楹閒謂兩楹之閒。賓以鴈授主人於楹閒者，明和合親好，令其賓主遠近節同也。凡賓主敵者授於楹閒，不敵者不於楹閒。是以聘禮賓覿大夫云「受幣于楹閒，南面」，鄭注云「受幣楹閒，敵也」。聘禮又云「公側襲，受玉于中堂與東楹之閒」，鄭注云「東楹之閒，亦以君行一，臣行二」。至禮賓及賓私覿，皆云當東楹，是尊卑不敵，故不於楹閒也。今賓者不敵而於楹閒，故云明為合好也。云「南面，並授也」者，以經云南面，不辨賓主，故知俱南面並授也。

賓降，出。主人降，授老鴈。【注】老，群吏之尊者。

【疏】釋曰：授鴈訖，賓降自西階出門，主人降自阼階，授老鴈於階，立待後事也。【注】釋曰：大夫家臣稱老。是以喪服公食大夫以貴臣為室老。春秋左氏傳云「執臧氏老」。論語云「趙魏老」。禮記「大夫室老行事」。皆是老為家臣之貴者。士雖無君臣之名，云老亦是尊

問名

醴賓

是尊。○擯者出請。[注]不必賓之事有無。[疏]釋曰：此主人知賓有事，使擯出請者，亦是不必賓之事有無也。

○賓執鴈，請問名，主人許，賓入，授，如初禮。[注]問名者，將歸卜其吉凶。古文禮爲醴。[疏]釋曰：此一使兼行納采、問名二事，相因。又使還須卜，故因即問名，乃還卜之，故云一使也。云主人許者，擯請入告，乃報賓，賓得主人許，乃入門，升堂，授鴈，與納采禮同，故云如初禮也。[注]釋曰：言問名者，問女之姓氏，不問三月之名，故下記問名辭云：某既受命，將加諸卜，敢請女爲誰氏。鄭云：誰氏者，謙也，不必其主人之女。是問姓氏也。然則姓氏爲名者，名有二種：一者是名字之名，三月之名是也；一者是名號之名，故孔安國注尚書以舜爲名，鄭君目錄以曾子爲姓名，亦據子爲名，皆是名號爲名者也。是乃姓氏爲名，亦名號之類也。鄭云將歸卜其吉凶者，據下記文也。

○擯者出請，賓告事畢，入告，出請醴賓。[注]此醴亦當爲禮。禮賓者，欲厚之。[疏]釋曰：此下至□□門□拜，主人禮賓之事。[注]□□□

云疑作止

神全一作神坐此本亦似坐字恐盧氏說改耳

云此醴亦當爲禮者。亦士冠禮賓爲醴字。彼已破爲禮。故云亦。以此醴酒禮賓字從醴者。以大行人云。上公再祼而酢。侯伯一祼而酢。子男一祼不酢。及以酒禮之。齊酒禮之。皆不依酒醴爲名。皆取相禮。故知此醴亦爲禮敬之禮。不取用醴爲醴之義也。秋官司儀云。諸公相爲賓。及將幣。賓亦如之。注云。上於下曰禮。敵者曰儐。禮。卿亦云無儐。注云。無儐辟君。大夫已上尊。得有禮儐兩名。士以下卑。惟稱禮也。

賓禮辭許。【注】禮辭。一辭。【疏】釋曰。禮賓一辭許者。主人禮賓之常法。鄉已行納采問名。賓主之情已通矣。故略行一辭而已。

主人徹几改筵東上。側尊甒醴于房中。【注】徹几改筵者。鄉爲神。今爲人。側尊亦言無玄酒。側尊於房中亦有篚有籩豆。如冠禮之設。【音義】甒。亡甫反。鄉。許亮反。爲。于僞反。【疏】釋曰。經云徹几改筵者。於戶西禮神坐。徹去其几。於後授賓。改設其筵。設側尊甒醴在東房之中。以禮賓也。【注】釋曰。經云東上者。統於主人。注云鄉爲神。今爲人者。爲神則西上。爲人則東上。不同故辨之。云側尊亦言無玄酒者。醴禮

乾隆四年校刊

側。無玄酒。配之以其醴象大古質。故士冠與此昏禮之等皆無玄酒也。鄭知此亦有篚有籩豆如冠禮者。此下云贊者酌醴加角柶。明有篚盛之。又云贊者薦脯醢。則有籩豆可知。但冠禮尊在服北南上。則此尊與篚等亦南上。故云如冠禮之設也。

主人迎賓于廟門外。揖讓如初升。主人北面再拜。賓西階上北面荅拜。主人拂几授校。拜送。賓以几辟。北面設于坐左之西階上荅拜。

【注】拂拭也。拭几者尊賓新之也。校几足。辟逡遁。古文校爲枝。

【音義】拂音弗。校胡飽反。辟。房益反。一音避。注同。拭音式。逡七旬反。遁音旬。

【疏】釋曰。云主人迎賓于廟門外揖讓如初升者。如納采時三揖三讓也。云主人北面再拜者。拜賓至此堂飲之是以公食大夫燕禮鄉飲酒鄉射大射皆云拜至並是拜賓至此堂也。但燕禮大射公食大夫皆云至再拜。先言至者。欲見賓至乃拜之。是有尊卑不敵之義。餘皆言拜至。至在拜下者。體敵之義也。若然。此爲禮賓有拜[illegible]者。前雖有納采問名之事。以昏禮有相親之義也。故[illegible]

後亦拜至也聘禮享禮及禮賓不拜至者聘禮不取相親之義故不拜至是以彼鄭注云以賓不於此始至也云主人拂几者此拂几雖不言外拂內拂又不言三案有司徹主人西面左手執几縮之以右袂推拂几三二手橫執几進授尸於筵前注云衣袖謂之袂推拂去塵示新云拂者外拂之也則此亦外拂之三也凡行禮敵者拂几皆若此卑於尊者則內拂之故聘禮云宰夫內拂几三奉兩端以進鄭云內拂几不欲塵坋尊者是也若然冠禮賓無几者冠禮比昏爲輕故無几鄉飲酒鄉射及燕禮賓輕故無几聘賓及公食大夫賓重故有几也云授校者凡授几之法卑者以兩手執几兩端尊者則以兩手於几間執之授設皆然是以聘禮宰夫奉兩端以進有司徹云尸進二手受于手間注云受從手間謙也雖不言兩手兩手授之可知又案聘禮云公東南鄉外拂几三卒振袂中攝之進西鄉賓進訝受几於筵前以此言之公尊中執几以一手則賓以兩手於几兩端執之也而此亦賓主不敵授校者昏禮異於餘禮云拜送者此當再拜送君於聘賓則一拜故聘禮云公一拜送鄭注云公尊也是也此几以安體非己所得故賓受訖然後答拜下經受醴之時先拜乃受者彼是入口

之物。已所當得。故先拜乃受之。云賓以几辟者。以賓卑。故以几辟。聘禮賓卑亦云以几辟。有司徹不云以几辟者。尊尸故也。覲禮不云以几辟者。尊王故也。凡授几之法。受時或受其足。或受于手間。皆橫受之。及其設之。皆旋几縱執。乃設之於坐南北面陳之。位爲神則右之。爲人則左之。爲異。不坐設之者。几輕故也。注釋曰。鄭知校几足者。既夕記云。綴足用燕几。校在南。御者坐持之。故知校是几足也。

贊者酌醴。加角柶。面葉。出于房。注贊。佐也。佐主人酌事也。贊者亦洗酌。加角柶。覆之。如冠禮矣。出房南面。待主人迎受。古文葉作擖。音義柶。音四。疏注釋曰。云贊者亦洗酌加角柶覆之如冠禮矣者。案冠禮云。贊者洗於房中。側酌醴。加柶覆之。此與冠禮同。故知如冠禮矣。

主人受醴。面枋。筵前西北面。賓拜受醴。復位。主人阼階上拜送。注主人西北面。疑立。待賓卽筵也。賓復位於西階上北面。明相尊敬。此筵不主爲飲食起。【音義】枋，彼命反。疑，魚乞反。爲，于僞反。下「中爲」、「益爲」同。【疏】【注】釋曰：經雖云主人西北面，知疑立者，鄉飲酒云主人阼階東疑立，明此亦然也。凡主人將授酒醴於筵前，待賓即筵前乃授之。此鄭云即筵謂就筵前，與下賓即筵別也。是以冠禮禮子及下禮婦，皆於筵西受醴。然禮賓進筵前受醴，是不躐席之事也。云賓復位於西階上北面，明相尊敬。此筵不主爲飲食起者，但此筵爲行禮，故拜及啐皆於西階也。

贊者薦脯醢。【注】薦，進。賓即筵坐，左執觶，祭脯醢，以柶祭醴三，西階上北面坐，啐醴，建柶，興，坐奠觶，遂拜。主人答拜。【注】即，就也。左執觶，則祭以右手也。凡祭於脯醢之豆閒，必所爲祭者，謙敬，示有所先也。啐，嘗也。嘗之者，成主人意。建猶扱也。興，起也。奠，停也。【音義】觶，之豉反。啐，七內反。扱，初洽反。【疏】釋曰：此經云坐奠觶遂拜，言遂者，因事曰遂。因建柶興，坐奠觶，不復興，遂因坐而拜。冠禮禮子并醮子，及此下禮婦，不言坐奠觶遂者，皆文不具。聘禮賓不言拜者，禮中有拜可知也。【注】釋曰：鄭云"祭以右手"，出于鄉射也。云"凡祭於脯醢之豆間"者，謂祭脯醢置之皆於豆間。此及冠禮、鄉飲酒、鄉射、燕禮、大射皆有酒醢，則在籩豆之間。此注不言籩直言豆者，省文。公食大夫及有司徹，豆多者，則言祭於上豆之間也。云"必所爲祭者，謙敬，示有所先也"者，案曲禮云"主人延客祭"，注云"祭，祭先也。君子有事不忘本也"。此云"謙敬，示有所先"，先即本，謂先世造此食者也。云"啐，嘗也"，嘗之者，成主人意。主人設饌望賓爲美之，今客嘗之告旨，是成主人意也。賓即筵奠于薦左，降筵，北面坐，取脯。主人辭。【注】薦左，籩豆之東。降下也。自取脯者，尊主人之賜，將歸執以反命。辭者，辭其親徹。【疏】釋曰：此奠於薦左，不言面位。下贊禮婦奠于薦東，注云"奠于薦東，升席奠之"，北亦奠于薦東，升席奠之，明皆升席南面奠也。必南面奠者，取席之正。又祭酒亦皆南面，並因祭酒之面奠之，則冠禮禮子亦南面奠之。聘禮禮賓，賓北面奠者，以公親執束帛待賜，已不敢稽留，故由便疾北面奠之也。鄉飲酒、鄉射酬酒不

納吉　納徵

祭不舉。不祭故北面奠于薦東也。燕禮大射重君物。賓祭酬酒。故亦南面奠【注】釋曰。云降下也自取脯者尊主人之賜將歸執以反命者。案下記云。賓右取脯左奉之。乃歸執以反命是也。賓降授人脯出。

主人送于門外再拜。【注】人謂使者從者授於階下西面。然後出去。【音義】從才用反。後從者皆同。【疏】【注】釋曰。鄭知人謂使者從者者以其此脯使者將歸。故授從者也。又知授於階下西面然後出去者以其賓位在西。授脯文在出上。故知西階下西面授之。然後出去也。○

納吉用鴈如納采禮。【注】歸卜於廟得吉兆復使使者往告。婚姻之事於是定。【音義】復扶又反。【疏】釋曰。案上文納采在前問名在後。今此不云如問名而云如納采者。問名賓不出大門。故此納吉如其納采也。【注】釋曰。鄭知義然者。案下記云。納吉曰吾子有貺命某加諸卜。占曰吉。使某也敢告。凡卜筮皆於禰廟。故然也。未卜時恐有不吉婚姻不定。故納吉乃定也。○

納徵玄纁束帛儷皮如納吉禮。【注】徵成也。

乾隆四年校刊

使使者納幣以成昏禮。用玄纁者，象陰陽備也。束帛，十端也。周禮曰：凡嫁子娶妻，入幣純帛無過五兩。儷，兩也。執束帛以致命。兩皮爲庭實。皮，鹿皮。今文纁皆作熏。【音義】纁，許云反。儷，音麗。純，側其反。【疏】釋曰：此納徵無鴈者，以有束帛爲贄故也。是以孝經鉤命決云：五禮用鴈是也。案春秋左氏莊公二十二年冬，公如齊納幣，不言納徵者，孔子制春秋，變周之文，從殷之質，故指幣禮而言。周文，故以義言之。徵，成也，納此則昏禮成，故云徵也。【注】釋曰：云用玄纁者，象陰陽備也。束帛十端也者，周禮：凡嫁子娶妻，入幣緇帛無過五兩。鄭彼注云：納幣用緇，婦人陰也。凡於娶禮，必用其類。五兩，十端也。必言兩者，欲得其配合之名。十者，象五行十日相成也。士大夫乃以玄纁束帛，天子加以穀圭，諸侯加以大璋。雜記云：納幣一束，束五兩，兩五尋。然則每端二丈。若彼據庶人直用緇色無纁，故鄭云用緇，婦人陰。此玄纁俱有，故云象陰陽備也。案玉人穀圭天子以聘女，大璋諸侯以聘女，故鄭據而言焉。玄纁束帛者，合言之，陽奇陰耦，三

請期

陳器饌

玄二纁也。其大夫無冠禮而有昏禮。若試爲大夫及幼爲大夫者。依士禮。若五十而爵。改娶者。大夫昏禮玄纁及鹿皮。則同於士。餘有異者。無文以言也。○請期用鴈。主人辭。賓許。告期。如納徵禮。注主人辭者。陽倡陰和。期日宜由夫家來也。夫家必先卜之。得吉日。乃使使者往。辭。卽告之。音義請音情。又七井反。和。戶臥反。疏釋曰。請期如納徵禮。納徵如納吉禮。納吉如納采禮。案上納采之禮。下至主人拜送於門外。其中揖讓升降。及禮賓送迎之事。此皆如之。注釋曰。壻之父使使納徵訖。乃卜婚日。得吉日。又使使往女家告日。是期由男家來。今以男家執謙。故遣使者請女家。若云期由女氏。故云請期。女氏知陽倡陰和。當由男家出。故主人辭之。使者既見主人辭。遂告主人期日也。是以下記云。使者曰。某使某受命。吾子不許。某敢不告期。曰某日。注云。某吉日之甲乙。是告期之辭。故鄭云辭卽告也。○期初昏。陳三鼎于寢門外東方。北面北上。其實特豚。合升。去蹄。舉肺脊二。

乾隆四年校刊　士昏禮

祭肺二魚十有四腊一肫髀不升皆飪設扃鼏【注】𦤎取妻之日鼎三者升豚魚腊也寢壻之室也北面鄉內也特猶一也合升合左右胖升於鼎也去蹄蹄甲不用也舉肺脊者食時所先舉也肺者氣之主也周人尚焉脊者體之正也食時則祭之飯必舉之貴之也每皆二者夫婦各一耳凡魚之正十五而鼎減一爲十四者欲其敵偶也腊兔腊也肫或作純純全也凡腊用全髀不升者近竅賤也飪熟也扃所以扛鼎鼏覆之古文純爲鈞髀爲脾今文扃作鉉鼏皆作密【音義】去起呂反注同肫劉音純又之春反字林之閏反髀步米反字林方爾反云股骨也又作脾飪而甚反扃古螢反鼏亡狄反壻悉計反鄉許亮反胜

音判。飯扶晚反。近附近之近。竅苦弔反。疏釋曰：此文下
扛音江。脾必爾反。又毗支反。鉉胡吠反。盡合卺一節
論夫家欲迎婦之時，豫陳同牢之饌也。云陳三鼎於寢
門外東方北面北上者，謂在寢門外也。言東方北面，
是禮之正，但數鼎，故云北面北上，則此及少牢皆是也。
特牲陳鼎於門外北面北上，當門而不在東方者，辟大
夫故也。今此亦東方不辟大夫者，重婚禮，攝盛也。鼎不
言北上，直言北面，士冠所云是也。凡鼎陳於外者，北面
爲正，阼階下西面爲正。士喪禮小斂陳一鼎於門外西
面者，喪禮小斂在東方者，未忍異於生時。於大斂奠及
朔月奠、既夕陳鼎皆如小斂奠，門外皆西面者，是喪禮
至既夕不變也。士虞陳三鼎于門外之右，北面北上，入
設于西階前東面北上，不在東者，既葬鬼事之，反吉故
也。公食陳鼎七，當門南面西上者，以賓是外人，向外統
之。注釋曰：云期取妻之日者，此陳同牢之饌，下云親迎
之禮，其中無厥明之文，明是娶婦之日也。云鼎三者，升
豚魚腊也者，即經文自顯也。云寢壻之室也者，命士以
上父子異宮，自然別有寢；若不命之士，父子同宮，雖
大院同居，其中亦隔別，各有門戶，故經總云寢門外也。
云合升合左右胖升於鼎也者，以夫婦各一，故左右胖

俱升若祭則升右也云去蹄蹄甲不用也者以其踐地
穢惡也云舉肺脊者食時所先舉者案下文贊者告具
揖婦卽對筵皆坐祭祭薦黍稷肺卽此祭肺也下文云
贊爾黍稷授肺脊皆食以湇醬皆祭舉食舉也卽此舉
肺脊也祭時二肺俱有生人唯有舉肺皆祭今此得有
祭肺者禮記郊特牲論娶婦玄冕齋戒鬼神陰陽也故
與祭祀同二肺也據下文先用祭肺後用舉肺此經先
言舉肺後言祭肺者以舉肺脊長大故先言是以特牲
少牢入鼎時舉肺脊在前云肺者氣之主也周人尚焉
者案禮記明堂位云有虞氏祭首夏后氏祭心殷祭肝
周祭肺鄭注云氣主盛也但所尚不同故云周人尚焉
云脊者體之正也食時則祭之者對祭肺未食時祭也
云飯必舉之貴之也者但一身之上體總有二十一節
前有肩臂臑後有肫胳脊在中央有三脊正脡横脊而
取中央正脊故云體之正凡云先以對後案特牲舉肺
脊後食幹胳注云肺氣之主也脊正體之貴者先食啗
之所以導食通氣此不言先食啗之從彼可知也云每
皆二者夫婦各一耳者釋經多之義云凡魚之正十五
而鼎減一爲十四者據特牲記云魚十有五注云魚水
物以頭枚數陰中之物取數於月十有五日而盈少牢

饋食禮亦云十有五而俎。尊卑同，則是尊卑同用十五而同鼎也。云欲其敵偶也者，夫婦各有七也。此夫婦鬼神陰陽，故同祭禮十五而去一。若平生人，則與此異。故公食大夫一命者七魚，再命者九魚，三命者十有一魚。天子諸侯無文，或諸侯十三魚，天子十五魚也。云腊兔腊也者，少牢用麋腊，士兔腊可知，故曲禮云兔曰明視也。云肫或作純，純全也。凡腊用全者，此或少牢文。案少牢腊一純。注云：純猶全也。凡牲體則用一胖，不得云全。其腊則左右體脅相配共爲一體，故得全名也。特牲少牢亦用全。士喪大斂與士虞皆用左胖不全者，喪禮略。云今文鼏皆作密者，鄭以省文，故兼下給冪總疊之，故云皆也。設洗于阼階東南。【注】洗所以承盥洗之器棄水者。【音義】盥，音管。饌于房中醯醬二豆菹醢四豆兼巾之黍稷四敦皆蓋。【注】醯醬者，以醯和醬。生人尚褻味。兼巾之者，六豆共巾也。巾爲禦塵。蓋爲尚溫。周禮曰：食齊視春時。【音義】饌，仕戀反，劉仕轉反。醯，呼西反。巾之，如字，劉居

乾隆四年校刊　　儀禮注疏卷二　士昏禮　十二

近反。敦音對。劉又都愛反。下敦南對敦同。食音嗣。齊才計反。下同。疏注釋曰。鄭知以醯和醬者。得醯者無醬。得醬者無醯。若和之則夫妻皆有。是以知以醯和醬。云生人尚褻味者。此文與公食皆以醯和醬。少牢特牲不言之。故云然也。引周禮釋敦皆有蓋者。飯宜溫。此春時故也。

大羹湇在爨。注大羹湇。煑肉汁也。大古之羹無鹽菜。爨。火上。周禮曰。羹齊視夏時。今文湇皆作汁。音義大。如字。又音太。羹。劉音戶庚反。湇。去急反。爨。七亂反。大音泰。疏注釋曰。湇與汁一也。知大古之羹無鹽菜者。左傳桓二年臧哀伯云。大羹不致。禮記郊特牲云。大羹不和。謂不致五味。故知不和鹽菜。唐虞以上曰大古。有此羹。三王以來更有鉶羹。則致有五味。雖有鉶羹。猶存太羹。不忘古也。引周禮證太羹須熱。故在爨。臨食乃取也。

尊于室中北墉下。有禁。玄酒在西。綌冪加勺。皆南枋。注墉。牆也。禁。所以庪甒者。玄酒不忘古也。綌。粗葛。今文枋作柄。音義墉音容。牆也。綌去逆反。勺上灼

親迎

反。㡌，居委反。【疏】釋曰：云禁所以㡌甒者。士冠云甒。此亦士禮。雖不言甒。然此尊亦甒也。㡌承於甒。者。因為酒戒。故以禁言之也。云玄酒不忘古也者。古謂黃帝以前。以禮運云汙尊而抔飲。謂神農時。雖有黍稷。未有酒醴。則神農以上以水為玄酒也。禮運又云後聖有作。以為醴酪。據黃帝以後。雖有酒醴。猶是不忘古也。

尊于房戶之東。無玄酒。篚在南。實四爵合巹。【注】無玄酒者。略之也。夫婦酌於內尊。其餘酌於外尊。合巹。破匏也。四爵兩巹凡六。為夫婦各三酳。一升曰爵。【音義】巹音謹。匏白交反。酳以刃反。【疏】釋曰：云無玄酒者略之者。此對上文夫婦之尊有玄酒。此尊非為夫婦。故略之也。云夫婦酌於內尊。其餘酌於外尊者。據上文玄酒知之。云一升曰爵者。韓詩外傳云。一升曰爵。二升曰觚。三升曰觶。四升曰角。五升曰散是也。

○主人爵弁。纁裳緇袘。從者畢玄端。乘墨車。從車二乘。執燭前馬。【注】主人。壻也。壻為婦主。爵弁而纁裳。玄冕之次。大夫以上親迎冕服。冕服迎者。鬼神之。鬼神之者。所以重之親之。纁裳者衣緇衣。不言衣與帶而言袘者。空其文。明其與袘俱用緇。袘謂緣。袘之言施。以緇緣裳。象陽氣下施。從者。有司也。乘貳車。從行者也。畢。猶皆也。墨車。漆車。士而乘墨車。攝盛也。執燭前馬。使從役持炬火居前炤道。【音義】袘以豉反。又音移。從才用反。乘繩證反。迎魚正反。衣緇衣上於既反。下如字。緣以絹反。炤音照。【疏】釋曰。自此至俟于門外。論壻親迎之節。【注】釋曰。云主人壻也者。以其親迎向女家。女父稱主人。男稱壻。已下皆然。今此未至女家。仍據男家而言。故云主人。是壻爲婦主。故下親迎至男家。壻還稱主人也。云爵弁而纁裳者。以爵弁亦冕之類。故亦纁裳也。云玄冕之次者。鄭注周禮弁師云。一命之大夫冕而無旒。士變冕爲爵弁。故云冕之次也。云大夫以上親迎冕服者。士家自祭服玄端。助祭用爵弁。今爵弁。用助祭之服親迎。以爲攝盛。則卿大夫朝服以自祭。助祭用玄冕。親迎亦當玄冕。攝盛也。若上公有孤之國。孤絺冕。卿大夫同玄冕。侯伯子男無孤之國。卿絺冕。大夫玄冕也。孤卿大夫士。爲臣卑須攝盛。取助祭之服以親迎。則天子諸侯爲尊則尊矣。不須攝盛。宜用家祭之服。則五等諸侯玄冕以家祭。則親迎不過玄冕。天子親迎當服衮冕矣。是以禮記郊特牲云。玄冕齋戒鬼神陰陽也。將以爲社稷主。以社稷言之。據諸侯而說故知諸侯玄冕也。其孤卿雖絺冕以助祭。至於親迎亦用玄冕。臣乃不得過君故也。云冕服迎者鬼神之鬼神之者所以重之親之者。約郊特牲文。云纁裳者衣緇衣不言衣與帶而言袘者空其文明其與袘俱用緇者。鄭言纁裳者衣緇衣。言緇衣即玄衣。大同玄也。上士冠陳爵弁服云緇衣緇帶。此文有緇袘無衣帶二字。故云空其文。以袘著緇者。欲見袘與衣帶色同。故云俱用緇也。云袘謂緣者。謂純緣於裳。故字從衣。云袘之言施義取施及於物。故作袘也。云以緇緣裳象陽氣下施者。男陽女陰。男女相交接。示行事有漸。故云象陽氣下施。故以衣帶上體同色之物。下緣於裳也。云從者有司也。乘貳車從行者也者。以士雖無臣。其僕隸皆曰有司使乘貳車從焉。大夫已下有貳車。士無貳車。此有者。亦是攝盛也。云墨車漆車者。案巾車注云。棧車不革鞔而漆之。則士之棧車漆之。但無革爲異耳。案考工記云。棧車欲其弇。鄭云。無革鞔。又云。飾車欲其侈。鄭云。革鞔。則大夫以上皆有革鞔。則得飾車之名。飾者。革上又有漆飾。士卑無飾。雖有漆不得名墨車。故唯以棧車爲名。若然。自卿已上更有異飾。則又名玉金象夏篆夏縵之等也。云士乘墨車攝盛也者。案周禮巾車云。一曰玉路以祭祀。又云。金路同姓以封。象路異姓以封。革路以封四衛。木路以封蕃國。孤乘夏篆。卿乘夏縵。大夫乘墨車。士乘棧車。庶人乘役車。士乘大夫墨車爲攝盛。則大夫當乘卿之夏縵。卿當乘孤之夏篆。已上有木路。質而無飾。不可使孤乘之。禮窮則同也。孤還乘夏篆。又於臣之外特置。亦是尊則尊矣。不欲攝盛。若然。庶人當乘士之棧車。則諸侯天子尊則尊矣。亦不欲攝盛。依巾車自乘本車矣。玉路祭祀。不可以親迎。當乘金路矣。以攝盛言之。士之子冠與父同。則昏亦同。但尊適子。皆與父同。庶子宜降一等也。

婦車亦如之。有裧。【注】亦如之者。車同等。士妻之車。夫家共之。大夫以上嫁女。

則自以車送之。裧車裳幃，周禮謂之容。車有容則固有蓋。【音義】裧，昌占反。共之，音恭。【疏】【注】釋曰：婦車亦墨車，但有裧爲異耳。曰士妻之車，夫家共之者，即此是也。云大夫以上嫁女則自以車送之者，案宣公五年冬，左傳云：齊高固及子叔姬來，反馬也。休以爲禮無反馬，而左氏以爲得禮。禮，婦人謂嫁曰歸，明無大故不反於家。經書高固及子叔姬來，故譏乘行匹至也。士昏則異，據士禮無反馬，蓋失之矣。士昏禮曰：主人爵弁纁裳緇袘，從者畢玄端。乘墨車，從車二乘，執燭前馬，婦車亦如之，有裧。此婦乘夫家之車。鵲巢詩曰：之子于歸，百兩御之。又曰：之子于歸，百兩將之。國君之禮，夫人始嫁，自乘其車也。何彼襛矣篇曰：曷不肅雝，王姬之車。言齊侯嫁女，以其母王姬始嫁之車遠送之，則天子諸侯女嫁，留其車可知。今高固大夫反馬，大夫亦留其車，禮雖散亡，以詩論之，大夫以上至天子有反馬之禮。留車，妻之道。反馬，壻之義。高固秋月逆叔姬，冬來反馬，則婦人三月祭行，故行反馬禮也。以此鄭箴膏肓言之，則知大夫以上嫁女，自以其車送之。若然，詩注以爲王姬嫁時自乘其車。箴膏肓以爲齊侯嫁女乘其母王姬始嫁時車

俱從左傳疏改

當增何字

乾隆四年校刊

送之不同者，彼取三家詩，故與毛詩異也。凡婦車之法，自士已上至孤卿，皆與夫同，有裧為異。至於王后及三夫人，并諸侯夫人，皆乘翟車。案周禮巾車，王后之五路，重翟、厭翟、安車，皆有容蓋。又云：翟車、輦車。鄭注云：衛國風碩人曰：翟茀以朝，謂諸侯夫人始來，乘翟茀之車以朝見於君，盛之也。此翟茀，蓋厭翟也。然則王后始來乘重翟車。又詩序云：王姬下嫁於諸侯，車服不繫其夫，下王后一等。以此差之，王后始來乘重翟，則上公夫人用厭翟，侯伯子男夫人用翟車。若然，巾車安車次厭翟在翟車之上者，以其安車在宮中所乘，有容蓋，與重翟、厭翟有差，退之在下。其實安車無翟飾，不用為嫁時所乘也。三夫人與三公夫人當用翟車，九嬪與孤妻同用夏篆，世婦與卿大夫妻同用夏縵，女御與士妻同用墨車也。其諸侯夫人姪娣及二媵并姪娣，依次下夫人以下一等為差也。云裧車裳幃，周禮謂之容者，案巾車職，重翟、厭翟、安車皆有容蓋。鄭司農云：容謂幨車，山東謂之裳幃，或謂之幨容。後鄭從之。衛詩云：漸車帷裳。是山東名幃裳也。云車有容則固有蓋者，巾車云有容蓋，容蓋相配之物。此既有裧之容，明有蓋可知，故云固有蓋矣。

至于門外。注 婦家大門之

外。[疏]釋曰。知是大門之外者。以下有揖入。乃至廟。廟在大門內。故知此大門外也。主人筵于戶西。西上。右几。[注]主人。女父也。筵爲神布席。[疏]釋曰。以先祖之遺體許人。將告神。故女父先於廟設神席。乃迎壻也。女次純衣纁袡立于房中南面。[注]次。首飾也。今時髲也。周禮追師掌爲副編次。純衣。絲衣。女從者畢袗玄。則此衣亦玄矣。袡亦緣也。袡之言任也。以纁緣其衣。象陰氣上任也。凡婦人不常施袡之衣。盛昏禮爲此服。喪大記曰。復衣不以袡。明非常。[音義]袡。如占反。髲。皮義反。追。丁回反。編。必連反。袗。之忍反。[疏]釋曰。不言裳者。以婦人之服不殊裳。是以內司服皆不殊裳。彼注云。婦人尚專一德。無所兼。連衣裳不異其色是也。[注]釋曰。云次首飾也。今時髲也。周禮追師掌爲副編次者。案彼注云。副之言覆。所以覆首爲之飾。其遺象若今步繇矣。編。編列髮爲之。其遺象若今假紒矣。次。次第髮長短爲之，所謂髲髢。言所謂。謂如少牢主婦髲鬄也。又云外內命婦衣鞠衣襢衣者服編。衣褖衣者服次。其副唯於三翟祭祀服之。士服爵弁助祭之服以迎。則士之妻亦服褖衣助祭之服也。若然。案內司服王后之六服。褘衣。揄翟。闕翟。鞠衣。展衣。褖衣。素沙。素沙與上六服爲裏。五等諸侯。上公夫人與王后同。侯伯夫人自揄翟而下。子男夫人自闕翟而下。案玉藻有鞠衣襢衣褖衣。注云。諸侯之臣皆分爲三等。其妻以次受此服。公之臣孤爲上。卿大夫次之。士次之。侯伯子男之臣卿爲上。大夫次之。士次之。其三夫人以下內命婦則三夫人自闕翟而下。九嬪自鞠衣而下。世婦自襢衣而下。女御自褖衣而下。嫁時以服之。諸侯夫人無助天子祭。亦各得申上服。與祭服同也。云純衣絲衣者。此經純亦是絲理不明。故見絲體也。云女從者畢袗玄則此衣亦玄矣者。此鄭欲見既以純爲絲。恐色不明。故云女從袗玄。則此絲衣亦同玄色矣。云袡亦緣也者。上纁裳緇袘。袘爲緣。故云袡亦緣也。云袡之言任也。以纁緣其衣。象陰氣上任也者。婦人陰象。陰氣上交於陽。亦取交接之義也。云凡婦人不常施袡之衣。盛昬禮爲此服者。此純衣即褖衣。是士妻助祭之服。尋常不用纁爲袡。今用之。

故云盛昏禮爲此服。云喪大記曰復衣不以袡明非常者。以其始死招魂復魄。用生時之衣。生時無袡。知亦不用袡。明爲非常所服。爲盛昏禮故服之。引之者證袡爲非常服也。然鄭言凡婦人服不常施袡者。鄭欲見王后已下。初嫁皆有袡之意也。

姆纚笄宵衣在其右。

注 姆。婦人年五十無子。出而不復嫁。能以婦道教人者。若今時乳母。纚。縚髮。笄。今時簪也。纚亦廣充幅。長六尺。宵讀爲詩素衣朱綃之綃。魯詩以綃爲綺屬也。姆亦玄衣。以綃爲領。因以爲名。且相別耳。姆在女右。當詔以婦禮。

音義 姆。莫候反。劉音母。又音茂。纚。山買反。劉霜綺反。縚。他刀反。本又作㚇。同。綃。音消。別。彼列反。

疏 釋曰。此經欲見女既在房。須有傳命者之事也。注釋曰。云姆婦人年五十無子出而不復嫁能以婦道教人者。婦人年五十。陰道絶。無子乃出之。案家語云。婦人有七出。不順父母出。淫出。妬出。無子出。惡疾出。多言出。竊盜出。又莊二十七年何休注公羊云。無子棄。

乾隆四年校刊

絶世也。淫佚棄。亂類也。不事舅姑棄。悖德也。口舌棄。離親也。盜竊棄。反義也。嫉妬棄。亂家也。惡疾棄。不可奉宗廟也。又家語有三不去。曾經三年喪不去。休云。不忘恩也。賤取貴不去。休云。不背德也。有所受無所歸不去。休云。不窮窮也。休又云。喪父長女不娶。無教戒也。世有惡疾不娶。棄於天也。世有刑人不娶。棄於人也。亂家女不娶。類不正也。逆家女不娶。廢人倫也。是五不娶。又案易同人六二。鄭云。天子諸侯后夫人無子。不出則猶有六出。其天子之后雖失禮。鄭云。嫁於天子。雖失禮。無出道。遠之而已。若其無子。不廢遠之。后尊如故。其犯六出則廢之。然就七出之中。餘六出是無德行不堪教人。故無子出能以婦道教人者。以爲姆。旣教女。因從女向夫家也。云若今時乳母者。漢時乳母與古時乳母別。案喪服。乳母者。據大夫子有三母。子師。慈母。保母。其慈母闕。乃令有乳者養子。謂之爲乳母。死爲之服緦麻。師教之。乳母直養子而已。漢時乳母則選德行有乳者爲之。幷使教子。故引之以證姆也。云纚縚髮者。此纚亦如士冠纚。以縚爲之。廣充幅。長六尺。以縚髮而結之。姆所以異於女者。女有纚兼有笄。此姆則有纚而無笄也。云笄今時簪者。舉漢爲况義也。云宵讀爲詩素衣朱綃之綃者。引

詩以爲證也云姆亦玄衣以綃爲領因以爲名者此衣
雖言綃衣亦與純衣同是褖衣用綃爲領故因得名綃
衣也必知綃爲領者詩云素衣朱綃詩又云素衣朱襮
爾雅釋器云黼領謂之襮襮既爲領則朱綃亦領可知
案上文云女褖衣下文云女從者畢袗玄皆是褖衣則
此綃衣亦褖衣矣女與女從禪黼領此姆以玄綃爲領
也若然特牲云綃衣者謂以綃綺爲衣知此綃爲領者
以下女從者云被穎黼據領明此據領也云姆在女右
當詔以婦禮者案禮記少儀云贊幣自左
詔辭自右地道尊右之義故姆在女右也女從者畢袗
玄纚笄被穎黼在其後【注】女從者謂姪娣也詩諸娣從
之祁祁如雲袗同也同玄者上下皆玄也穎禪也詩云
素衣朱襮爾雅云黼領謂之襮周禮曰白與黑謂之黼
天子諸侯后夫人狄衣卿大夫之妻刺黼以爲領如今
偃領矣士妻始嫁施禪黼於領上假盛飾耳言被明非

乾隆四年校刊

儀禮注疏卷二士昏禮

常服。【音義】被，皮義反。纇，苦迴反，劉古熒反。黼，音斧。姪，大
結反，字林丈一反。娣，大計反。禪，音丹。褖，音傳。
刺，七亦反。【疏】釋曰：此是女從之人在女後，爲尊卑威儀之事
也。【注】釋曰：知女從是姪娣者，案下文云：雖無娣
媵先。鄭云：古者嫁女必姪娣從，爲之媵。即此女從，故云
女從者謂姪娣也。云詩者，韓奕篇引之，證娣姪之義也。
云袗同也，同立者上下皆立者，此袗讀從左氏袀服振
振一也。故云同立上下皆立也。同者，即婦人之服不殊
裳。云纇禪也者，此讀如詩云褧衣之褧，故爲禪也。引詩
爾雅周禮者，證黼得爲領之義也。黼謂刺之在領爲黼
文，名爲褖，故云黼領謂之褖。云天子諸侯后夫人狄衣
者，案周禮内司服云：掌王后之六服，褘衣、揄狄、闕狄。又
注云：侯伯之夫人揄狄，子男之夫人亦闕狄，唯二王後
褘衣。故云后夫人狄衣也。云卿大夫之妻刺黼以爲領
者，以士妻言被，明非常，故知大夫之妻刺之常也。不於
后夫人下言領，於卿大夫妻下乃云刺黼爲領，則后
人亦同刺黼爲領也。但黼乃白黑色爲之，若於衣上則
畫之，若於領上則刺之，以爲其男子冕服，衣畫而裳繡，
繡皆刺之，其婦人領雖在衣，亦刺之矣。然此士妻言被
袡黼，謂於衣領上別刺黼文，謂之被，則大夫以下刺之

不別被之矣。案禮記郊特牲云。繡黼丹朱中衣。大夫之僭禮也。彼天子諸侯中衣有黼領。上服則無之。今此婦人事華飾。故於上服有之。中衣則無也。云如今偃領矣者。舉漢法。鄭君目驗而知。至今已遠。偃領之制亦無可知也。云士妻始嫁施禪黼於領上。假盛飾耳。言被明非常服者。對大夫已上妻則常服有之。非被也。

主人玄端迎于門外。西面再拜。賓東面答拜。【注】賓。壻。【疏】釋曰。此言男至女氏之大門外。女父出迎之事也。

主人揖入。賓執鴈從。至于廟門。揖入。三揖至于階。三讓。主人升。西面。賓升。北面。奠鴈。再拜稽首。降出。婦從。降自西階。主人不降送。【注】賓升奠鴈拜。主人不答。明主爲授女耳。主人不降送。禮不參。【音義】爲。于僞反。【疏】釋曰。此言女父迎賓。壻入廟門升堂。父迎出大門之事也。云賓升北面奠鴈再拜稽首者。此時當在房外當楣北面。知在房外者。見隱二年紀履緰來逆女。公羊傳曰。譏始不親迎也。何休云。夏后氏逆於庭。殷人

松厓云姆辭不受下或云石經有姆辭曰未教不足與爲禮也注疏皆無一語及之必非後人道脫也

逆於堂。周人逆於戶。後代漸文。迎於房者。親親之義也。疏注釋曰。云賓升奠鴈拜主人不荅。明主爲授女耳者。案納采阼階上拜。至問名納吉納徵請期轉相如。皆拜。獨於此主人不荅。明主爲授女耳。云主人不降送禮不參者。禮賓主宜各一人。今婦既從。主人不送者以其禮不參也。

壻御婦車授綏。姆辭不受。注壻御者。親而下之。綏。所以引升車者。曲禮曰。僕人之禮。必授人綏。疏注釋曰。云僕人之禮必授人綏。曲禮文。今壻御車。即僕人禮。僕人合授綏。姆辭不受。謙也。

婦乘以几。姆加景。乃驅。御者代。注乘以几者。尚安舒也。景之制蓋如明衣。加之以爲行道禦塵。令衣鮮明也。景亦明也。驅。行也。行車輪三周。御者乃代壻。今文景作憬。音義乘。如字。御。魚呂反。令。力呈反。憬。音景。疏注釋曰。云乘以几者。謂登車時也。几所以安體。謂若尸乘以几之類。以重其初昏。與尸同也。云景之制蓋如明衣者。案既夕禮。明衣裳用布。袂屬幅。

婦至成禮

長下膝。鄭注云。長下膝。又有裳。於蔽下體深也。此景之制無正文。故云蓋如明衣。不直云制如明衣。此嫁時尚飾不用布。案詩云。衣錦褧衣。裳錦褧裳。鄭云。褧禪也。蓋以禪縠爲之中衣。裳用錦而上加禪縠焉。爲其文之大著也。庶人之妻嫁服也。士妻紂衣纁袡。彼以庶人用禪縠。連引士妻紂衣。則此士妻衣上亦用禪縠。碩人是國君夫人。亦衣錦褧衣。則尊卑同用禪縠。庶人卑得與國君夫人同用錦。爲文大著。此士妻不用錦。不爲文大著故云行道禦風塵也。

壻乘其車先俟于門外。

注 壻車在大門外。乘之先者道之也。男率女女從男夫婦剛柔之義自此始也。俟待也。門外壻家大門外。

音義 道音導。

疏 注釋曰。云壻車在大門外者。謂在婦家大門外。知者。以其壻於此始言乘其車。故知也。云男率女女從男夫婦剛柔之義自此始也者。並郊特牲文。云門外壻家大門外者。命士已上父子異宮。故解爲壻家大門外。若不命之士父子同宮。則大門父之大門外也。

○婦至主人揖婦以入及寢門揖入升自西階

乾隆四年校刊

儀禮注疏卷二　士昏禮　十九

媵布席于奧。夫入于室，即席。婦尊西，南面。媵御沃盥交。

【注】升自西階。道婦入也。媵，送也。謂女從者也。御，當爲訝。訝，迎也。謂壻從者也。媵沃壻盥於南洗，御沃婦盥於北洗。夫婦始接，情有廉恥。媵御交道其志。【音義】媵，以證反。奧，烏報反。御，依注音訝，五嫁反，下注同。道音導。【疏】釋曰：此明夫導於婦入門升階，及對席媵御沃盥之儀。云主人揖婦以入者，此則詩云好人提提，宛然左辟是也。云夫入于室即席者，謂壻也。婦在尊西，未設席。壻既爲主，東面，須設饌訖，乃設對席，揖即對席，爲前後至之便故也。【注】釋曰：云升自西階道婦入也者，以尋常賓客，主人在東，賓在西。今主人與妻俱升西階，故云道婦入也。云媵送也謂女從者也者，即姪娣也。云御當爲訝，訝迎也，謂壻從者也者，以其與婦人爲盥，非男子之事，謂夫家之賤者也。知媵沃壻盥於南洗，御沃婦盥於北洗者，以其有南北一洗。又云媵御沃盥交，明知夫婦與媵御南北交相沃盥也。〇贊者徹尊冪。舉者盥。

出除鼏舉鼎入陳于阼階南西面北上匕俎從設【注】執
匕者執俎者從鼎而入設之匕所以別出牲體也俎所
以載也【音義】別彼列反【疏】釋曰案特牲少牢公食與有司徹
及此昏禮等執匕俎舉鼎各別人
者此吉禮尚威儀故也士喪禮舉鼎右人以右手執匕
左人以左手執俎舉鼎人兼執匕俎者喪禮略也云從
設者以從男之事故從吉祭法也【注】釋曰公食執匕俎
之人入加匕於鼎陳俎於鼎南其匕與載皆舉鼎者爲
之特牲注云右人也尊者於事指使可也則右人於鼎
北南面匕肉出之左人於鼎西俎南北面承取肉載於
俎士虞右人載者喪祭少變故在西方長者在左也今
昏禮鬼神陰陽當與特牲禮同亦右人匕左人載遂執
俎而立以待設也云匕所以別出牲體也者凡牲有體
別爲肩臂臑肫胳脊脅之等於鼎以次別匕出之載者
依其體別以次載之於
俎故云別出牲體也
北面載執而俟【注】執俎而立俟
豆先設【疏】
【注】釋曰知俟豆先設者下文菹醢
後乃云俎入設于豆東故知也
匕者逆退

復位于門東北面西上【注】執匕者事畢逆退由便至此乃著其位略賤也【音義】匕一作朼必履反劉云匕器名朼者朼載也【疏】【注】釋曰云至此乃著其位略賤也者案士冠未行事陳主人位訖卽言兄弟及擯者之位此於初陳鼎門外時不見執匕者位至此乃著其位故言略賤也

贊者設醬于席前菹醢在其北俎入設于豆東魚次腊特于俎北【注】豆東菹醢之東【疏】【注】釋曰醬與菹醢俱在豆知不在醬東者下文醬東有黍稷故知在菹醢東也

贊設黍于醬東稷在其東設湆于醬南【注】饌要方也【疏】【注】釋曰豆東兩俎醬東黍稷是其要方也

設對醬于東【注】對醬婦醬也設之當特俎【疏】【注】釋曰壻東面設醬在南爲右婦西面則醬在北爲右皆以右手取之爲便故知設之當特俎東也

菹醢在其南北上設黍于腊北其西稷設湆于醬北御布對席贊啓會

卻于敦南對敦于北注啟發也今文啟作開古文卻爲
綌音義會古外反卻去逆反疏釋曰菹醢在其南北上者謂菹在
醬南其南有菹有醢若壻醢在菹
北從南向北陳爲南上此從北向南陳亦醢在菹南爲
北上也云清卽上文大羹清在爨者羹宜熱臨食乃將
入是以公食大夫云大羹清不和實于鐙由門入公設
之于醬西是也又生人食公食大夫是也特牲士虞等
爲神設皆爲敬尸尸亦不食也鄉飲酒鄉射燕禮大射
不設者清非飲食之具故無也少牢無清者文不備有
司徹有清者賓尸禮褻故有之與少牢禮異也云設清
于醬北者案上設壻清於醬南在醬黍之南特俎出於
饌北此設婦清於醬北在特俎東饌內則不得要方上
注云要方者據大判而言耳云啟會卻于敦南對敦于
北者取壻東面以南爲右婦西面以北
爲右各取便也卻仰也謂仰於地也
贊告具揖婦卽
對筵皆坐皆祭祭薦黍稷肺注贊者西面告饌具也壻
揖婦使卽席薦菹醢疏注釋曰知贊者西面告饌具者
以其所告者宜告主人主人東

乾隆四年校刊

面。知西面告也。云薦菹醢者。以其儀禮之內單言薦者皆據籩豆而言也。贊爾黍授肺脊皆食以湆醬皆祭舉食舉也【注】爾。移也。移置席上便其食也。皆食食黍也。以用也。用者。謂用口啜湆用指咂醬古文黍作稷【音義】啜昌悅反。咂子闔反。【疏】釋曰。云祭舉食舉也者。舉謂舉肺以其舉以祭以食。故名肺爲舉。則上文云肺者祭肺也。【疏】釋曰。云爾移也者。爾訓爲近。謂移之使近人。故云移置席上便其食也。案玉藻云。食坐盡前。謂臨席前畔。則不得移黍於席上。此云移置席上者。鬼神陰陽。故此昏禮從特牲祭祀。云皆食食黍也者。案特牲少牢。祭舉食舉乃飯。此先食黍。乃祭舉相反者。彼九飯禮成。故先食舉以爲導食氣。此三飯禮略。故不須導也。此先爾黍稷後授肺。特牲亦然。以其士禮同也。少牢佐食先以舉肺脊授尸乃爾黍者。大夫禮與士異故也。然士虞亦先授舉肺脊。後乃爾黍者。喪禮與吉反故也。云用者謂用口啜湆用指咂醬者。以其太羹汁不用箸。醬又不須以箸。故用口啜湆。用指咂醬也。三飯卒食【注】卒。已也。同牢示親不主爲食起三飯而成禮也。【音義】飯。扶晚反。注及下同。爲。于僞反。【疏】【注】釋曰。云同牢示親不主爲食起者。少牢十一飯。特牲九飯而禮成。此獨三飯。故云同牢示親不主爲食起三飯而成禮也。

○贊洗爵酌酳主人。主人拜受。贊戶內北面荅拜。酳婦亦如之。皆祭。【注】酳。漱也。酳之言演也。安也。漱所以潔口。且演安其所食。酳酌內尊。【音義】漱。所又反。演。以善反。

【疏】釋曰。自此至尊否。論夫婦食訖酳。乃徹饌於房之節。云主人拜受者。壻拜當東面。酳婦亦如之者。婦拜當南面。是以少牢云。饗皆荅拜。鄭注云。在東面席者東面拜。在西面席者皆南面拜。故知婦拜南面。若贊荅婦拜。亦於戶內北面也。云皆祭者。祭先也。【注】釋曰。云酳漱也。酳之言演也安也。漱所以潔口且演安其所食者。案特牲云。主人洗角。升酌酳尸。注云。酳猶衍也。是獻尸也。謂之酳者。尸既卒食。又欲頤衍養樂之。又少牢云。主人酌酒乃酳尸。注云。酳猶羨也。旣食之而又飲之。所以樂之。三注不同者。文有詳略。相兼乃具。上虞亦是酳尸。注直

乾隆四年校刊　　儀禮注疏卷二士昏禮　　三三

此朱子注見經傳通解

云酳安食也不言養樂及羨者喪故略之此三酳俱不言獻皆云酳直取其潔故注云漱所以潔口漱安其所食亦頤衍養樂之義知酳酌內尊者以下文云贊酌于戶外尊故知此夫婦酌內尊也

贊以肝從皆振祭嚌肝皆實于菹豆【注】肝肝炙也飲酒宜有肴以安之【音義】嚌才計反 炙諸夜反【疏】釋曰案特牲少牢獻尸以肝從尸嚌之加于菹豆與此同禮之正也主人與祝亦以肝從加於俎不加於豆者下尸故不敢同之也士虞獻尸尸以肝加於俎者喪祭故鄭云加於俎從其牲體也以喪不志於味但此云實不云加異於祭故也

卒爵皆拜【注】婦拜見上篇見母章此篇婦見奠菜一章及內則女拜尚右手

贊答拜受爵再酳如初無從三酳用卺亦如之【注】亦無從也【疏】釋曰卒爵皆拜贊答拜者獻主處也云再酳如初者如自贊洗爵以下至答拜受爵也【注】釋曰云亦無從也者三酳用卺亦如之亦自贊洗爵至受爵鄭直云亦無從用卺文承再酳之下明知事事如再酳

考證疑非鄭注是也疏以卒爵皆拜連下總釋

以其初酳有從再酳如初無從三酳用巹亦無從故鄭以亦無從言之其實皆同再酳也贊洗爵酌于戶外尊入戶西北面奠爵拜皆答拜坐祭卒爵拜皆答拜興【注】贊酌者自酢也【疏】釋曰言皆者皆夫婦也三酳乃酌外尊自酢者皆是略賤者也既合巹乃用爵不嫌相襲爵明更洗餘爵也○主人出婦復位【注】復尊西南面之位【疏】釋曰直云主人出不云處所案下文云主人說服于房矣則此時亦東房矣【注】釋曰云復尊西南面之位者婦人不宜出復入故因舊位而立也乃徹于房中如設于室尊否【注】徹室中之饌設于房中為媵御餕之徹尊不設有外尊也【音義】為于偽反餕音俊【疏】釋曰經云乃徹于房中如設于室鄭據豆俎而言理兼於尊矣故云徹尊不設有外尊明徹中兼尊也云尊否者唯尊不設于房中而言也如為媵御餕之者下文云媵餕主人之餘已下是也○主人說服于房媵受婦說服于室

御受姆授巾。【注】巾所以自潔清。今文說作稅。【音義】說，吐活反。清，如字，又才性反。稅，舒銳反。【疏】釋曰：自此至呼則聞，論夫婦寢息及媵御餕之事也。云主人說服于房，媵受婦說服于室，御受者，與沃盥交同，亦是交接有漸之義也。【注】釋曰：疊今文爲稅不從者，稅是追服之言，非脫去之義，故不從也。

御衽于奧，媵衽良席在東，皆有枕，北止。【注】衽，臥席也。婦人稱夫曰良。孟子曰：將覸良人之所之。止，足也。古文止作趾。【音義】衽，而甚反。覸，古遍反。【疏】釋曰：衽于奧，主于婦席，使御布婦席，使媵布夫席，此亦示交接有漸之義也。【注】釋曰：云衽臥席也者，案曲禮云：請席何鄉，請衽何趾。鄭云：坐問鄉，臥問趾。因於陰陽。彼衽稱趾，明衽臥席也。若然，前布同牢席，夫在西，婦在東；今乃夫在東，婦在西，易處者，前者示有陰陽交會有漸，故男西女東；今取陽往就陰，故男女各於其方也。云孟子者，案孟子離婁篇云：齊人有一妻一妾而處室者，其良人出，則必厭酒肉而後反。其妻問所與飲食者，則盡富貴也。而未嘗有顯者來。吾將覸良人之

據疏似注中覸作見

所之。注云。覿親也。彼覿爲覿。亦得爲見。故鄭此注爲見也。引之者。證婦人稱夫爲良人之義也。云古文止作趾者。雖疊古文。趾爲足。亦一義也。主人入親說婦之纓。注入者。從房還入室也。婦人十五許嫁。笄而禮之。因著纓。明有繫也。蓋以五采爲之。其制未聞。音義說，吐活反。著，丁略反。疏注釋曰。知從房還入室者。夫前出說服於房。今言入。明從房入室也。云婦人十五許嫁笄而禮之因著纓者。案曲禮云。女子許嫁纓。又云。女子許嫁笄而字。鄭據此許嫁文而言。但言十五許嫁。則以十五爲限。則自十五以上皆可許嫁也。云明有繫也者。纓是繫物爲之。明有繫也。云蓋以五采爲之者。以周禮巾車職。五路皆有繁纓就數。鄭注。纓皆以五采罽爲之。此纓雖用絲爲之。當用五采。但無文。故云蓋以疑之也。云其制未聞者。此纓與男子冠纓異。彼纓垂之兩傍結其條。此女子纓不同於彼。故云其制未聞。但纓有二時不同。內則云。男女未冠笄者。總角。衿纓皆佩容臭。鄭注云。容臭，香物也。以纓佩之。爲迫尊者給小使也。此是幼時纓也。內則又云。婦事舅姑如事父母。衿纓綦屨。注云。

婦見

衿猶結也。婦人有纓，示繫屬也。是婦人女子有二時之纓。內則示有繫屬之纓，即許嫁之纓，與此說纓一也。若然，笄亦有二等。案問喪：親始死，笄纚。據男子古冠，仍有笄，與婦人之笄，並是安髮之笄也。爵弁、皮弁及六冕之笄，皆是固冠冕之笄，是其二也。

燭出。注昏禮畢，將臥息。○媵餕主人之餘，御餕婦餘，贊酌外尊酳之。注外尊，房戶外之東尊。疏釋曰：亦陰陽交接之義。云酌外尊者，賤不敢與主人同酌內尊也。

媵侍于戶外，呼則聞。注為尊者有所徵求。今文侍作待。疏釋曰：不使御侍于戶外，供承夫婦者，以女為主，故使媵侍于戶外也。○夙興，婦沐浴，纚笄宵衣以俟見。注夙，早也。昏明日之晨。興，起也。俟，待也。待見於舅姑寢門之外。古者命士以上，年十五，父子異宮。音義見，賢遍反，注及下皆同。

疏釋曰：自此至授人，論婦見舅姑之事。云纚笄宵衣者，此則特牲主婦宵衣也。不著純衣纁袡者，彼嫁時之盛服。今已成昏之後。不可使服。故退從此服也。注釋曰。言昏明日之晨者。以昨日昏時成禮。此經言夙興。故知是昏之晨旦也。云興起也。俟待也。待見於舅姑寢門之外者。因訓仰解之也。云古者命士以上年十五父子異宮者。案內則云。由命士以上。父子異宮。不云年限。今鄭知十五為限者。以其十五成童。是以鄭注喪服亦云。子幼謂年十五以下。故知十五以後。乃異宮也。鄭言此限者。欲見不命之士父子同宮。雖俟見。不得言舅姑寢門外也。

質明贊見婦于舅姑。席于阼。舅即席。席于房外。南面姑即席。注 質平也。房外。房戶外之西。古文舅皆作咎。疏 釋曰。此經論設舅姑席位所在。注釋曰。鄭知房外是房戶外之西者。以其舅在阼。阼當房戶之東。若姑在房戶之東。即當舅之北。南面向之不便。又見下記云。父醴女而俟迎者。母南面於戶外。女出於母左。以母在房戶西。故得女出於母左。是以知此房外亦房戶外之西也。

婦執笲棗栗。自門入。升自西階。進拜。奠于席。注 笲。竹器而衣者。其形蓋如今之筥箄注疏本與釋文所見不同，不必改從音義。○廣雅：𥱦盧，筐也。

松崖云：方言云：𥫗，南楚謂之筲，趙魏之郊謂之去𥫗。𥫗即𥱦盧。郭注云：盛餅器也。今建平人呼筲為鞭鞘。又見說文，備言其狀。

𥱦盧矣。進拜者，進東面乃拜。奠之者，舅尊不敢授也。【音義】笲，音煩。衣，於旣反。筥，羌居反。𥱦盧，音盧。【疏】釋曰：此經論婦從舅寢門外入以見舅之事也。必見舅用棗栗，見姑以腶脩者，案春秋莊二十四年經書：「秋八月丁丑，夫人姜氏入。戊寅，大夫宗婦覿用幣。」公羊傳云：「宗婦者何？大夫之妻也。覿者何？見也。用者何？用者不宜用也。見用幣非禮也。然則曷用？棗栗云乎，腶脩云乎。」注云：「腶脩者，脯也。禮，婦人見舅以棗栗為贄，見姑以腶脩為贄，見夫人至尊，兼而用之。云乎，辭也。棗栗取其早自謹敬，腶脩取其斷斷自脩正。」是用棗栗腶脩之義也。案雜記云：「婦見舅姑，兄弟姊妹皆立于堂下，西面北上，是見已。」注云：「婦來爲供養也，其見主於尊者，兄弟以下在位，是爲已見，不復特見。」又云：「見諸父，各就其寢。」注云：「旁尊也，亦爲見時不來。」今此不言者，文略也。【注】釋曰：知笲竹器者，以字從竹，故知竹器。知有衣者，下記云「笲，緇被纁裏，加于橋」，注云「被，表也」。笲有衣者，婦見舅姑以飾爲敬，是有衣也。云「如今之筥𥫗𥱦盧矣」者，此舉漢法以況義，但漢法去今已遠，其狀已無可知也。云「進拜者，進東面乃拜」者，謂從西階進至舅前而拜。云「奠之者，舅尊不敢授也」者，案下

醴婦

姑奠于席不授。而云舅尊不敢授者。但舅直撫之而已。至姑則親舉之。親舉者若親授之然。故於舅得云尊不敢授也。

舅坐撫之。興。答拜。婦還。又拜。【注】還又拜者。還於先拜處拜。婦人與丈夫爲禮則俠拜。【音義】俠。古洽反。【疏】注釋曰。云先拜處者。謂前東面拜處也。云婦人與丈夫爲禮則俠拜者。謂若士冠。冠者見母。母拜受。子拜送。母又拜。母於子尚俠拜。則不徒此婦於舅而已。故廣言婦人與丈夫行禮則俠拜。

降階。受笲段脩。升。進。北面拜。奠于席。姑坐。舉以興。拜授人。【注】人。有司。姑執笲以起。答婦拜。授有司徹之。舅則宰徹之。【音義】段。丁亂反。本又作腶。同。脯也。【疏】釋曰。此經論婦見姑之事。注釋曰。云人有司者。凡行事者。皆主人有司也。知舅則使宰徹者。此見下記云舅答拜宰徹。是也。

○贊醴婦。【注】醴當爲禮。贊禮婦者。以其婦道新成。親厚之。【疏】釋曰。自此至於門外。論舅姑堂上禮婦之事。注釋曰。云醴當爲禮者。士冠內則昏義諸文醴皆破從禮者。案司儀注。上於下曰禮，敵者曰儐。又案大行人云。王禮再祼而酢之等。用鬱鬯不言王鬯。再祼而酢而言禮。則此諸文雖用醴禮賓。不得即言主人醴賓。故皆從上於下曰禮解之。席于戶牖閒。【注】室戶西。牖東。南面位。【疏】注釋曰。知義然者。以其賓客位於此。是以禮子禮婦禮賓客皆於此。尊之故也。側尊甒醴于房中。婦疑立于席西。【音義】疑。正立自定之貌。【音義】疑魚乞反【疏】釋曰。云婦疑立于席西者。以其醴未至而無事。故疑然自定而立。以待事也。若行禮之閒而立。則云立。不得云疑立也。贊者酌醴加柶面枋出房席前北面婦東面拜受贊西階上北面拜送婦又拜。薦脯醢。【注】婦東面拜贊北面荅之。變于丈夫始冠成人之禮。【音義】冠。古亂反。下猶冠冠子同。【疏】釋曰。云面枋出房者。以其贊授故面枋。冠禮贊酌醴將授賓則面葉。賓受醴將授子乃面枋也。此婦又拜。并下經婦又拜者。皆俠拜也。【注】釋曰。云婦東面拜贊北面答之變於丈夫始冠成人之禮者。案冠禮禮子。與此禮婦。俱在賓位。彼禮子南面受醴。此則東面。不同。故決之。彼南面者。以向賓拜。此東面者。以舅姑在東。亦面之拜也。婦升席左執觶右祭脯醢以柶祭醴三降席東面坐啐醴建柶興拜贊答拜婦又拜奠于薦東北面坐取脯降出授人于門外【注】奠于薦東升席奠之取脯降出授人。親徹且榮得禮。人謂婦氏人。【疏】【注】釋曰。鄭知奠者升席奠之者。見上冠禮禮子禮賓。皆云即筵奠于薦東。降筵北面坐取脯。明此奠時升席南面奠。乃降。北面取脯。降出授人。云親徹且榮得禮者。言且。兼二事。何者。下饗婦之俎不親徹。此親徹。又自出門授人。故云親徹且榮得禮。下饗不親徹俎者。於禮時禮訖。故於後略之。知人是婦氏人者。以其注門外婦往授之。明是婦氏之人也。○舅姑入于室婦盥饋【注】饋者。婦道既成。成以孝養。【音義】饋。其位反。養。予亮反。特豚合升側載無魚腊無稷。竝南上。其他如取女禮。[注]側載者，右胖載之舅俎，左胖載之姑俎。異尊卑。竝南上者，舅姑共席于奧，其饌各以南爲上。其他，謂醬湆菹醢。女，謂婦也。如取婦禮。同牢時竝當作併。[音義]取，七住反。併，步頂反。[疏]釋曰：自此至之錯，論婦饋舅姑成孝養之事。云其他如取女禮者，則自側載以下，南上以上，與取女異。異者，彼則有魚腊，并稷。此則無魚腊與稷。彼男東面，女西面，別席。其醬醢湆。夫則南上，婦則北上。今此舅姑共席東面，俎及豆等皆南上。是其異也。[注]釋曰：豚載皆合升。若成牲，載一胖。是常，得云側。此乃各載一胖，故亦云側。但周人尚右，故知右胖載之舅俎，左胖載之姑俎。是以鄭云異尊卑也。云竝南上者，舅姑共席于奧，其饌各以南爲上者。決同牢男女東西相對，各上其右也。云其他謂醬湆菹醢者，以同牢時夫婦各有此四者。今以饋舅姑，亦各有此四物，故云如同牢時也。雖不言酒，既有饋，明有酒。在其他中。酒在內者，亦在北墉下。外尊亦當在房戶外之東。鄭不云者，略耳。

婦贊成

竝上宋本有今文二字

祭卒食一酳無從【注】贊成祭者授處之今文無成也【疏】【注】釋曰贊成祭者謂授之又處置令知在於豆閒也

席于北墉下【注】室中北墻下【疏】釋曰此席將爲婦餕之位處也

婦徹設席前如初西上婦餕舅辭易醬【注】婦餕者即席將餕也辭易醬者嫌淬汙【音義】淬七內反本或作染汙汙穢之汙【疏】釋曰婦徹設于席前如初西上者此直餕餕餘舅辭易醬者舅尊故也不餕舅餘者以舅尊嫌相褻言西上者亦以右爲上也【注】釋曰言將者事未至以其此始言婦餕之意至下文婦餕姑之饌乃始餕耳云辭易醬者嫌淬汙者以其醬乃以指咂之淬汙也

婦餕姑之饌御贊祭豆黍肺舉肺脊乃食卒姑酳之婦拜受姑拜送坐祭卒爵姑受奠之【注】奠于篚【疏】釋曰云御贊祭豆黍肺舉肺脊者御贊婦祭之也【注】釋曰鄭知奠之於篚者此云如取女禮取女有篚明此亦奠之于篚可知也

婦徹于房中媵御

宋本娣姪案疏似姪娣

餕姑酳之雖無娣媵先於是與始飯之錯【注】古者嫁女必娣姪從之謂之媵姪兄之子娣女弟也娣尊姪卑若或無娣猶先媵客之也始飯謂舅姑錯者媵餕舅餘御餕姑餘也古文始爲姑【音義】從才用反【疏】【注】釋曰云古者嫁女必姪娣從謂之媵者媵有二種若諸侯有二媵外别有姪娣是以莊公十九年經書秋公子結媵陳人之婦于鄄公羊傳曰媵者何諸侯娶一國則二國往媵之以姪娣從姪者何兄之子也娣者何女弟也諸侯夫人自有姪娣并二媵各有姪娣則九女是媵與姪娣别也若大夫士無二媵即以姪娣爲媵鄭云古者嫁女必姪娣從謂之媵是據大夫士言也云姪兄之子娣女弟也娣尊姪卑者解經云雖無娣媵先之義以其若有娣乃先媵即姪也云猶先媵客之也者對御是夫之從者爲後若然姪與娣俱名媵今言雖無娣媵先似娣不名媵者但姪娣俱是媵今去娣娣外唯有姪經言媵先以對御爲先非對娣也稱媵以其姪娣俱是媵也云始飯謂舅姑者舅姑始飯而

儀禮注疏卷二 三十

饗婦

今媵餕舅餘。御餕姑餘。是交錯之義。若媵御沃盥交也。
舅姑爲飯姑。不爲餕姑。俗本云與始餕之錯者。誤也。

○舅姑共饗婦以一獻之禮。舅洗于南洗。姑洗于北洗。奠酬。【注】以酒食勞人曰饗。南洗在庭。北洗在北堂。設兩洗者。獻酢酬以潔清爲敬。奠酬者。明正禮成。不復舉。凡酬酒皆奠于薦左。不舉。其燕則更使人舉爵。【音義】勞，力報反。

【疏】釋曰。自此至歸俎于婦氏人。論饗婦之事。此饗與上盥饋同日爲之。知者。見昏義。舅姑入室。婦以特豚饋。明婦順也。厥明。舅姑共饗婦。鄭彼注云。昏禮不言厥明。此言之者。容大夫以上禮多。或異日。故知此士同日可也。此與上事相因。亦於舅姑寢堂之上。與禮婦同在客位也。云共饗婦以一獻之禮者。案下記云。饗婦姑薦焉。注云。舅姑共饗婦。舅獻。姑薦脯醢。但薦脯醢無盥洗之事。今設此洗。爲婦人不下堂也。云姑洗於北洗。洗者洗爵。則是舅獻姑酬。共成一獻。仍無妨姑薦脯醢也。【注】釋曰。云凡酬酒皆奠於薦左不舉者。此經直云奠酬。不言

乾隆四年校刊

處所。故云凡。通鄉飲酒鄉射燕禮之等。云燕則更使人舉爵者。案燕禮酬訖別有人舉旅行酬。是也。饗亦用醴酒。知者。以下記云庶婦使人醮之。注云。使人醮之。不饗也。酒不酬酢曰醮。亦有脯醢。適婦酌之以醴。尊之。庶婦酌之以酒。卑之。是也。若然。知記非醴婦者。以記云庶婦使人醮之。明適婦親之。案上醴婦雖適。使贊者。饗則親之。明記使人醮庶婦。當饗節也。

舅姑先降自西階。婦降自阼階。【注】授之室。使爲主。明代己。【疏】釋曰。案曲禮云。子事父母。升降不由阼階。阼階是主人尊者升降之處。今舅姑降自西階。婦降自阼階。是授婦以室之事也。云授之室。昏義之文也。

歸婦俎于婦氏人。【注】言俎。則饗禮有牲矣。婦氏人。丈夫送婦者。使有司歸以婦俎。當以反命於女之父母。明其得禮。【疏】釋曰。案雜記云。大饗卷三牲之俎。歸于賓館。是賓所當得也。饗時設几而不倚。爵盈而不飲。肴乾而不食。故歸俎。此饗婦。婦亦不食。故歸之也。【注】釋曰。經雖不言牲。既言俎。俎所以盛肉。故知有牲。此婦氏人。即上婦所授脯者也。

饗送者

敖氏曰案聘禮使介行禮用錦不用帛者辟主國君之幣也此無所辟不當用錦宜從古文

故上注引此婦氏人。贊所授人爲一也。○舅饗送者以一獻之禮。酬以束錦。注送者。女家有司也。爵至酬賓。又從之以束錦。所以相厚。古文錦皆作帛。疏釋曰。此一獻與饗婦一獻同。禮則異。彼兼有姑。此依常饗賓客法。注釋曰。知送者是女家有司者。案左氏傳云。齊侯送姜氏。非禮也。凡公女嫁于敵國。姊妹則上卿送之。以禮於先君。公子則下卿送之。於大國。雖公子亦上卿送之。於天子。則諸卿皆行。公不自送。於小國。則上大夫送之。以此而言。則尊無送卑之法。則大夫亦遣臣送之。士無臣。故知有司送之也。云古文錦皆爲帛者。此及下文錦皆爲帛。不從古文者。禮有玉錦。非獨此文。則禮有贈錦之事。故不從古文也。姑饗婦人送者。酬以束錦。注婦人送者。隸子弟之妻妾。凡饗速之。疏釋曰。左氏傳云。士有隸子弟。士卑無臣。自以其子弟爲僕隸。并己之子弟之妻妾。但尊無送卑。故知婦人送者是隸子弟之妻妾也。云凡饗速之者。案聘禮。饗食速賓。則知此舅姑饗送者亦速之也。凡速者。皆就館速之。是以

奠菜　戚云舅姑既没之禮

下云。若異邦則贈丈夫送者以束錦。鄭云就賓館。則賓自有館。若然。婦人送者亦當有館。男子則主人親速。其婦送者不親速。以其婦人迎客不出門當別遣人速之。**若異邦則贈丈夫送者以束錦。**【注】贈。送也。就賓館。【疏】釋曰。案莊二十七年冬。莒慶來迎叔姬。公羊傳曰。大夫越竟逆女。非禮也。鄭注喪服亦云。古者大夫不外娶。令言異邦得外娶者。以大夫尊。外娶則外交。故不許。士卑不嫌。容有外娶法。故有異邦送客也。【注】釋曰。鄭知就館者。贈賄之等皆就館。故知此亦就館也。○**若舅姑既没。則婦入三月。乃奠菜。**【注】没。終也。奠菜者以篚祭菜也。蓋用菫。【音義】菫音謹。【疏】釋曰。自此至饗禮。論舅姑没三月廟見之事。必三月者。三月一時天氣變。婦道可以成之故也。此言舅姑俱没者。若舅没姑存。則當時見姑。三月亦廟見舅。若舅存姑没。婦人無廟可見。或更有繼姑。自然如常禮也。案曾子問云。三月而廟見。稱來婦也。擇日而祭於禰。成婦之義也。鄭云。謂舅姑没者也。以祭成婦義者。婦有供養之禮。猶舅姑存時。盥饋特豚於室。此言奠菜。即彼祭於禰。也奠菜亦得稱祭者。若學記云皮弁祭菜之類也。【注】釋曰。鄭此注云奠菜者。以篚。案下云婦執笲菜。篚即笲。一也。鄭知菜葢用堇者。舅姑存時用棗栗腶脩。義取早起肅栗。治腶自脩。則此亦取謹敬。因內則有堇荁枌榆供養。是以疑用堇。故云葢也。

席于廟奧。東面右几。席于北方。南面。【注】廟考妣之廟。北方墉下。【疏】釋曰。案周禮司几筵云。每敦一几。鄭注云。周禮雖合葬及同時在殯。皆異几。體實不同。祭於廟同几。精氣合。又祭統云。設同几。同几則同席。此即祭於廟中而別席者。此既廟見。若生時見舅姑。舅姑別席異面。是以今亦別席異面。象生不與常祭同也。【注】釋曰。鄭知廟考妣廟者。曾子問云。擇日而見於禰。又象生時見舅姑。故知考妣廟也。

祝盥。婦盥于門外。婦執笲菜。祝帥婦以入。祝告稱婦之姓。曰某氏來婦。敢奠嘉菜于皇舅某子。【注】帥。道也。入。入室也。某氏者。齊女則曰姜氏。魯女則曰姬氏。來歸。言來為婦。嘉。美也。皇。君也。【疏】釋曰。洗在門外。

乾隆四年校刊

當依特牲注作俎字仲子爲是

祝與婦就而盥之者。此亦異於常祭。象生見舅姑在外沐浴。乃入舅姑之寢。故洗在門外也。云祝帥婦以入者。象特牲陰厭祝先主人入室也。云某子者。言若張子李子也。婦拜扱地。坐奠菜于几東席上。還又拜如初。【注】扱地。手至地也。婦人扱地。猶男子稽首。【音義】扱，初洽反。【疏】【注】至地。釋曰。云扱地手至地者。以手之謂之扱地。則首不至手。又與男子空首不同。云婦人扱地猶男子稽首者。婦人肅拜爲正。今云扱地。則婦人之重拜也。猶男子之稽首亦拜中之重。故以相況也。案周禮大祝辨九拜。一曰稽首。二曰頓首。三曰空首。四曰振動。五曰吉拜。六曰凶拜。七曰奇拜。八曰褒拜。九曰肅拜。鄭云。稽首拜頭至地也。頓首拜頭叩地也。空首拜頭至手。所謂拜手也。吉拜拜而後稽顙。謂齊衰不杖以下者。言吉者。此殷之凶拜。周以其與頓首相近。故謂之吉拜云。凶拜稽顙而後拜。謂三年服者。振動謂戰栗變動之拜。鄭大夫云。奇拜謂一拜也。褒讀爲報。報拜再拜是也。後鄭謂一拜答臣下拜再拜拜神與尸。鄭司農云。肅拜但俯下手。今時撎是也。但九拜之中。四者是正拜。即稽首頓首空首肅拜是也。稽首拜中之重。是臣拜君之拜也。頓首。平敵相與之拜。故左氏傳齊侯拜魯侯爲稽首。魯君答以頓首。齊於魯青稽首答曰。非天子無所稽首。是臣於君以稽首。故燕禮臣於君皆云稽首也。空首者。君答臣下拜也。肅拜者。婦人以肅拜爲正。若以男子於軍中亦肅拜。故左氏傳晉郤至云敢肅使者是也。餘五者皆依於正拜。振動。鄭云書曰王動色變者。是武王觀兵。白魚入王舟。王動色變。武王於時拜天神。爲此拜。當附稽首也。奇拜。直爲一拜。是君答臣下之拜。當以附空首也。褒拜。爲尸及神。亦當附稽首也。其吉拜。先吉拜爲頓首。後稽顙。則吉拜當附頓首也。凶拜。爲先稽顙後吉拜之。此周之三年之喪拜。當附稽首也。左氏傳穆嬴抱太子適趙氏。頓首於宣子者。私求法。故不爲肅拜。喪小記云。婦人爲夫與長子稽顙者。爲重喪。故亦不肅拜也。

婦降堂。取笲菜入。祝曰。某氏來婦。敢告于皇姑某氏。奠菜于席。如初禮。注降堂。階上也。室事交乎戶。今降堂者。敬也。於姑言敢告。舅尊於姑。疏釋曰。此爲來婦奠於姑。設於北牖之前以見姑也。注釋曰。不直云降而云

拜之之字衍

降堂者。則在階上。故云降堂階上也。云室事交乎戶今降堂者敬也者。室事交乎戶。禮器文。彼子路與李氏之祭。云室事交乎戶。堂事交乎階。今此既是室之事。當交於戶。今乃交於階。故言敬也。云於姑言敢告舅尊於姑者。上文於舅言敢奠嘉菜。不言告。是舅尊於姑。言告。是姑卑也。

婦出祝闔牖戶。【注】凡廟無事則閉之。【疏】釋曰。先言牖後言戶者。先闔牖。後閉戶。故爲文然也。【注】釋曰。以其祭訖則闔牖戶。明是無事則閉之。以共鬼神尚幽闇故也。

老醴婦于房中南面如舅姑醴婦之禮。【注】因於廟見禮之。【疏】釋曰。舅姑生時。見訖。舅姑使贊醴婦於寢之戶牖之間。今舅姑沒者。使老醴婦於廟之房中。其禮則同。使老及處所則別也。【注】釋曰。象舅姑生時因見禮之。故此亦因廟見禮之也。

壻饗婦送者丈夫婦人如舅姑饗禮。【疏】釋曰。舅姑存。舅姑自饗送者。如上文。今舅姑沒。故壻兼饗丈夫婦人。如舅姑饗禮。并有贈錦之等。

記【疏】釋曰。凡言記者。皆經不備者也。

士昏禮。凡行事必用昏昕受諸禰

廟辭無不腆無辱【注】用昕使者用昏壻也壻悉計反從士從胥俗作婿女之夫腆善也賓不稱幣不善主人不謝來辱【音義】昕音欣腆他典反【疏】注釋曰云用昕使者謂男氏使向女家納采問名納吉納徵請期五者皆用昕昕即明之始君子舉事尚早故用朝旦也云用昏壻也者謂親迎時也知辭無不腆者郊特牲云告之以直信信事人也信婦德也注云此二者所以教婦正直信也是賓納徵之時不得謙虛爲辭注云主人不謝來辱者此亦是不爲謙虛教女正直之義也摯不用死皮帛必可制【注】摯鴈也皮帛儷皮束帛也【疏】釋曰云摯不用死者凡摯亦有用死者是以尚書云三帛二生一死摯即士摯雉今此亦是士禮恐用死鴈故云不用死也云皮帛必可制者可制爲衣物此亦是教婦以誠信之義也腊必用鮮魚用鮒必殽全【注】殽全者不餒敗不剝傷【音義】鮒音附餒奴罪反【疏】釋曰腊用鮮者義取夫婦日新之義云魚用鮒者義取夫

壻悉計反十四字乃釋文誤入注

婦相依附者也。云殽必全者。義取夫婦全節無虧之理。此並據同牢時也。○女子許嫁。笄而醴之。稱字。【注】許嫁。已受納徵禮也。笄女之禮。猶冠男也。使主婦女賓執其禮。【疏】釋曰。女子許嫁。謂年十五已上至十九已下。案曲禮。女子許嫁纓。有笄兼有纓。示有繫屬。此不言纓。文不具也。云醴之稱字者。猶男子冠醴之稱字同。是以禮記喪服小記云。丈夫冠而不爲殤。婦人笄而不爲殤。是其義同也。【注】釋曰。知許嫁已受納徵禮也者。以納采問名納吉三禮。雖使者往來。未成交親。故曲禮云。非受幣不交不親。鄭據納徵。唯未行請期親迎也。二者要待女二十爲之。云笄女之禮猶冠男也使主婦女賓執其禮者。案雜記云。女雖未許嫁。年二十而笄。禮之。婦人執其禮。鄭注云。言婦人執其禮。明非許嫁之笄。彼以非許嫁笄。笄輕。故無主婦女賓。使婦人而已。明許嫁笄當使主婦對女賓執其禮。其儀如冠男也。又許嫁者用醴禮之。不許嫁者當用酒醮之。敬其早得禮也。祖廟未毀。教于公宮三月。若祖廟已毀。則教于宗室。【注】祖廟。女高祖爲君者之廟也以有緦麻之親就尊者之宮教以婦德婦言婦容婦功宗室大宗之家【疏】釋曰此謂諸侯同族之女將嫁之前教成之法【注】釋曰經直云祖廟鄭知女高祖為君者之廟也以有緦麻之親者以其諸侯立五廟太祖之廟不毀親廟四以次毀之經故云未毀與已毀是據高祖之廟而言故云祖廟女高祖為君者之廟也共承高祖是四世緦麻之親若三世共曾祖是小功之親若共祖是大功之親若共禰廟是齊衰之親則皆教於公宮今直言緦麻者舉最疏而言親者自然教於公宮可知也云教以婦德婦言婦容婦功者昏義文鄭彼注云婦德貞順也婦言辭令也婦容婉娩也婦功絲麻也云宗室大宗之家者案喪服小記繼別為宗謂別子之世適長子族人來宗事之者謂之宗宗者收族者也高祖之廟既毀與君絶服者則皆以大宗之家教之又小宗有四或繼禰或繼祖或繼曾祖或繼高祖此等至五代皆遷不就之教者小宗卑故也○問名主人受鴈還西面對賓受命乃降【注】受鴈于兩楹間南面還于阼階

上對賓以女名【疏】釋曰此亦記經不具者案經直云問名如納采之禮納采禮中無主人西面對事故記之也【注】釋曰知受鴈於兩楹間南面者納采時賓當阿東面致命主人阼階上北面再拜又云授于楹間南面問名如納采之禮故亦楹間南面授鴈於彼唯不云西面故記之也云還于阼階上對賓以女名者此即西面對與拜時北面異處也

祭醴始扱一祭又扱再祭賓右取脯左奉之乃歸執以反命【注】反命謂使者問名納吉納徵請期還報于壻父【音】奉芳勇反【疏】釋曰云祭醴者謂贊醴賓之時禮成於三其爲三祭之時始祭醴之初故云始扱一祭及又扱則分爲兩祭故云又扱再祭是爲三也云賓右取脯左奉之乃歸者經直云降筵北面坐取脯不言用左右手故記之也云右取脯左奉之者謂先用右手取得脯乃用左手兼奉之以降授從者於西階下乃歸執以反命【注】釋曰知反命是此問名納吉納徵請期者以下云凡使者歸反命曰某既得將事矣敢以禮告言凡非一則知四者皆有反命也以納采與問名同使親迎又無使者故據

此四者而言也○納徵執皮攝之內文兼執足左首隨入西上參分庭一在南【注】攝猶辟也兼執足者左手執前兩足右手執後兩足左首象生曲禮曰執禽者左首隨入爲門中阨狹西上中庭位併【音義】攝之涉反辟必亦反爲于僞反阨於賣反狹音洽【疏】釋曰案經直云納徵玄纁束帛儷皮如納吉禮則授幣得如授鴈之禮至於庭實之皮無可相如故記之【注】釋曰執皮者二人相隨而入至庭北面皆以西爲左一手執兩足毛在內故云內文云左首象生者案聘禮執皮者皆左首此亦執皮而左首故云象生與執禽者同故引曲禮執禽者左首爲證必象生者取婦人生息之義云隨入爲門中阨狹者皮皆橫執之案匠人云天子廟門容大扃七个注云大扃牛鼎之扃長三尺每扃爲一个共二丈一尺此士廟門降殺甚小故云門中阨狹而執皮者又橫執之故二人相隨乃可以入不得並行也至中庭則稍寬故得俱北面西上也

賓致命釋外足見文主人受幣

士受皮者自東出于後自左受遂坐攝皮逆退適東壁

注 賓致命主人受幣庭實所用爲節士謂若中士下士不命者以主人爲官長自由也

音義 見賢遍反下注婦見皆同長丁丈反

疏 釋曰此亦爲經不見主人之士受皮之事故記之也云釋外足者據人北面以足向上執之足遠身爲外釋之則文見故釋外足見文也云受皮者取皮自東方出于後自左受者謂自東方出於執皮者之後至於左北面受之故云自左受也逆退者二人相隨自東而西今以後後者先向東行故云逆退也 注 釋曰云賓致命主人受幣庭實所用爲節者以其上經納徵受幣如納吉之禮其日已具今言之者爲執皮者釋外足見文及士受皮時節不見故云賓堂上致命時庭中執皮者釋外足見文主人堂上受幣時主人之士於堂下受取皮是其庭實所用爲節也云士謂若中士下士不命者但諸侯之士國皆二十七人依周禮典命侯伯之士一命子男之士不命命與不命國皆分爲三等上九中九下九案周禮三百六十官皆有官長其下皆有屬官但天子

之士上士三命中士再命下士一命與諸侯之士異若諸侯上中下士同命今言士謂若中士下士不命者據上士爲官長者若主人是中士則士是下士若主人是下士則士是不命之士府史之等此不命與子男之士不命者别彼雖不得君簡策之命仍得人君口命爲士此則不得君命是官長自辟除者也案既夕宰舉幣是士之府史則庭實皆徒爲之云自由也者謂由執皮者之左受之也○父醴女而俟迎者母南面于房外注女既次純衣父醴之于房中南面蓋母薦焉重昏禮也女奠爵于薦東立于位而俟壻壻至父出使擯者請事母出南面房外示親授壻且當戒女也音義迎魚敬反疏釋曰此亦前經不具故記之注釋曰云女既次純衣父醴之于房中南面者見於上文云蓋母薦焉者舅姑共饗婦姑薦脯醢故知父母醴女亦母薦脯醢重婚禮故母薦也云女奠爵于薦東立于位而俟壻者案士冠禮子與醮子及此篇禮賓禮婦皆奠爵于薦東明此亦奠薦東也云壻至父出使

乾隆四年校刊

擯者請事者。見于上文。云母出南面房外示親授壻且當戒女也者。並參下文而言也。女出于母左。父西面戒之。必有正焉。若衣若笄。母戒諸西階上。不降。注必有正焉者。以託戒之使不忘。疏釋曰。此記亦經不具。以母出房戶之西南面。女出房西行。故行出于母左。父在阼階上西面。故因而戒之。云母戒諸西階上者。母初立房西。女出房。母行至西階上。乃戒之也。注釋曰。云託戒使不忘者。謂託衣笄恆在身而不忘。持戒亦然。故戒使不忘也。下文父母及庶母重云戒者。並與此文相續成也。此士禮。父母不降送。案桓公三年經書九月齊侯送姜氏于讙。穀梁傳曰。禮送女。父不下堂。母不出祭門。祭門則廟門。言不出廟門。則似得下堂者。彼諸侯禮與此異。以其大夫諸侯天子各有昏禮。故不同也。○婦乘以几。從者二人坐持几相對。注持几者。重慎之。疏釋曰。上經雖云婦乘以几。不見從者二人持之。故記之也。此几。謂將上車時而登。若王后。則履石。大夫諸侯亦應有物履之。但無文以言。今人猶用臺。是石几之類也。婦入寢門贊者徹尊冪酌玄酒三屬于尊棄餘水于堂下階閒加勺【注】屬注也玄酒涗水貴新昏禮又貴新故事至乃取之三注于尊中【音義】屬音燭注同涗舒銳反【疏】釋曰經中雖置酒於尊不見徹冪以下事故記之記云酌玄酒三注於尊謂於外器中酌取此涗水三度注於玄酒尊中禮成於三故三注之也【注】釋曰云玄酒涗水貴新者案郊特牲云明水涗齊貴新也又云凡涗新之也是禮有貴新也今昏禮事至乃取之故云貴新也若然禮有玄酒涗水明水三者各逐事物生名玄酒據色而言涗水據新取爲號其實一也以上古無酒用水爲酒後代雖有酒用之配尊不忘本故也明水者案周禮秋官司烜氏云以陰鑒取明水於月郊特牲云其謂之明水也由主人之潔著此水也注云著猶成也言主人齊潔此水乃成可得也醴尊之酒三酒加玄酒鬱鬯與五齊皆用明水配之郊特牲云五齊加明水三酒加玄酒不言鬱鬯者記人文略也相對玄酒與明水别通而言之明水亦名玄酒故禮運云玄酒在室彼配鬱鬯五齊是明水名爲玄酒也以其

俱是水。故通言水也。若天子諸侯祭祀得鬱鬯與五齊三酒並用。卿大夫士祭直用三酒與玄酒。無五齊與鬱鬯及明水。若生人相禮。不忘本。亦得用以其用醴。醴則五齊之中醴齊之類也。○笲緇被纁裏。加于橋。舅答拜。宰徹笲。注 被。表也。笲有衣者。婦見舅姑以飾爲敬。橋所以庋笲。其制未聞。今文橋爲鎬。音義 裏音里。鎬，戶老反。疏 釋曰。上經雖云笲。不言表裏加飾之事。故記之也。○婦席薦饌于房。注 醴婦饗婦之席薦也。疏 釋曰。此亦於經不見。故記之。其但醴婦時唯席與薦。無俎。其饗婦非直有席薦。并有俎。俎則不饌于房。從鼎升于俎。入設于席前。今據醴婦時同有席與薦。饌于房者而言也。○饗婦。姑薦焉。注 舅姑共饗婦。舅獻爵。姑薦脯醢。疏 釋曰。經直言舅姑共饗婦以一獻之禮。唯言饗婦。不言姑薦。故記之也。婦洗在北堂。直室東隅。篚在東。北面盥。注 洗在北堂。所謂北洗。北堂。房中半以北。洗南北直室東隅。東西直房戸與隅間。【疏】釋曰。經唯言北洗。不言洗處及篚。故記之也。【注】釋曰。房與室相連謂之房。無北壁。故得北堂之名。故云洗在北堂也。云所謂北洗者。經中所謂北洗也。云北堂房半以北者。以其南堂是戸外半以南得堂名。則堂是戸外之稱。則知此房半以北得堂名也。知房無北戸者。見上文云尊于房戸之東。房有南戸矣。燕禮大射皆云羞膳者升自北階立于房中。不言入房。是無北壁而無戸。是以得設洗直室東隅也。云洗南北直室東隅者。是南北節也。云東西直房戸與隅間者。是東西節也。婦酢舅。更爵自薦。【注】更爵。男女不相因也。【疏】釋曰。謂舅姑饗婦時。舅獻姑薦。今婦酢舅。婦自薦之。嫌則人薦。故記之也。不敢辭洗。舅降則辟于房。不敢拜洗。【注】不敢與尊者爲禮。【音義】辟音避。【疏】釋曰。此當在婦酢舅之上。退之在下者。欲見酬酒洗時亦不辭故也。此對士冠鄉飲酒之等。主與賓爲禮皆辭洗。此則不敢也。此事於經不見。故記之也。凡婦人相饗無降。【注】姑饗婦人涗者于房。無降者。以北洗篚在上。【疏】釋曰。本設北洗爲今以北洗及篚在上。故不降。經不言。故記之也。言凡者欲見舅姑共饗婦。及姑饗婦人涗者皆然。故言凡也。

○婦入三月然後祭行【注】入夫之室。三月之後。於祭乃行。謂助祭也。【疏】釋曰。此據舅在無姑。或舅沒姑老者。若則云舅沒則姑老者。謂姑六十亦傳家事。任長婦。婦入三月廟見祭菜之後。亦得助夫祭。故鄭云謂助祭也。此亦謂適婦。其庶婦無此事。亦以經不見。故記之也。

○庶婦則使人醮之婦不饋【注】庶婦。庶子之婦也。使人醮之。不饗也。酒不酬酢曰醮。亦有脯醢。適婦酌之以醴。尊之。庶婦酌之以酒。卑之。其儀則同。不饋者。共養統於適也。【音義】醮。子召反。適。丁狄反。下同。共。九用反。【疏】【注】釋曰。不饗者。以適婦不醮而有饗。今使人醮之。以醮替饗。故使人醮之不饗也。云酒不酬酢曰醮者。亦

集說作告擯者請事之辭

知庶子醮然。知亦有脯醢者，以其饗婦及醮子皆有脯醢，故知亦有脯醢也。云「其儀則同」者，適婦用醴於客位東面拜受醴，贊者北面拜送。今庶婦雖於房外之西，亦東面拜受醮，者亦北面拜送，故云其儀則同也。云「不饋者，共養統於適也」者，謂不盥饋特豚，以其共養統于適婦也。○**昏辭曰：吾子有惠，貺室某也。**【注】昏辭，擯者請事告之辭。吾子，謂女父也。稱有惠，明下達。貺，賜也。室，猶妻也。子謂公冶長可妻也。某，壻名。【音義】貺，音況。妻，七計反。【疏】【注】釋曰：鄭知昏辭是擯者請事告之辭者，以其言吾子有惠貺室某也，是使告主人辭。明知是擯者出門請事使者告之辭也。知吾子謂女父者，使人告擯者稱前已有惠貺其妻於壻某，申明是女父乃得以女許人，故知吾子女父也。云「明下達」者，此擯者稱有惠貺室，即壻家舊已有辭下達，女家見許，今得言貺室也，故引上文下達以釋此也。引「子謂公冶長可妻也」者，證以女許人稱貺室，室猶妻也。**某有先人之禮，使某也請納采。**【注】某，壻父名也。某也，使名也。疏 釋曰。亦是使者門外通達上語告擯者之辭也。注 釋曰。以其使者稱向主人擯者。故知上某是壻父。下某是使者名也。對曰某之子惷愚又弗能教吾子命之。某不敢辭。注 對曰者擯出納賓之辭。某。女父名也。吾子謂使者。古文弗爲不。無能字。音義 惷，失容反。劉敕用反。疏 注釋曰。鄭知對曰者擯出納賓之辭者。以其上文賓告擯者辭。下經致命主人。明此是中間擯者出領賓告之辭。入告主人。擯者又領主人此語以告使者知也。致命曰敢納采。疏 釋曰。此使者升堂致命於主人辭。若然。亦當有主人對辭。如納徵致命主人對辭。不言之者。文不具也。問名曰某既受命將加諸卜敢請女爲誰氏。注 某使者名也。誰氏者謙也。不必其主人之女。疏 釋曰。問名。賓在門外請問名。主人許無辭者。納采問名同使。前已相親。於納采許訖。故於問名略。不言主人所傳辭也。是以於此有見賓升堂致命主人之辭也。自此已下有納吉納

舊本領賓下誤複上告者辭下經致六字而語字當仍留與下領主人語一例

徵請期之等。皆有門外賓與擯者傳辭。及升堂致命主
人對。或理有不須言。或理須辭而文不具。以情商度。義
可皆知也。注 釋曰。知某使者名也者。以使者對主人稱
某旣受命。明是使者之名也。云誰氏者謙也者。以其下
達乃納采。則知女之姓矣。今乃更問主人女爲誰氏者。
恐非主人之女。假外人之女收養之。是謙不敢必其主
人之女也。其本云問名而云誰氏者。婦人不以名行。明
本不問女之三月名。此名卽姓號之名。若尚書孔注云。
虞氏舜名。舜爲謚號。猶爲名解之。明氏姓亦
得爲名。若然。本問名上氏姓。故云誰氏也。對曰。吾子
有命。且以備數而擇之。某不敢辭。注 卒曰某氏。不記之
者。明爲主人之女。疏 釋曰。云吾子有命者。正謂行納采
問名。使者將命來。是已有命來擇。
卽是且以備數而擇之也。注 釋曰。云卒曰某氏者。主人
終卒對客之辭。當云某氏對使也。云不記之者明爲主
人之女者。若是他女。當稱女氏以答。今不言之者。明是
主人之女。容舊知之。故不對。是以云明爲主人之女也。
醴曰。子爲事故至於某之室。某有先人之禮。請醴從者。

【注】言從者謙不敢斥也今文於爲于【音義】爲于僞反對曰某既得將事矣敢辭【注】將行先人之禮敢固以請【注】主人辭固如故某辭不得命敢不從也【注】賓辭也不得命者不得辭已之命納吉曰吾子有貺命某加諸卜占曰吉使某也敢告【注】貺賜也賜命謂許以女名也某壻父名【疏】【注】釋曰知某是壻父名者以其云命某加諸卜是壻父卜故知某是壻父名對曰某之子不教唯恐弗堪子有吉我與在某不敢辭【注】與猶兼也古文與爲豫【音義】與音預注同【疏】【注】釋曰云我與在以其夫婦一體夫既得吉婦吉可知故云我兼在占吉中也納徵曰吾子有嘉命貺室某也某有先人之禮儷皮束帛使某也請納徵致命曰某敢納徵對曰

辭作許已是宋本作許

吾子順先典，貺某重禮，某不敢辭，敢不承命。【注】典，常也，法也。【疏】釋曰：吾子有命以下至請納徵，是門外向賓者辭也。云致命曰某敢納徵者，是升堂致命辭也。云對曰者，是堂上主人對辭也。餘見納采。

請期曰：吾子有賜命，某既申受命矣，惟是三族之不虞，使某也請吉日。【注】三族，謂父昆弟、己昆弟、子昆弟。虞，度也。不億度，謂卒有死喪。此三族者，己及子皆爲服期，期服則踰年，欲及今之吉也。雜記曰：大功之末，可以冠子嫁子。【音義】度，大各反。億，於力反。卒，寸忽反。期，音朞。下同。【疏】釋曰：云某既申受命矣者，申，重也，謂前納采已後，每度重受主人之命也。云惟是三族之不虞使某也請吉日者，今將成昏，須及吉時，但吉凶不相干，若值凶不得行吉禮，故云惟是三族死生不可億度之事。若值死喪則不得娶，及今吉時，使某請吉日以成昏禮也。【注】釋曰：鄭知三族是父己子三者之昆弟，若大功之喪，服內不廢成禮。若期親內則廢。故舉合廢者而言。以其父昆弟則伯叔及伯叔母。己昆弟則己之親兄弟。子昆弟則己之適子庶子者。皆己之齊衰期服之內親。故三族據三者之昆弟也、引雜記者。見大功之末既葬則可以嫁子娶妻。經云三族。不據之矣。今據父之昆弟期。於子小功。亦不得娶妻。若於子期。於父小功。亦不得娶妻。知今皆據壻之父而言。若然。已父昆弟於子爲小功。而言此三族者。己與子皆爲服期者。亦據大判而言耳。對曰。某既前受命矣。唯命是聽。〔注〕前受命者。申前事也。曰某命某聽命于吾子。〔注〕曰某。壻父名也。對曰。某固惟命是聽。使者曰。某使某受命。吾子不許。某敢不告期。曰某日。〔注〕某吉日之甲乙。〔疏〕釋曰。云曰某日者、是使者傳主人吉日之辭。〔注〕釋曰。云某吉日之甲乙者。謂以十日配十二辰。若云甲子乙丑丙寅丁卯之類。故鄭略舉甲乙而言之也。對曰。某敢不敬須。〔注〕須。待也。凡使者歸反命曰。某既得將事矣。敢以禮告主人曰聞[注]告禮所執脯[疏][注]釋曰知禮是所執脯者上文禮賓賓昔北面取脯降授從者今此云歸以反命故知禮是所執脯也父醮子[注]子壻也[音義]醮子召反[疏]釋曰文父禮女用醴又在廟父醮子用酒又在寢不同者父禮女子以先祖遺體許人以適他族婦人外成故重之而用醴復在廟告先祖也男子直取婦入室無不反之故輕之而用酒在寢知醮子亦不在廟者若在廟當以醴筵於戶西右几在神位今不言故在寢可知也命之辭曰往迎爾相承我宗事[注]相助也宗事宗廟之事[音義]相息亮反勖帥以敬先妣之嗣若則有常子曰諾唯恐弗堪不敢忘命[注]勖勉也若猶女也勉帥婦道以敬其爲先妣之嗣女之行則當有常深戒之詩云大姒嗣徽音[音義]勖許玉反女音汝下同大音泰[疏]釋曰云以敬其爲先妣之嗣者謂婦人入室使之代姑祭也[注]釋曰詩大姒嗣

疏音當有注字下注并釋曰二字可删

徽音者，大雅文王詩。大姒者，文王妃。嗣，繼。徽，美也。娶大姒，明以繼先妣美音也。引之者，證敬其爲先妣之嗣也。

賓至，擯者請，對曰：「吾子命某以茲初昏，使某將，請承命。」對曰：「某固敬具以須。」【注】賓，壻也。命某，某壻父名。茲，此也。將，行也。使某行昏禮來迎。【疏】【注】釋曰：云「命某，某壻父名」者，以其經有二某，經云「命某」者，是壻自稱父以對擯者也。「使某」者，是壻名，故不言也。

父送女，命之曰：「戒之敬之，夙夜毋違命。」【注】夙，早也。早起夜臥。命，舅姑之教命。古文毋爲無。【疏】釋曰：上送女之時，父母俱戒訖。今此記人又云此戒者，當同是送女時并有此戒，續成前文，庶母所戒亦然。以前後語時不同，故記人兩處記之。【注】釋曰：但父戒之使無違舅命，母戒之使無違姑命，故父云命，母云戒也。若然，此注又云命，舅姑之教命，有姑字者，傳寫誤也。云「古文毋爲無」不從者，以許氏說文毋爲禁辭，故從經。今文毋爲正也。

母施衿結帨，曰：「勉之敬之，夙夜無違宮

事。【注】帨，佩巾。【音義】衿，其鴆反。帨，舒銳反。【疏】釋曰：宮事，謂姑命婦之事。若內宰職云后教六宮。婦人稱宮故也。

庶母及門內施鞶，申之以父母之命，命之曰：敬恭聽宗爾父母之言，夙夜無愆，視諸衿鞶。【注】庶母，父之妾也。鞶，鞶囊也。男鞶革，女鞶絲，所以盛帨巾之屬，爲謹敬。申，重也。宗，尊也。愆，過也。諸，之也。示之以衿鞶者，皆託戒使識之也。不示之以衣笄者，尊者之戒，不嫌忘之。視乃正字，今文作示，俗誤行之。【音義】鞶，步干反。愆，去連反。以盛，音成。重，直用反。識，申志反。【疏】【注】釋曰：云男鞶革，女鞶絲者，內則文。男女用物不同，故并引男子鞶革。於經無所當也。云所以盛帨巾之屬，爲謹敬者，案內則云：箴管線纊施鞶袠。鄭云：鞶袠言施，明爲箴管線纊有之。是鞶以盛帨巾之屬。此物所以供事舅姑，故云謹敬也。云不示之以衣笄者，尊者之戒不嫌忘之者，前文父戒以衣笄，此經母施衿結帨。庶母直示之以衿鞶。不示以衣笄。故鄭決之也。云視乃正字今文作示俗誤行之者。案曲禮文。童子常視毋誑。注云。視今之示字。彼注破視從示。此注以視爲正字。以示爲俗誤。不同者。但古文字少。故眼目視瞻與以物示人皆作視字。故此注云。視乃正字。今文作示。是俗人以今示解古視。故云誤也。彼注云視今之示字者。以今曉古。故舉今文示而言。兩注相兼乃具也。

壻授綏。姆辭曰。未教。不足與爲禮也。注 姆教人者。○宗子無父。母命之。親皆沒。己躬命之。注 宗子者。適長子也。命之。命使者。母命之。在春秋紀裂繻來逆女。是也。躬。猶親也。親命之。則宋公使公孫壽來納幣。是也。言宗子無父。是有有父者。禮。七十老而傳。八十齊喪之事不及。若是者。子代其父爲宗子。其取也父命之。音義 適。丁狄反。長。丁丈反。紀音己。裂繻音列。繻音須。傳。直專反。齊。側皆反。疏 注釋曰。云宗子者適長子也者。案喪服小記云。繼別爲宗。繼禰者爲小宗。大宗小宗皆是適妻所生長子也。云命之。命使者謂納采已下至請期五者皆命使者也。云母命之在春秋紀裂繻來逆女是也者。案隱二年經書秋九月紀裂繻來逆女。公羊傳曰。裂繻者何。紀大夫也。何以不稱使。昏禮不稱主人。何休云。爲養廉遠恥也。又云。然則曷稱。稱諸父兄師友。宋公使公孫壽來納幣。則其稱主人何。辭窮也。辭窮者何。無母也。休注云。禮有母。母當命諸父兄師友。稱諸父兄師友以行。宋公無母。莫使命之。辭窮故自命之。自命之。則不得不稱使。又云。然則紀有母乎。曰有。有則何以不稱母。母不通也。休注云。禮婦人無外事。但得命諸父兄師友。稱諸父兄師友以行耳。母命不得達。故不得稱母通使文。所以遠別也。服注亦云。不稱主人。母命不通。故稱使。婦人無外事。若然。直命使子之父兄師友。使命使者。不自親命使者。此注云命之命使者。似母親命者。鄭略言之。其實使子父兄師友命使者也。云躬猶親也。親命之則宋公使公孫壽來納幣是也者。成八年文。義取公羊傳。如何說。舉納幣。其餘使親命之也。云言宗子無父至不及者。案曲禮。七十曰老而傳。注云。傳家事任子孫。是謂宗子之父。又王制云。八十齊喪之事弗及也。注云。八十不齊則不祭也。子代之祭。是謂宗子不孤。二者皆是宗子有父。雖主家事。其昏事則父命使者也。支子則稱其宗。【注】支子庶昆弟也。稱其宗子命使者。【疏】釋曰。云稱其宗者。謂命使者。當稱宗子以命之。以大小宗皆然也。弟則稱其兄。【注】弟宗子母弟。【疏】【注】釋曰。知此弟是宗子同母弟者。以上支子謂庶昆弟。稱其宗子命使者。故知此弟宗子同母弟也。○若不親迎則婦入三月然後壻見曰某以得爲外昏姻請覲。【注】女氏稱昏。壻氏稱姻。覲見也。【音義】見。賢遍反。注下除相見並同。覲音狄。【疏】釋曰。上已言親迎。自此已下至篇末。論壻不親迎。過三月及壻往見婦父母事也。必亦待三月者。亦如三月婦廟見一時天氣變。婦道成。故見外舅姑。自此至敢不從。並是壻在婦家大門外。與擯者請對之辭。【注】釋曰。女氏稱昏壻氏稱姻者。爾雅釋親文。所以別男女。則男曰昏。女曰姻者。義取壻昏時往娶。女則因之而來。及其親則女氏稱昏男氏稱姻。義取送女者昏時往男家。因得見之故也。

主人對曰某以得爲外昏姻之數某之子未得濯溉於
祭祀是以未敢見今吾子辱請吾子之就宮某將走見
【注】主人女父也以白造緇曰辱【音義】濯文角反溉古代反造七報反【疏】
釋曰云某之子未得濯溉於祭祀者前祭之夕濯溉祭器以其自此以前未廟見未得祭祀故未敢相見也云
請吾子之就宮者使壻還就家是欲往就見也【注】釋曰云以白造緇曰辱者謂以潔白之物造置於緇色器中
是汙白色猶今賓至己門亦是屈辱故云以白造緇曰辱也　對曰某以非他故不足
以辱命請終賜見【注】非他故彌親之辭命謂將走見之
言今文無終賜【疏】釋曰此壻對擯者辭【注】釋曰云非他故彌親之辭者上擯云得爲外昏姻
是相親之辭今又云非他故是爲壻而來見彌相親之辭也　對曰某以得爲昏姻之
故不敢固辭敢不從【注】不言外亦彌親之辭古文曰外

乾隆四年校刊

昏姻。主人出門左，西面。壻入門，東面，奠摯，再拜，出。[注]出門，出內門。入門，入大門。出內門不出大門者，異於賓客也。壻見於寢。奠摯者，壻有子道，不敢授也。摯，雉也。[疏][注]釋曰：云「出內門，入大門」者，以大夫士迎賓皆於大門外，故此決之也。云「壻見於寢」者，聘禮凡見賓客及士親迎皆於廟。聘禮敬賓客，故在廟；親迎在廟者，以先祖之遺體許人，故在廟。此壻見外舅姑，非賓非親迎，故知在適寢也。云「奠摯者，壻有子道，不敢授也」者，凡執摯相見皆親授受，此獨奠之，象父子之道質，故不親授，奠之而已。云「摯，雉也」者，以其士執雉，是其常也。擯者以摯出，請受。[注]欲使以賓客禮相見。[疏][注]釋曰：案聘禮，賓執摯入門右，從君臣禮，辭之，乃出由門左，西向北面，從賓客禮。此亦然，故知所請受者，請退從賓客相見受之。壻禮辭，許，受摯，入。主人再拜，受。壻再拜，送出。[注]出，已見女父。[疏]釋曰：云「受摯入」者，亦如聘禮受摯，乃更西入也。[注]釋曰：云出已見女父者以其相見訖擯出更與主婦相見也見主婦主婦闔扉立于其內注主婦主人之婦也見主婦者兄弟之道宜相親也闔扉者婦人無外事扉左扉音義扉音非疏注釋曰云見主婦者兄弟之道宜相親也者爾雅母與妻之黨爲兄弟故知主婦於壻者兄弟之道也故云宜相親也云闔扉者婦人無外事者婦人送迎不出門見兄弟不踰閾是無外事也云扉左扉者士喪禮卜葬云闔東扉主婦立于其內旣言東扉即是左扉故知是左扉也壻立于門外東面主婦一拜壻答再拜主婦又拜壻出注必先一拜者婦人於丈夫必俠拜主人請醴及揖讓入醴以一獻之禮主婦薦奠酬無幣注及與也無幣異於賓客疏注釋曰訓及爲與者以主人與壻揖讓而入寢門升堂醴壻故訓及爲與也云無幣異於賓客者士冠禮醴賓酬之以幣昏禮饗賓酬以束錦燕禮大射酬賓客皆有幣

乾隆四年校刊

教云反當作乃

此無幣。故云異於賓客也。壻出。主人送。再拜。

經二千五百七十三字

注三千六百三十字

儀禮注疏卷二

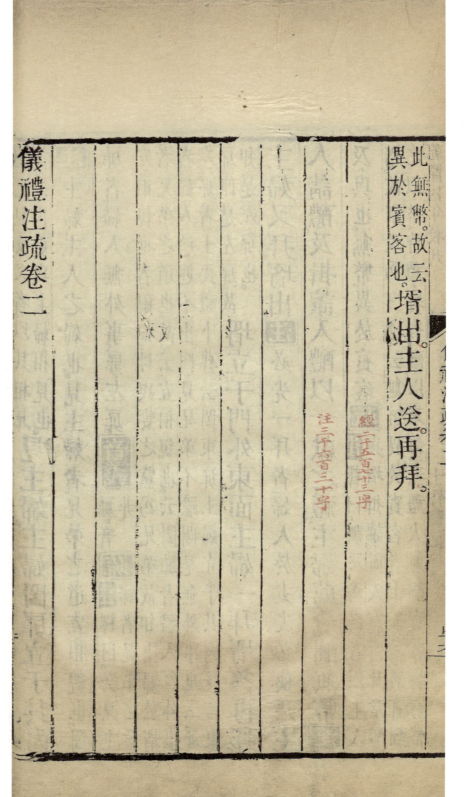

儀禮注疏卷二考證

下達納采用鴈疏春秋莊公二十二年○春秋監本作左氏　臣學健按下所引者穀梁傳則上當云春秋

至于廟門○石經全部廟字皆作庿唯此作廟葢亦錯出者

授于楹間南面注南面並授也○敖繼公云授宜作受受者南面則授者北面矣臣紱按授者受者皆南面經葢以授該受也敖說不可從

擯者出請賓告事畢疏用齊酒禮之○監本脫酒字臣世駿按此句是大行人注文

主人迎賓于廟門外疏有司徹注云拂者外拂之也○臣紱按今有司徹注無此文當是彼注脫也

賓即筵奠于薦左疏賓祭酬酒○賓監本作君 臣紱按燕禮大射儀祭酬祭者賓也

期初昏陳三鼎于寢門外注肫或作純○敖繼公云當作純以少牢禮證之良是

主人爵弁疏天子諸侯爲尊則尊矣不須攝盛○尊則尊矣監本作尊則袞矣 臣紱按諸侯唯上公得服袞侯伯以下不得也賈氏常有尊則尊矣之語此當從之

婦乘以几疏此景之制無正文故云蓋如明衣不直云制如明衣○監本脫不字　臣學健按此釋注蓋字之義若無不字則是決辭矣推尋文義增正之

贊者徹尊冪舉者盥出除鼏○敖氏集說鼏原作冪鼏乃後人改正者今石經作鼏則唐人已改之矣

設對醬于東○　臣紱按或因設醬有對而謂俎亦有六相對非也同牢三俎經文甚明蓋緣楊復儀禮圖之誤刻而誤

卒爵皆拜注婦拜見上篇見母章此篇婦見奠菜一章及內則女拜尚右手○　臣恂按此注不類漢人文體

通解本有此蓋後人誤以爲鄭注而入之者今仍存而附論之

贊洗爵酌于戸外尊○敖繼公云戸字疑衍

主人說服于房媵受婦說服于室御受○下受字監本譌作授今依石經及朱子本敖本改正

注巾所以自潔清○臣紱按清字陸又音才性反蓋卽潔淨之淨漢時未有淨字故清字兩用之三禮注中多有此互見聘禮

夙興婦沐浴纚笄宵衣以俟見疏子幼謂年十五以下○臣紱按監本此句下有則不隨母嫁五字蓋衍喪

脤注無之

降階受笲段修○監本作腶脩釋文作段從之石經作

腶誤

特豚合升側載蹏酒在內者亦在北墉下○墉監本作

牖臣紱按正室有南牖無北牖是以西北隅謂之屋

漏若有北牖則無所藉戶明矣下經席于北墉下可

證

於是與始飯之錯○敖繼公云此句未詳與始飯三字

皆誤與臣恂按此言媵御與餕于始飯之敎黍交錯

以徧也言與始飯者見不食舉也或曰古文始爲姑

媵御止餕姑飯之黍而不敢褻舅之敦黍也亦可通

舅姑共饗婦以一獻之禮疏饗則親之明記使人醮庶婦當饗節也○舊本云親明記醮庶婦使人當饗節也　臣紱按親字上下有脫文尋繹疏意當作此解

士昏禮凡行事必用昏昕注壻悉計反從士從胥俗作婿女之夫○　臣恂按此十四字不類康成語且東漢未有反切之法又此節記無壻字康成何緣以注中壻字自音而自解之葢後人攙入者耳

祭醴始扱一祭○一石經及敖本作壹

納徵執皮攝之疏聘禮執皮者皆左首此亦執皮而左

首○臣恂按聘禮皮如入右首而東此疏云左首蓋賈氏誤記耳敖繼公謂彼處右首亦當作左首說見聘禮

饗婦姑薦焉疏唯言饗婦○唯言饗婦監本譌作特設明日不可解今以經文訂正之

對曰某之子惷愚疏賓告之辭句下○監本有下經致語四字臣紱按此四字無著落以上有下經致命之文而誤

父醮子注子壻也句下○敖本有醮之禮如冠醮與其異者於寢爾十三字未詳所由豈他本盡脫抑或敖

告之辭舊本係告者辭與下經致共六字蓋以上有告擯者辭下經致云云亦在賓字之下故誤重衍也語字不誤不當并刪

氏所增今仍監本

命之辭曰○石經及敖本無辭字

壻授綏姆辭曰未教不足與爲禮也注姆教人者○以上經與注共十九字監本脫今依石經及朱子本楊復儀禮圖本敖本補

弟則稱其兄○石經及敖本無則字

主人對曰某以得爲外昏姻之數○敖繼公云此言之數下言之故疑有一誤

對曰某以得爲昏姻之故○以得二字石經作得以敖繼公云宜作以得

注古文曰外昏姻○監本脱此句今依朱子本敖本補

三月十六日使相高公來書院課士詩題大車檻檻遵

御製用端木詩傳義從征之人思其室家而作也

儀禮注疏卷二考證

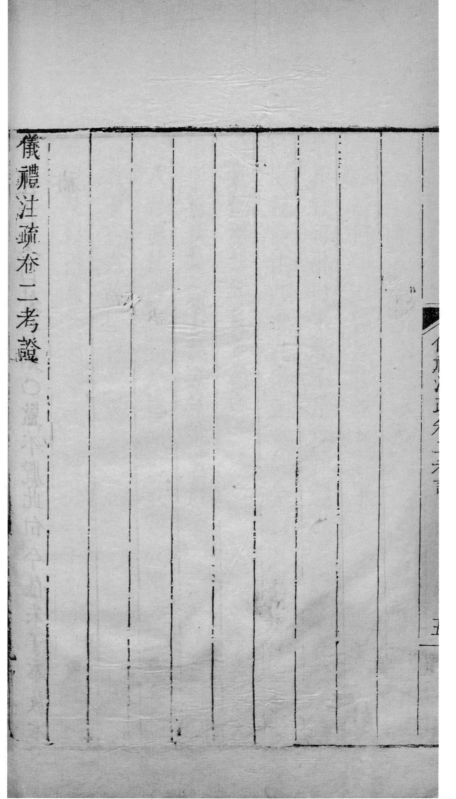

儀禮注疏卷三

漢鄭氏注　唐陸德明音義　賈公彥疏

士相見禮第三

士相見之禮○贄冬用雉夏用腒左頭奉之曰某也願見無由達某子以命命某見【注】贄所執以至者君子見於所尊敬必執贄以將其厚意也士贄用雉者取其耿介交有時別有倫也雉必用死者爲其不可生服也夏用腒備腐臭也左頭頭陽也無由達言久無因緣以自達也某子今所因緣之姓名也以命者稱述主人之意今文頭爲脰【音義】贄本又作摯音同腒其居反奉芳勇反見賢遍反下同凡卑於尊曰見敵

而曰見。謙敬之辭也。下以意求之。他皆倣此。耿古幸反。介音界。別彼列反。爲于僞反。脰音豆。【疏】釋曰。自此至送于門外再拜。論士與士相見之事也。云某也願見無由達者。謂新升爲士。欲見舊爲士者。謂久無紹介中閒之人。達彼此之意。雖願見。無由得與主人通達相見也。云某子以命命某見者。某子是紹介中閒之人姓名。以主人之命命某。某是賓之名。命某來見主人也。案少儀始見君子者。辭曰某固願聞名於將命者。謂以卑見尊法。彼又云。敵者曰某固願見於將命者。此兩士相見亦是敵者。不言願見於將命者。此既言願見無由達。見敵者始欲相見。案下文及還摯者皆云於將命者。明此亦有願見於將命者。不言者。文不具也。【注】釋曰。云贄所執以至者。贄得訓爲至。新升爲士者。彼此相見。欲相尊敬。必執禽鳥始得至。故云贄所執以至者也。云士贄用雉者。對大夫已上所執羔鴈不同也。云取其耿介交有時別有倫也者。倫。類也。雉交接有時。至於別後則雄雌不雜。謂春交秋別也。士之義亦然。義取耿介不犯於上也。云。雉必用死者。爲其不可生服也者。經直云冬用雉。知用死雉者。尚書云。三帛二生一死贄。則雉義取耿介。爲君致死也。云夏用腒備腐臭也者。案周禮庖人云。春行羔豚。夏行腒鱐。鄭云。腒乾雉。鱐乾魚。腒鱐暵熱而乾。乾則不腐臭。故此取不腐臭也。冬。特雖死。形體不異。故存本名。稱曰雉。夏爲乾腒。形體異。故變本名稱曰腒也。云左頭頭陽也者。曲禮云。執禽者左首。雉與羔鴈同是合生執之物。以不可生服。故殺之。雖死猶尚左。以從陽也。云某子今所因緣之姓名也者。謂紹介之姓名。云以命者稱述主人之意者。言紹介之人稱述主人之辭意傳來賓也。云今文頭爲脰者。鄭不從今文者。以其脰項也。項不得爲頭。故不從也。但此云某子以命命某見。謂舊未相見。今始來見主人。故須某子傳通。儒悲欲見孔子。不由紹介。故孔子辭以疾。且經云某子。鄭云某子今所因緣之姓名。案鄉飲酒云。某子受酬。注云某者衆賓姓。又鄉射云。某酬某子。注云某者氏也。與此注某子爲姓名不同者。彼旅酬下爲上。尊敬在上。以公羊傳名不若字。字不若子。故下者稱姓以配子。彼對面語。故不言名。此非對面之言。於彼遥稱紹介之意。若不言名。直稱姓。是何人。故鄭以姓名解之也。若然。特牲云皇祖某子。注爲伯子仲子者。以孫不宜云父祖姓。故以伯子仲子言之。望經爲義。故注有殊。若然。注宜有名。無者誤也。

主人對曰。某子命某見。吾子

有辱。請吾子之就家也。某將走見。【注】有，又也。某子命某往見。今吾子又自辱來，序其意也。走，猶往也。今文無走。【疏】釋曰：云某子命某見者，某子則是紹介姓名，以某子是中間之人，故賓主共稱之也。此上下皆言請，不言辭。辭而不受，須相見，故言請而已。【注】釋曰：鄭轉有為又者，以言某子以命命某往就彼見。吾子又自辱來，於義為便，故從又不從有也。云走猶往也者，以言走直取急往相見之意，非走驟之義，故釋從往也。云今文無走字者，無走於文義不足，故不從今文從古文也。

賓對曰：某不足以辱命，請終賜見。【注】命，謂請吾子之就家。

主人對曰：某不敢為儀，固請吾子之就家也。某將走見。【注】不敢為儀，言不敢外貌為威儀，忠誠欲往也。固，如故也。今文不為非，古文云固以請。【疏】【注】釋曰：固如故也者，固為堅固，堅固則如故，以再請如前，故云固如故也。云今文不為非者，云非誠

於義不便故不從今文非也云古文云固以請者固請於文從便若有以字於文賸綴故不從古文固以請也

賓對曰某不敢爲儀固以請【注】言如故請終賜見也今文不爲非

主人對曰某也固辭不得命將走見聞吾子稱贄敢辭贄【注】不得命者不得見許之命也走猶出也稱擧也辭其贄爲其大崇也古文曰某將走見【音義】大音泰劉堂餓反下同

【疏】【注】釋曰云走猶出也者亦如上之走往彼據向賓家故走爲往此據出門故云走猶出也云辭其贄爲其大崇也者凡賓主相見唯此新升爲士有贄又初不相識故有贄爲重對重相見則無贄爲輕是以始相見辭之爲大崇故也云古文曰某將走見者上再番皆云某將走見今此三者亦云某將走見與前同此疊古文不從者以上第一番請賓主皆無不敢爲儀第二番賓及主人皆云不敢爲儀文句既異若不云某於文不便故須云某也此三番於上已云某也固辭不得命於下不須云某於文便古文更云某將走

見文疊故不從也。賓對曰：某不以贄，不敢見。【注】見於所尊敬而無贄，嫌大簡。【疏】【注】釋曰：此士相見唯是平敵相抗。案曲禮云：主人敬客則先拜客，客敬主人則先拜主人。並不問爵之大小，唯以尊敬爲先後，故雖兩士亦得云相尊敬，不敢空手，須以摯相見。若無摯相見，是則大簡也。主人對曰：某不足以習禮，敢固辭。【注】言不足習禮者，不敢當其崇禮來見已。【疏】【注】釋曰：案上經賓云某不以贄不敢見，是賓以崇禮來見主人，今主人不敢當其崇禮來見己，故變文言不足以習禮。故鄭云言不足習禮者，不敢當其崇禮來見己也。賓對曰：某也不依於贄，不敢見，固以請。【注】言依於贄，謙自卑也。【疏】【注】釋曰：見相見之禮，以卑見尊，必依摯。禮記檀弓云：魯人有周豐也者，哀公執摯請見之者，是下賢，非正法。今士相見云不依於摯不敢見，謙自卑也。主人對曰：某也固辭，不得命，敢不敬從！出迎于門外，再拜。賓答再拜。主入揖入門右賓奉贄入門左主人再拜受賓再拜送贄出。【注】右就右也。左就左也。受贄於庭既拜受送則出矣。不受贄於堂下人君也。今文無也。【音義】下遐嫁反。【疏】【注】釋曰。凡門出則以西爲右。以東爲左。入則以東爲右。以西爲左。依賓西主東之位也。知受摯於庭者。以其入門左右。不言揖讓而升之事。故知在庭也。云既拜送則出矣者。欲見賓拜送摯訖而言出。則去還家。無意復待主人畱己也。云不受摯於堂下人君也者。聘禮賓升堂致命授玉。又下云君在堂升見無方階。亦是升堂見君法。故云不於堂下人君也。主人請見賓反見退主人送于門外再拜【注】請見者。爲賓崇禮來。相接以矜莊。歡心未交也。賓反見則燕矣。下云凡燕見於君至凡侍坐於君子。博記反見之燕義。臣初見於君再拜奠贄而出。【疏】【注】釋曰。鄭解主人畱賓之意。云請見者爲

毛本後亦從手

賓崇禮來相接。則執摯來見也。云以矜莊歡心未交也者。正謂入門拜受拜送時。賓主俱矜莊相敬。歡心未交也。云賓反見則燕矣者。上士冠禮賓士昏納采之等。禮記皆有禮賓饗賓之事。明此行禮主人醴必不虛。宜有歡燕。故云則燕矣。以摯相見非聘問之禮。燕既在寢。明前相見亦在寢之庭矣。若諸文有醴賓者。多是禮賓之事。知此不行禮賓而云燕者。彼諸文皆是爲餘事相見。以其事重。故爲禮賓。此直當身相見。其事輕。故直有燕矣。是以諸文禮賓。此燕賓。故直云請見也。云凡燕見於君至反見之燕義者。凡燕見。或反見。或本來侍坐。非反見。下注云。此謂特見圖事。非立賓主之燕。是也。侍坐於君子之下。乃有侍坐問夜膳葷賜食爵之等。不引證燕見者。彼直是侍坐法。非燕見之禮故也。云臣初見於君再拜奠摯而出者。鄭欲見自燕見于君下至凡侍坐於君子。皆反見燕法。其中仍有臣見于君法。臣始仕見于君法。禮畢奠摯而出。君亦當遣人醴之燕也。若然。下有他邦之人則還摯。雖不見反燕。臣尚燕。他邦有燕可知。但文不具也。○主人復見之以其贄曰鄉者吾子辱使某見請還贄於將命者。【注】復見之者。禮尚往來也。以其贄，謂鄉時所執來者也。鄉，曩也。將猶傳也。傳命者，謂擯相也。【音義】復，扶又反。又音服。鄉，許亮反。還，劉音旋。曩，乃蕩反。傳，丈專反。擯，必刃反。相，息亮反。【疏】釋曰：自此至賓退送再拜，論主人還贄于賓之事。【注】釋曰：云復見之者。禮尚往來也者，鄭解主人還贄之意。云禮尚往來，曲禮文。五等諸侯身自出朝，及遣臣出聘，以其圭璋重，不可遙復，朝聘訖即還之。璧琮財輕，故不還。彼朝聘用玉，自為一禮，有不還之義。其在國之臣自執摯相見，雖禽摯皆還之。臣見於君則不還，義與朝聘異，不可相決也。云將猶傳也，傳命者謂擯相也者，謂出接賓曰擯，入詔禮曰相，一也。故聘禮與冠義皆云每一門止一相，是謂擯介為相也。主人對曰：某也既得見矣，敢辭。【注】讓其來答己也。【疏】釋曰：上言主人，此亦言主人者。上言主人者，據前為主人而言。此云主人者，謂前賓今在己家而說也。賓對曰：某也非敢求見，請還贄於將命者。【注】言不敢求見，嫌褻主人，不敢當也。【音】

【義】褻，息列反。【疏】【注】釋曰。云嫌褻主人不敢當也者。曰鄉者主人見己。今郎來見主人。賓主頻見。是褻也。今云非敢求見。嫌褻主人。不敢更相見也。故不敢當相見之法。直云還摯而已。

主人對曰。某也既得見矣。敢固辭。【注】固。如故也。賓對曰。某不敢以聞。固以請於將命者。【注】言不敢以聞。又益不敢當。【疏】【注】釋曰。上云非敢求見。已是不敢當。此云不敢以聞。耳聞疏於目見。故云又益不敢當也。

主人對曰。某也固辭不得命。敢不從。【注】許受之也。異日則出迎。同日則否。【疏】【注】釋曰。下云賓奉摯入。不言主人出迎。又不言厭明。是與前相見同日。知異日出迎者。鄉飲酒禮云。明日乃息司正。主人出迎之。司正猶迎之。況同僚乎。是知異日出迎也。若聘禮。公迎于大門內。至禮賓又出迎者。彼初是公迎彼君之命。不為迎賓身。故至禮賓身。雖同日亦出迎之。故鄭注云。公出迎者。己之禮更端是也。昏禮賓為男家使。初時出迎。至醴賓身。雖同日亦出迎也。有司徹前為尸。後為賓。所為異。故雖同日亦出迎。此二者亦是更端之義也案鄉飲酒及公食大夫皆於戒賓之時未行賓主之禮是以賓至乃迎之故雖同日亦迎賓非更端之義也賓奉贄入主人再拜受賓再拜送贄出主人送于門外再拜○士見於大夫終辭其贄於其入也一拜其辱也賓退送再拜【注】終辭其贄以將不親答也凡不答而受其贄唯君於臣耳大夫於士不出迎入一拜正禮也送再拜尊賓【疏】【注】釋曰云以將不親答也者事未至謂之將如上士相見賓來見士後將親答就士家而辭則受其贄此則以將不親答終不受也若然經直云終辭其摯不言一辭再辭亦有可知但略而不言也又少儀云始見君子曰願聞名此不言願聞亦文不具也云凡不答而受其摯唯君於臣耳者見下文他邦之人則使擯者還其摯見己君不言還摯又文有三辭初辭中辭終辭初辭之時則云使某中辭云命某以辭在中者傳言而已故云命某然使某者是尊君卑臣之義其心重若云命某者尊君卑臣稍淺

士嘗爲臣者見於大夫

漸輕之義。故鄭云或言命某傳言耳。必知有此義者。案僖九年左傳曰。天子有事於文武。使孔賜伯舅胙。以伯舅耋老。加勞。賜一級。無下拜。是尊君稱使。傳言云命。有輕重之義也。○若常爲臣者則禮辭其贄曰某也辭不得命不敢固辭【注】禮辭一辭其贄而許也將不答而聽其以贄入有臣道也賓入奠贄再拜主人答壹拜【注】奠贄尊卑異不親授也古文壹爲一賓出使擯者還其贄于門外曰某也使某還贄【注】還其贄者辟正君也【音義】辟音避 賓對曰某也既得見矣敢辭【注】辭君還其贄也今文無也擯者對曰某也命某某非敢爲儀也敢以請【注】還贄者請使受之賓對曰某也夫子之賤私不足以踐禮敢固辭【注】家臣稱私踐行也言

常當從石經作嘗疏內亦作嘗

大夫相見

某臣也。不足以行賓客禮。賓客所不答者不受贄。擯者對曰。某也使某不敢爲儀也。固以請。注 言使某尊君也。或言命某傳言耳。賓對曰。某固辭不得命。敢不從。再拜受。注 受其贄而去之。疏 注 釋曰。云受其摯而去之者。以其嘗爲臣爲輕。既不受其摯。又相見無饗燕之禮。故鄭云而去之以絕之也。○下大夫相見以鴈。飾之以布。維之以索。如執雉。注 鴈取知時飛翔有行列也。飾之以布謂裁縫衣其身也。維謂繫聯其足。音義 索悉各反。注同。行戶郎反。衣於既反。聯音連。疏 釋曰。言下大夫者。國皆有三卿五大夫。言上大夫據三卿。則此下是五大夫也。二十七士與五大夫轉相副貳。則三卿宜有六大夫而五者。何休云。司馬事省。闕一大夫。注 釋曰。云鴈取知時者。以其木落南翔。冰泮北徂。隨陽南北。義取大夫能從君政教而施之。云飛翔有行列也者。義取大夫能依其位次。

乾隆四年校刊

尊卑有敘也。上士執雉，左頭奉之。此云如執雉，明執鴈者亦左頭奉之也。案曲禮云：飾羔鴈者以繢。彼天子卿大夫非直以布，上又畫之。此諸侯卿大夫執摯雖與天子之臣同，飾羔鴈者直用布爲飾，無繢。彼不言士，則天子之士與諸侯之士同，亦無飾。士賤，故無別也。

上大夫相見以羔，飾之以布，四維之，結于面，左頭，如麛執之。

注 上大夫，卿也。羔取其從帥，羣而不黨也。面，前也。繫聯四足，交出背上，於胷前結之也。如麛執之者，秋獻麛有成禮，如之。或曰：麛，孤之摯也。其禮蓋謂左執前足，右執後足。今文頭爲脰。

音義 麛，莫兮反。

疏 注釋曰：云上大夫卿也者，即三卿也。云羔取其從帥者，凡羔羊羣皆有引帥，若卿之從君之命者也。云羣而不黨也者，羊羔羣而不黨，義取三卿亦皆正直，雖羣居不阿黨也。云繫聯四足，交出背上，於胸前結之者，謂先以繩雙繫前兩足，復以繩繫後兩足，乃以雙繩於左右從腹下向背上交過於胸前結之也。云如麛執

監本居毛作尚

之者秋獻麛有成禮如之者。案周禮獸人云。冬獻狼夏獻麋。春秋獻獸物。鹿豕羣獸及狐狸可也。麛是鹿子。與鹿同時獻之。又庖人云。秋行犢麛。則獻當在秋時。故云秋獻麛也。又案禮器。曲禮三千。鄭云。曲猶事也。事禮謂今禮也。其中事儀三千。則禮未亡之時。三千條內有此獻麛之法。是有成禮可依。故此經得如之也。云或曰麛孤之摯也者。案大宗伯及大行人與聘禮。皆云孤執皮帛。謂天子之孤與諸侯之孤執皮帛。今此執麛者。謂新升爲孤見己君法。至餘事則皆皮帛也。云其禮蓋謂左執前足右執後足者。案經云左頭。則與雉鴈同。是以曲禮云執禽者左首。此鄭又云執之。蓋謂左執前足右執後足者。此釋經麛執之。據四足而言之。凡以摯相見之法。唯有新升爲臣。及朝聘。及他國君來。主國之臣見。皆執摯相見。常朝及餘會聚。皆執笏。無執摯之禮。又執摯者。或平敵。或以卑見尊。皆用摯尊無執摯見卑之法。檀弓云。哀公執摯見己臣周豐者。彼謂下賢。非正法也。

如士相見之禮。注大夫雖摯異。其儀猶如士。疏釋曰。此下大夫及卿。其摯雖有羔鴈之異。其相見之儀。則皆如士也。注釋曰。云儀猶如士者。或兩大夫。或兩卿相見。皆如上文某也願見無由達已下 ○始見于君執摯，至下，容彌蹙。至主人拜送于門外也。

【注】下，謂君所也。蹙，猶促也。促，恭慤貌也。其爲恭，士大夫一也。【音義】蹙，子六反，注及下同。慤，苦角反。【疏】【注】釋曰：直云見于君，不辨臣之貴賤，則臣之貴賤皆同。故鄭云其爲恭，士大夫一也。不言所而言下者，凡臣視袷已下，故不言所，言下也。

庶人見於君，不爲容，進退走。【注】容，謂趨翔。【疏】釋曰：此不言民而言庶人，則是庶人在官，謂若王制云庶人在官者，其祿以是爲差，即府史胥徒是也。【注】釋曰：按鄭注曲禮云：行而張足曰趨，行而張拱曰翔。皆是庶人貌也。此庶人見君不趨翔，謂是常法。論語是孔子行事，而云趨進翼如也，彼謂孔子與君圖事於堂，圖事訖，降堂，向時揖處，至君前，橫過向門，特加肅敬，與庶人同也。

士大夫則奠摯，再拜稽首，君答壹拜。【注】言君答士大夫一拜，則於庶人不答之。庶人之摯鶩。古文壹作一。【音義】鶩，亡卜反，鴨也。【疏】釋曰：臣拜君云再拜

他邦之人見於君

燕見於君

稽首。則君答一拜者。當作空首。則九拜中奇拜是也。[疏]釋曰。云言君答士大夫一拜則於庶人不答之者。案曲禮。君於士不答拜。謂已士。此得與大夫同答一拜者。士賤。君不答拜。此以新升爲士。故答拜。聘禮問勞云答士拜者。亦以新使反。故拜之也。云庶人之摯鶩者。案大宗伯云。以禽作六摯。庶人執鶩。注云。鶩取其不飛遷。象庶人安土重遷。是也。○若他邦之人則使擯者還其摯。曰寡君使某還摯。賓對曰。君不有其外臣。臣不敢辭。再拜稽首受。[疏]釋曰。賓不辭。卽受摯。以君所不臣。禮無受他臣摯法。臣無境外之交。故不敢亢禮於他君。故不辭卽受之也。凡來朝。此國之臣因見之。謂若掌客卿皆見以羔之類是君也。春秋卿大夫與他國之君相見者。皆因聘會乃見之。非特行也。○凡燕見于君必辯君之南面。若不得則正方不疑君。[注]辯猶正也。君南面則臣見正北面。君或時不然。當正東面。若正西面。不得

乾隆四年校刊

儀禮注疏卷三　士相見禮　九

文弨疑與燕倒義字衍

疑君所處邪鄉之。此謂特見圖事，非立賓主之燕也。疑
度之。【音義】辯，皮勉反，下同。疑，音擬，又如字。度，大各反。【疏】【注】釋曰：案上文注以此爲傳記反見之燕
義，則此與燕義、燕禮立賓主之燕別，以其此經君之面
位正南，臣北面嚮之。若不得南面，或君東西向，則臣亦
正方嚮之，不可預度君之面位，邪立嚮之。皆與燕禮君
在阼階西面爲正異，故知此經是特見圖事，并與賓
反見之燕義也。知有圖事者，論語鄉黨云，孔子與君圖
事于庭，圖事于堂。燕禮亦云，君與卿圖事之時，有此面
位無常之法也。君在堂，升見無方階，辯君所在。【注】升見，升堂見
於君也。君近東則升東階，君近西則升西階。【疏】釋曰：此文據君
所在，隨便升階，無常之事，亦謂反燕及圖事之法。若君立
賓主，君升自阼階，賓及主人升自西階，燕禮所云是也。
○凡言非對也，妥而後傳言。【注】凡言，謂己爲君言事也。
妥，安坐也。傳言，猶出言也。若君問可對則對，不待安坐

文弨改
毛監面
未知所出

教云大戴記注引此無忠信字當因下文誤衍

也。古文妥爲綏。【音義】妥，他果反。爲，于僞反。【疏】釋曰：此據臣與君言之法也。【注】釋曰：云凡言謂己爲君言事也者，謂臣有圖爲君言也。禮記少儀云量而後入，不入而後量，是臣有事將入見君，須量己所言，亦當量君安坐，乃可得入，而後傳出己與君言。言言向君道之。云妥安坐也者，爾雅釋詁文。

使臣。與大人言，言事君。與老者言，言使弟子。與幼者言，言孝弟於父兄。與衆言，言忠信慈祥。與居官者言，言忠信。【注】博陳燕見言語之儀也。言使臣者，使臣之禮也。大人，卿大夫也。言事君者，臣事君以忠也。祥，善也。居官謂士以下。【音義】孝弟之弟音悌。【疏】釋曰：上文據與君言，此文則總說尊卑言語之別。云與君言言使臣，與大人言言事君者，但君臣相對，有事卽言，不必與君言恆言使臣，與臣言恆言事君。今唯言使臣事君者，下供上命，禮法當然，故君以使臣爲主，臣以事君爲主，無妨更言餘事。已下皆隨事爲主可也。云與老者言言使弟子者。謂七十致仕之人。依書傳。大夫致仕爲父師。士致仕爲少師。教鄉閭子弟。雷次宗云。學生事師。雖無服。有父兄之恩。故稱弟子也。云與幼者言言孝弟於父兄者。幼既與老者相對。此幼卽弟子之類。孝弟。事父兄之名。是人行之本。故云言孝弟于父兄。與衆言言忠信慈辭者。此文承老幼之下。亦非朝廷之臣。但是鄉閭長幼共聚之處。使之行忠信慈善之事也。云與居官者言言忠信者。此與在朝之士言以忠信爲主也。【注】釋曰。云博陳燕見言語之儀也者。據已上博陳與君燕見舉動言語。知此博陳也。云言使臣者使臣之禮也言事君者臣事君以忠也者。並是論語孔子對定公之文。云大人卿大夫也者。此云言事君。明非天子諸侯。又非士。是卿大夫可知。又案下文云。凡與大人言。始視面。中視抱。卒視面。並是臣視君之法。則大人據君也。又禮運云。大人世及以爲禮。鄭解爲諸侯者。以彼上文云天下爲家。已據天子。明下云大人是諸侯可知。易革卦云。君子豹變。據諸侯。則大人虎變是天子可知。又案論語云。狎大人。注爲天子諸侯爲政教者。彼據小人不在朝廷。故以大人爲天子諸侯政教解之。鄭皆望文爲義。故解大人不同。云居官謂士以下者。以上大夫云事君。已據居官卿大夫。其居官之內。唯有二十七士幷府史胥徒。故云士以下也。○凡與大人言。始視面。中視抱。卒視面。毋改。眾皆若是。注始視面。謂觀其顏色可傳言未也。中視抱。容其思之。且爲敬也。卒視面。察其納己言否也。毋改。謂傳言見答應之閒。當正容體以待之。毋自變動。爲嫌解惰不虛心也。眾。謂諸卿大夫同在此者。皆若是。其視之儀無異也。古文毋作無。今文眾爲終。音義中。如字。劉丁仲反。抱。薄報反。毋音無。下同。解。古賣反。惰。他臥反。疏注釋曰。云中視抱容其思之且爲敬者。案曲禮。天子視不上於袷。袷交領也。不下於帶。上於袷則敖。下於帶則憂。視大夫得視面。此視君得視面者。彼據尋常視君法。此據與君言時。故不同也。云且爲敬者。此言抱。卽不視袷。不視袷是敬君之常禮。故云且爲敬也。云爲嫌解惰不虛心也者。禮記云。虛中以治之。鄭注云。虛中。言不兼念餘事。是虛心之意

宋本毛本金本皆作謂

請退
或云侍坐於君子

也。云衆謂諸卿大夫同在此者。言於君視之高下如此。其卿大夫視君之儀。與言者無異也。云古文毋作無。不從者。說文云。毋禁亦辭。故不從有無之無也。云今文衆爲終。不從者以上已有卒。卒爲終。故從古爲衆也。

若父則遊目。毋上於面。毋下於帶。【注】子於父主孝。不主敬。所視廣也。因觀安否何如也。今文父爲甫。古文毋爲無。【音義】上時掌反【疏】【注】釋曰。案曲禮。大夫之臣視大夫。得視面。不得遊目。士之臣視士。得旁遊目。今子視父。應與視君同。不上於袷。與士大夫同者。以子於父。主孝不主敬。所視廣者。因視安否何如也。

若不言立則視足。坐則視膝。【注】不言則伺其行起而已。【疏】釋曰。已上皆據臣子與君父言語之時。此據不言之時。【注】釋曰。鄭言伺其行起者。行解經立。行由立始。故以行解立。是以論語云。立不中門。鄭云。立行不當棖闑之中央。是亦以行解立一也。又以起解坐。以其起由坐始故也。

○凡侍坐於君子。君子欠伸。問日之早晏。以食具告。改

與士疑當有今字

居則請退可也【注】君子謂卿大夫及國中賢者也志倦則欠體倦則伸問日晏近於久也具猶辨也改居謂自變動也古文伸作信早作蚤【音義】坐才臥反又如字欠起劒反伸音申辨音辯蚤音早【疏】釋曰此陳侍坐於君子之法【注】釋曰鄭云君子謂卿大夫者禮之通例大夫得稱君子亦得稱貴人而士賤不得也知及國中賢者者鄉射禮云徵唯所欲以告於鄉先生君子可也鄭云鄉先生鄉大夫致仕者君子有大德行不仕者則曲禮云博聞强識而讓敦善行而不怠謂之君子是也云志倦則欠體倦則伸者鄭注曲禮亦然云古文伸作信早作蚤者此二字古通用故大宗伯云矦執伸圭爲信字詩云一之日其蚤獻羔祭韭爲蚤字既通用疊古文者據字體非直從今爲正亦得通用之義也

夜侍坐問夜膳葷請退可也【注】問夜問其時數也膳葷謂食之葷辛物葱薤之屬食之以止臥古文葷作薰【音義】葷香云反薤戶界反【疏】

閩本依正文有早字宋同監本毛本皆作辯

士大夫侍飲食于君

注釋曰云問夜問其時數也者謂若鍾鼓漏刻之數也云古文葷作薰者玉藻云膳於君有葷桃茢作此葷鄭注論語作焄義亦通若作薰則春秋一薰一蕕薰香草也非葷辛之字故疊古文不從也○若君賜之食則君祭先飯徧嘗膳飲而俟君命之食然後食注君祭先飯食其祭食臣先飯示爲君嘗食也此謂君與之禮食膳謂進庶羞既嘗庶羞則飲俟君之徧嘗也今文呫嘗膳 音義 飯扶晚反呫音貼他篋反穀梁末嘗有呫血之盟呫嘗也劉當密反 疏釋曰此經及下經論臣侍君坐得賜食之法注釋曰鄭云先飯示爲君嘗食也者凡君將食必有膳宰進食則膳宰嘗君前之食備火齊不得下文是也今此文謂膳宰不在則侍食者自嘗自己前食既不嘗君前食則不正嘗食故云示爲君嘗食也云此謂君與之禮食者謂君與臣小禮食法仍非正禮食正禮食則公食大夫是也彼君前無食此君臣俱有食故知小小禮食此卽玉藻云若賜之食而君客之則命之祭然後祭彼云客之則

教本食其作謂君宋本食作於監本州進字

此注禮食亦不得祭故一也但此文不云客之命之祭然後祭文不具也若臣嘗食不得云禮食亦不得祭故鄭注玉藻云侍食則正不祭是也

若有將食者則俟君之食然後食【注】將食猶進食謂膳宰也膳宰進食則臣不嘗食周禮膳夫授祭品嘗食王乃食【疏】【注】釋曰云膳宰進食則臣不嘗食者臣爲君嘗食本爲膳宰不在今膳宰既在明臣不嘗食也是以玉藻云若有嘗羞者則俟君之食然後食飯飲而俟注云不祭侍食不敢備禮也不嘗羞膳宰存也是也云膳夫者天子膳夫則諸侯之膳宰引之者證經將食之人是膳宰因將膳與君品嘗食凡君食臣有侍食之時唯子不侍食是以文王世子云命膳宰曰末有原應曰諾然後退是太子不侍食若卿大夫以下則有侍食法故內則云父没母存冢子御食羣子婦佐餕是也

若君賜之爵則下席再拜稽首受爵升席祭卒爵而俟君卒爵然後授虛爵【注】受爵者於尊所至於授爵坐授人耳必俟

君卒爵者若欲其釂然也。今文曰若賜之爵無君也。【音義】釂子召反。【疏】【注】釋曰云受爵者於尊所者曲禮亦是賜爵於授爵坐授人耳者見曲禮與玉藻幷此文竝無立授之文故知坐授也云必俟君卒爵者若欲其釂然也者此經文與玉藻文同皆燕而君客之賜爵法故臣先飲以酒是甘味欲美君之味故先飲必待君卒爵而後授虛爵者臣意若欲君盡爵然也案曲禮云侍飲於長者酒進則起拜受於尊所長者辭少者反席而飲長者舉未釂少者不敢飲彼是大燕飲禮故鄭注引燕禮曰公卒爵而後飲案燕禮當無筭爵後得君賜爵待君卒爵乃飲是也。

退坐取屨隱辟而后屨君爲之興則曰君無爲興臣不敢辭君若降送之則不敢顧辭遂出【注】謂君若食之飲之而退也隱辟俛而逡遁興起也辭君興而不敢辭其降於已大崇不敢當也【音義】辟音避劉房益反一匹亦反爲于僞反

此下二條當合上文不必以圈隔之

先生異爵者請見士

反。俛音免。逡七【疏】【注】釋曰。云謂君若食之飲之而退也
句反。遁音巡。者。以上云若君賜之食若君賜之爵
下而云退者。明為此二者而退也。云隱辟俛而逡巡者。
案曲禮云。鄉長者而屨。此亦當然。云不敢辭其降者。謂
君降送時。明有不降法。故曲禮云。就屨跪而舉
之。屏於側。注云。謂獨退也。云若者。不定之辭也。大夫則
辭退下比及門三辭【注】下亦降也。【音義】比，毗志反。【疏】釋曰。云大夫則
辭退下者。對上不敢辭是士。士卑不敢辭降。大
夫之內兼三卿五大夫。臣中尊者。故得辭降也。○若先
生異爵者請見之則辭辭不得命則曰某無以見辭不
得命將走見先見之【注】先生。致仕者也。異爵。謂卿大夫
也。辭。辭其自降而來。走。猶出也。先見之者。出先拜也。曲
禮曰。主人敬賓則先拜賓。【疏】【注】釋曰。此先生。即鄉飲酒
云就先生而謀賓介。亦一
也。故彼注與此注皆云致仕者也。云異爵謂卿大夫也
者。此士相見本文是士。故以卿大夫為異爵也。訓走為

稱於他邦之辭

出者。亦謂士見異爵。取急意而言走。其實非走。直出也。引曲禮者。欲見主敬客先拜也。彼云客。此云賓者。對文賓客異。散文賓客通。故變文云賓也。○非以君命使則不稱寡。大夫士則曰寡君之老。【注】謂擯贊者辭也。不稱寡君。不言寡君之某。言姓名而已。大夫卿士。其使則皆曰寡君之某。檀弓曰。仕而未有祿者。君有饋焉曰獻。使焉曰寡君之老。【音義】使。所吏反。【疏】釋曰。云非以君命使則不稱寡者。此則玉藻云。大夫私事使。私人擯則稱名。以其非聘問之禮。則爲私事使私人擯也。聘禮云。若有言。則以束帛如享禮。引春秋晉侯使韓穿來言汶陽之田歸於齊。玉藻注亦引之。是也。【注】釋曰。鄭云謂擯贊者辭也者。以玉藻自諸侯之於天子以下至大夫皆云擯者曰。故知不自稱。是擯贊之辭也。云其使則皆曰寡君之某者。釋經大夫士則曰寡君之老。爲公事使者也。此則玉藻云。公士擯。則曰寡大夫寡君之老。大夫有所往。必與公士爲賓。亦一也。彼注云。謂聘也。大聘使上大夫。小聘使下大

盛以則不稱寡大夫爲句下云公士擯從玉藻但不與注疏合

盛云則曰寡君之某句疑衍否則當云下大夫曰寡大夫上大夫曰寡君之老

執幣士之儀

夫則曰寡君之某。故鄭總云某也者。然經直云大夫。鄭兼云士者。經本文是士。則云非以君命使。可以兼士也。但士無特聘問。或作介往他國。亦有稱謂。而云寡君之士某也。云檀弓曰仕而未有祿者。謂試爲大夫。士直有試功之祿。未有正祿。云君有餽焉曰獻者。謂有餽物于君與有正祿者同稱獻。云使焉曰寡君之老者。於他國君邊自稱寡君之某。此文亦兼士大夫。引之者。證公事使稱寡君之某也。○**凡執幣者不趨。容彌蹙以爲儀。**【注】不趨。主慎也。以進而益恭爲威儀耳。今文無容。【疏】釋曰。案小行人合六幣。玉馬皮圭璧帛皆稱幣。下文別云執玉。則此幣謂皮馬享幣及禽摯皆是。【注】釋曰。凡趨有二種。有疾趨。行而張足曰趨。是也。有徐趨。則下文舒武舉前曳踵是也。今此經云不趨者。不爲疾趨。故云主慎也。既不云疾趨。又不爲下文徐趨。但徐疾之間爲之。故以進而益恭爲威儀也。

執玉者則唯舒武。舉前曳踵。【注】唯舒者。重玉器。尤慎也。武。迹也。舉前曳踵。備躓跲也。今文無者。古文曳作抴。【音】

自稱於君

[音義]贉，諸勇反。贉音致。跲，其業反。劉居業反。抴，以制反。劉音泄。[疏]釋曰：此篇直見在國以脅摯相見之禮，無執玉朝聘鄰國之事，而云執玉者，因執摯相見，故兼言朝聘執玉之禮也。案玉藻記徐趨之節，云圈豚行，又與此不同者，文有詳略，俱是徐趨也。[注]釋曰：云唯舒者，重玉器尤慎也者，案玉藻云執龜玉不趨，不趨者，不爲疾趨。又曲禮云凡執主器，執輕如不克，故爲重玉器尤慎也。云備贉跲也者，贉跲則顚倒，恐損玉，故徐趨也。○

凡自稱於君，士大夫則曰下臣。宅者在邦則曰市井之臣，在野則曰草茅之臣，庶人則曰刺草之臣。他國之人則曰外臣。[注]宅者，謂致仕者，去官而居宅，或在國中，或在野。周禮載師之職，以宅田任近郊之地。今文宅或爲託，古文茅作苗。刺猶剗除也。[音義]刺，七亦反，劉此歷反。剗，初限反，劉測展反。

[疏]釋曰：云凡自稱於君士大夫則曰下臣者，此與君言之時。案玉藻云上大夫曰下臣，與此同也。[注]釋曰：此

宋本今文在末　監本顚

亦自稱於君。以其致仕不在。故指宅而言。故云宅者謂致仕者也。云或在國中或在野者。案爾雅。郊外曰野。則自郊至畿五百里內皆名野。又案鄉大夫職。國中七尺。野自六尺。此亦云在國在野相對。其言國外則云野。國內則云宅。在野者城外畿內皆是也。云載師之職者。彼鄭注云宅田。致仕者之家所受田也。引之。證彼言宅田據地。此言宅據所居。一也。云刺猶剗除也者。案詩有其鎛斯趙。注云。鎛刺也。故以刺爲剗除草木者也。

疑國內則云邦

經七百五十三字

注一千六百八十九字

乾隆四年校刊

儀禮注疏卷三

儀禮注疏卷三考證

贄冬用雉夏用腒○贄字石經作摯釋文及敖本皆作贄他本多錯出者

若常爲臣者○常石經及敖本作嘗

擯者對曰注還贄者請使受之○監本此句下有今按某也蓋主人之名九字係本朱子通解中語未可攙入注疏今去之

若不得則正方不疑君○敖繼公云疑音擬臣紱按此與檀弓使西河之民疑女於夫子疑字略同俱可作擬字解

與衆言言忠信慈祥○敖繼公云大戴記注引此無忠信字蓋後人因下文言忠信而誤衍之

凡侍坐於君子注具猶辦也○辦監本作辯釋文作辦

臣紘按康成注周官儀禮凡辦具之辦皆作辨無從力者蓋漢時未有辦字唯一字而兩用之

執玉者則唯舒武舉前曳踵○注疏讀舒字爲句朱子則以舒武爲句

宋本注唯舒下元有武字丙申三月二十日閱

儀禮注疏卷三考證

注雖破其文解之未可即以爲如是句也若疏則於凡執幣下明以舒武連讀是朱未細考

謀賓介

儀禮注疏卷四

漢鄭氏注　唐陸德明音義　賈公彥疏

鄉飲酒禮第四

鄉飲酒之禮○主人就先生而謀賓介【注】主人謂諸侯之鄉大夫也先生鄉中致仕者賓介處士賢者周禮大司徒之職以鄉三物教萬民而賓興之一曰六德知仁聖義忠和二曰六行孝友睦婣任恤三曰六藝禮樂射御書數鄉大夫以正月之吉受灋于司徒退而頒之于其鄉吏使各以教其所治以考其德行察其道藝及三年大比而興賢者能者鄉老及鄉大夫帥其吏與其衆

寡。以禮禮賓之。厥明。獻。獻賢能之書於王。是禮乃三年正月而一行也。諸侯之鄉大夫貢士於其君。蓋如此云。古者年七十而致仕。老於鄉里。大夫名曰父師。士名曰少師。而教學焉。恆知鄉人之賢者。是以大夫就而謀之。賢者爲賓。其次爲介。又其次爲衆賓。而與之飲酒。是亦將獻之。以禮禮賓之也。今郡國十月行此飲酒禮。以黨正每歲邦索鬼神而祭祀。則以禮屬民而飲酒于序。以正齒位之說。然。此篇無正齒位之事焉。凡鄉黨飲酒。必於民聚之時。欲其見化。知尚賢尊長也。孟子曰。天下有達尊三。爵也。德也。齒也。【音義】介。音界。知。音智。行。下孟反。頒音班。比。毗志反。少。詩照反。索。

蓋下疏有亦字

監毛皆作法下同

色白反。屬音燭。長丁丈反。【疏】釋曰。自此至介亦如之。論鄉大夫與先生謀賓介。并戒告之儀。主人就先生而謀賓介者。謂鄉大夫尊敬之。先就庠學者若先生。謀此二人。道藝優者爲賓。稍劣者爲介。【注】釋曰。云賓介處士賢者。案玉藻云。大夫素帶。士練帶。居士錦帶。弟子縞帶。鄭君以居士在士之下。弟子之上。解爲道藝處士。非朝廷之士。此處士亦名君子。卽鄉射禮云。徵唯所欲。以告於先生君子可也。鄭亦云。君子有大德行不仕者。以其未仕。有德自處。故名處士。君子也。云賢者。義取鄉大夫之興賢能者而言也。云周禮至書數。並大司徒職文。故彼鄭注云。物猶事也。興猶舉也。民三事教成。鄉大夫舉其賢者能者。以飲酒之禮賓客之。既則獻其書於王矣。知明於事。仁愛人以及物。聖通而先識。義能斷時宜。忠言以中心。和不剛不柔。善於父母爲孝。善於兄弟爲友。睦親於九族。婣親於外親。任信於友道。恤振憂貧者。禮五禮之義。樂六樂之歌舞。射五射之灋。御五御之節。書六書之品。數九數之計也。引此天子司徒者。欲見諸侯司徒。亦使鄉大夫教民以三物教成之。使鄉大夫行鄉飲酒之禮。尊之爲賓客。與舉之也。云鄉大夫已下至於王。並周禮地官鄉大夫職文。云正月之吉。謂周之正月

舊本名　故字衍　監無也字

朔日也云受灋于司徒者謂六鄉大夫皆於大司徒處
受三物教民賓舉之灋也云退而頒之于其鄉吏使各
以教其所治者吏即州長黨正族師閭胥之等是也云
以考其德行察其道藝者德行即六德六行道藝正謂
民中有道藝者考察知其優者擬舉之也云及三年大
比而與賢者能者大比謂三年大案比戶口之時而與
舉之賢者即德行者也能者即道藝者也云鄉老謂三
公二鄉公一人云及鄉大夫帥其吏者即帥其鄉吏州
長已下云與其衆寡者即鄉中之人也云以禮禮賓之
者以鄉飲酒之禮禮而賓舉之也云厥明獻賢能之書
於王者今日行鄉飲酒之禮至其明日獻此賢能之書
于王王再拜而受之登于天府也云是禮乃三年正月
而一行也者欲見彼是天子鄉大夫灋諸侯鄉大夫無
文以此約之故云諸侯之鄉大夫貢士於其君蓋亦如
此云但無正文故云蓋以疑之也云古者年七十至學
焉案略說云大夫七十而致仕老於鄉里名曰父師士
曰少師以教鄉人子弟於門塾之基而教之學焉是也
云賢者爲賓其次爲介又其次爲衆賓而與之飲酒是
亦將獻之以禮禮賓之也者謂據此經諸侯鄉大夫貢
士之灋亦如天子之鄉大夫貢灋故云亦也若據鄉貢

一人其介與眾賓不貢之矣但立介與眾賓輔賓行鄉飲酒之禮待後年還以貢之耳案射義云古者天子之制諸侯歲獻貢士注引舊說大國三人次國二人小國一人大國三卿次國二卿小國一卿所貢之士與鄉同則鄉遂一人至君所其國有遂數亦同其鄉并有公邑采地皆有賢能貢之而貢士與鄉數同不言遂與公邑采地所貢者蓋當鄉遂一人至君所君又總校德之大小取以貢之縱取鄉外仍准鄉數爲定鄉大夫雖行飲酒禮賓之于其君簡訖仍更行飲酒禮賓之於王是易觀與而不薦鄭注云諸侯貢士於天子卿大夫貢士於其君必以禮賓之唯主人盥而獻賓賓盥而酢主人設薦俎則弟子也是鄉大夫及諸侯貢士皆行飲酒禮禮賓也云今郡國至之說然者鄭欲解此鄉飲酒貢士處彼漢時所行飲酒禮者是正齒位與此不同之意漢時已罷諸侯之國而爲郡郡有太守而封王子母弟者仍爲國故云郡國也云十月行此飲酒禮者謂行此鄉飲酒禮也云以黨正每歲邦索鬼神而祭祀者則禮記郊特牲云蜡者索也歲十二月合聚萬物而索饗之周謂之十二月即夏之十月農功畢而蜡祭也云則以禮屬民而飲酒于序以正齒位者屬聚也謂當蜡祭之月黨

正聚民於序學中，以三時務農，將闕於禮。此時農隙，故行正齒位之禮。則禮記鄉飲酒義云六十者坐，五十者立侍。六十者三豆，七十者四豆，八十者五豆，九十者六豆。年長者在上。是正齒位之位也。云之說然者，漢時十月飲酒禮取此黨正之文而然，與此篇鄉飲酒禮異也。云此篇無正齒位焉者，以其此篇以德行爲本而貢之，無黨正正齒位禮也。云凡鄉黨飲酒必於民聚之時者，此鄉飲酒必於三年大比民聚之時，黨正鄉飲酒亦於大蜡民聚之時也。云皆欲其見化知尚賢尊長也者，尚賢據此篇鄉飲酒，尊長據黨正鄉飲酒也。但黨正飲酒，以鄉大夫臨觀行禮，或鄉大夫居黨內，則亦名鄉飲酒也。云孟子者，孟子公孫丑篇齊王召孟子，不肯朝，後不得已而朝之，宿於大夫景丑氏之家。景子譏之曰：禮云父召無諾，君命召不俟駕。而行固將朝矣，聞君命而遂不果，宜與夫禮若不相似然。對曰：天下有達尊三，爵一，德一，齒一。朝廷莫如爵，鄉黨莫如齒，輔世長民莫如德，惡得有其一以慢其二哉？是也。引之者，證鄉大夫飲酒是尚德也，黨正飲酒是尚齒也，爵則於此無所當，連引之耳。○主人戒賓，賓拜辱，主人答拜，乃請賓，賓禮辭，許。主

之位當作之法下有正齒位法之語

人再拜，賓答拜。【注】戒，警也，告也。拜辱，出拜其自屈辱至己門也。請，告以其所爲來之事。不固辭者，素所有志。【音】【義】警音景。爲，于僞反。【疏】【注】釋曰：云"拜辱，出拜其自屈辱至己門也"者，知賓出門者，見冠禮主人宿賓，賓出門左。鄉射戒賓亦出門，故知此亦出門。云"所爲來之事"者，謂行鄉飲酒之禮也。云"不固辭者，素所有志"者，不如士相見固辭，此禮辭即許者，以其主人與先生謀時，賓已知欲貢己，又賓以學習德業，擬爲賓，主情意相許，是以不固辭爲素有志也。案冠禮，主人先拜，賓答拜，此賓先拜，主人答拜者，彼冠禮主人戒同寮，同寮尊，又使之加冠於子，尊重之，故主人先拜。此則鄉大夫尊矣，賓是鄉人卑矣，又將貢己，宜尊敬主人，故賓先拜辱也。是以下文云"賓拜辱"者，以送謝之也。

主人退，賓拜辱。【注】退，猶去也。去又拜辱者，以送謝之。

介亦如之。【注】如戒賓也。【疏】【注】釋曰：言"如戒賓"者，亦如上主人戒賓已下，賓拜辱已上之事。謀賓介及戒亦言賓介，竟不言衆賓，衆賓德劣。但謀介時雖不言衆賓，亦當謀之。故上注兼言其次爲衆賓。至於戒速之日。必當遣人戒速使知。但略而不言。故下云賓及衆賓皆從之。是也。鄉飲酒義云。主人親速賓及介而衆賓自從之。亦據不得主人戒速而爲自從也。○乃席賓主人介。注 席。敷席也。夙興往戒。歸而敷席。賓席牖前南面。主人席阼階上西面。介席西階上東面。音義 敷。音孚。牖。音酉。

疏 注釋曰。知夙興往戒歸而敷席不別日者。下記云。鄉朝服而謀賓介。皆使能而不宿戒。是同日也。鄭知賓介與主人位如此者。案鄉飲酒義云。主人者尊賓。故坐賓於西北。而坐介於西南以輔賓。賓者接人以義者也。故坐於西北。主人者接人以仁以德厚者也。故坐於東南。而坐僎於東北以輔主人也。又云。賓必南鄉。介必東鄉。介賓主也。鄉射云。乃席賓南面。席主人于阼階上西面。以此故知賓主及介其位然也。

衆賓之席皆不屬焉。注 席衆賓於賓席之西。不屬者。不相續也。皆獨坐。明其德各特。疏 注釋曰。鄭知衆賓席在賓席之西者。見鄉射云。席賓南面東上。

衆賓之席繼而西。此衆賓之席亦當然。但此不屬爲異耳。云皆獨坐明其德各特者。鄉射注云。言繼者。甫欲習衆。庶未有所殊別。此乃特貢於君。故衆賓之席皆不屬焉。明三物已久。其德各特。故不屬續其席。雖不屬。猶統賓爲位。同南面也。

尊兩壺于房戶間。斯禁。有玄酒在西。設篚于禁南東肆。加二勺于兩壺。

注 斯禁。禁切地無足者。玄酒在西上也。肆陳也。

音義 斯如字。又音賜。勺上灼反。

疏 釋曰。凡設尊之法。但醴尊見其質。皆在房內。故士冠禮禮子。昏禮禮婦。醴皆在房隱處。若然。聘禮禮賓尊於東廂。不在房者。見尊欲與卑者爲禮相變之灋。設酒之尊。皆於顯處見其文。是以此及燕子與鄉射特牲少牢有司徹皆在房戶之間是也。燕禮大射尊在東楹之西者。君尊專大惠也。云設篚于禁南東肆者。言東肆。以頭首爲記。從西向東爲肆。則大頭在西也。注 釋曰。云斯禁。禁切地無足者。斯。澌也。澌盡之名。故知切地無足。昏禮冠禮皆云禁者。士禮以禁戒爲名。卿大夫士並有禁名。故鄭以大夫士雙言也。是以玉藻云。大夫側尊用棜。士側尊用禁。注云。棜斯禁也。大夫士

其實不用四字或刪去

禮之異也。禮器云。大夫士棜斯禁也。謂之棜者。無足有似於棜。或因名云耳。大夫用斯禁。士用棜禁。然則禁是定名。言棜者是其義稱。故禮器大夫士總名爲棜禁。案特牲禮云。實獸於棜。注云。棜之制如今大木轝矣。則棜是轝。非承尊之物。以斯禁無足似轝。故世人名爲棜。若然。周公制禮。少牢名爲棜。則以周公爲世人。或有本無世人字者。以少牢不名斯禁。謂之爲棜。取不爲酒戒。特牲云。壺禁在東序。記云。壺棜禁。饌于東序。注云。禁言棜者。祭尚厭飫。得與大夫同器。不爲神戒也。其實不用。云棜禁不敢與大夫同名斯禁。作記解注。故云士用棜禁。明與少牢棜同也。若然。士之棜禁。大夫之斯禁。名雖異。其形同。是以禮器同名棜禁也。其餘士冠昏禮禮賓用醴不飲。故無禁。不爲酒戒。若天子諸侯承尊之物謂之豐。上有舟。是尊與卑異號也。設洗于阼階東南。南北以堂深。東西當東榮。水在洗東。篚在洗西。南肆。【注】榮。屋翼。【音義】深。申鳩反。後皆放此。更不音。【疏】釋曰。云南北以堂深者。堂深謂從堂廉北至房屋之壁。堂下洗。北去堂遠近深淺。取於堂上深淺。假令堂深三丈。洗亦去堂三丈。以此爲

東榮如字劉音營禮內皆放此

以斯禁監作以禁與斯禁

速賓介
敎本注末有著之者下
以爲節似意增

度。注釋曰。云榮屋翼者。榮在屋棟兩頭。與屋爲翼。若鳥之有翼。故斯干詩美宣王之室云。如鳥斯革。如翬斯飛。與屋爲榮。故云榮也。○羹定注肉謂之羹。定猶孰也。音義定丁佞反疏

注釋曰。云肉謂之羹者。爾雅文。言肉。正謂其狗。孰云定者。孰郎定止。然。故以定言之。言此者。以與速賓時節爲限。不敢煩勞賓。故限之也。主人速賓。賓拜辱。主人荅拜。還。賓拜辱。注

速。召也。還。猶退。疏釋曰。自此至皆從之。論主人往賓門召之使來之事。案鄉射云。主人朝服乃速賓。賓朝服出迎。再拜。彼云乃速賓。此不云主人乃者。彼戒速別服。故云乃以間之。此戒速雖與彼同。但此戒速同服。故不云乃。云主人荅拜。還。賓拜辱。案聘禮云。賓入境。至近郊。使下大夫至賓館。下大夫遂以賓入。賓送不拜。又公食大夫禮。使大夫戒賓。大夫還。賓不拜送。遂從之。鄭注云。不拜送者。爲從之不終事。皆不拜送。此獨拜送者。亦是鄉大夫尊。賓卑。又擬貢。故特拜辱而送之。異於餘者。介亦如之。注如速賓也。賓及眾賓皆從之。注從。猶隨也。言及眾賓。介亦在其

賓下當有已字

迎賓拜至

中矣。【疏】【注】釋曰：鄭云言及衆賓介亦在其中矣者，上賓戒及速皆言賓與介，不言衆賓，及從主人來，則言賓及衆賓。衆賓不戒不速，尚從主人，則介在從主人可知也。○主人一相，迎于門外。再拜賓，賓答拜。拜介，介答拜。【注】相，主人之吏擯贊傳命者。【音義】相，息亮反。傳，丈專反。【疏】釋曰：自此至答再拜，論主人迎賓入升堂拜至之事。云主人一相迎于門外者，謂主人於羣吏中立一相，使傳賓主之命。主人乃自出迎賓於大門外。【注】釋曰：必立一相迎賓者，案鄉飲酒義云：主人拜迎賓于庠門之外。明主人自迎。若然，主人輒言一相者，欲見使一相傳命乃迎，故云相主人之吏擯贊傳命者也。若然，士相見注：異日則拜迎。同日不拜迎者，彼以摯相見，瀆此自以賓舉賢能，故與彼異也。揖衆賓。【注】差益卑也。拜介揖衆賓，皆西南面。【疏】【注】釋曰：云差益卑者，以上文主人迎賓而拜，介是介差卑於賓，今於衆賓不拜，直揖之而已，故云差益卑也。知拜介揖衆賓皆西南面者，以其賓介衆賓立位在門外，位以北為上，主人與賓正東西相當，則介與衆賓差在南東，面。明知主人正西面拜賓。則側身向西南拜介揖衆賓矣。主人揖。先入。【注】揖。揖賓也。先入門而西面。【疏】【注】釋曰。此鄉大夫行鄉飲酒在庠學。唯有一門。即向階門內既有三揖。故主人導賓。揖而先入門。至內霤西向待賓也。賓厭介入門左。介厭衆賓入。衆賓皆入門左。北上。【注】皆入門西。東面。賓之屬相厭。變於主人也。推手曰揖。引手曰厭。今文皆作揖。又曰衆賓皆入左。無門。【音義】厭。於涉反。【疏】【注】釋曰。主人入後。賓乃厭介。介厭衆賓。相隨入門。皆東面北上。定位。賓既北上。主人西面。相向揖訖。乃相背各向堂塗。介與衆賓亦隨賓至西階下也。云賓之屬相厭變於主人也者。以賓與介衆賓等自用引手而入。故不揖。是變於主人也。云推手曰揖引手曰厭者。厭字或作撎字者。古字義亦通也。云推手曰揖者。案周禮司儀云。土揖庶姓。時揖異姓。天揖同姓。鄭以推手小下之爲土揖。平推手爲時揖。推手小舉之爲天揖。皆以推手爲揖。又案僖二年公羊傳。荀息進曰。虞郭見與。獻公揖而進之。何休

主人獻賓

云以手通指曰揖與此別者推手解其揖狀通指道其揖意也鄭則解揖體何氏釋其揖意相兼乃足也云引手曰厭者以手向身引之云今文皆作揖者鄭不從也云又曰衆賓皆入左無門亦不從也主人與賓三揖至于階三讓主人升賓升主人阼階上當楣北面再拜賓西階上當楣北面答拜【注】三揖者將進揖當陳揖當碑揖楣前梁也復拜拜賓至此堂尊之【音義】楣亡悲反復扶又反【疏】釋曰云三讓主人升者主人先升賓後升故鄉射云主人升一等賓升是也【注】釋曰云三揖者將進揖當陳揖當碑揖者爾雅陳堂塗也云楣前梁也者對後梁爲室戶上云復拜拜賓至此堂尊之者案公食禮云公升二等賓升公當楣北鄉至再拜燕禮大射皆云主人升自西階賓右至再拜鄉飲酒義亦云拜至拜洗此不云至者略之是知此升堂拜亦是拜至可知凡拜至者皆是尊之也○主人坐取爵于篚降洗【注】將獻賓也【疏】釋曰自此至主人阼階上答拜論主人盥洗獻賓之

節也。云主人坐取爵于篚者，篚在堂上尊南，故取之乃降也。賓降。注從主人也。主人坐奠爵于階前辭。注重以己事煩賓也。事同曰讓，事異曰辭。疏注釋曰：主人獻賓，乃是主人事，故云重以己事煩賓也。云事同曰讓，事異曰辭者，事同謂若上文主人與賓俱升階而云三讓是也。事異若此文主人有事，賓無事，是事異則曰辭。此對文爲義，若散文則通。是以周禮司儀云：主君郊勞，交擯三辭，車逆拜辱，三揖三辭拜受。注云：三辭重者，先辭辭其以禮來於外，後辭辭升堂。事同而云辭，是其通也。賓對。注對，答也。賓主之辭未聞。疏釋曰：其辭未聞者，謂若冠禮醮辭之等，雖行事辭不見於後，以次見辭，此則無見辭之事，故云未聞也。主人坐取爵興，適洗，南面坐奠爵于篚下，盥洗。注已盥乃洗爵，致潔敬也。今文無奠。疏注釋曰：案鄉飲酒義云：主人盥洗揚觶，所以致潔也。拜至拜洗，拜受拜送，所以致敬也。此經先言盥，次言洗，則盥手乃洗爵者，所以致潔。鄭取鄉飲酒義爲言也。若然，盥手洗

監本有篚下篚南四字

浦云案下經至位在北者一段係朱子案語

爵。止是致潔。拜受之等。乃是致敬言敬者。鄭注兼拜至拜受而言耳。賓進東北面辭洗。【注】必進東行。示情。【疏】【注】釋曰。案下經云。賓復位當西序東面。注云。言復位者。明始降時位在此。案鄉射賓進東北面辭洗。彼注云。必進者。方辭洗宜違其位也。言東北面則位南於洗矣。是其賓初降位在于序南東鄉。至於主人洗爵。乃東行。故此得北面辭洗也。云示情者。賓進前就主人。示謙下主人之情也。主人坐奠爵于篚。興。對。賓復位。當西序東面。【注】言復位者。明始降時位在此。【疏】釋曰。上經奠爵于階前者。主人未洗。見賓降即奠爵於階前奠爵。此既至洗將洗爵。見賓辭。故奠爵於篚興對。故不同也。【注】釋曰。云言復位者。明始降時位在此者。上始降時直云賓降。不言處所。於此見之。是舉下以明上之義也。主人坐取爵沃洗者西北面。【注】沃洗者。主人之羣吏。【疏】【注】釋曰。知主人羣吏者。下記云。主人之贊者西面北上。不與。注云。贊佐也。謂主人之屬佐助主人之禮事。徹冪沃盥設薦俎是也。卒洗主人壹揖

毛有者字 其賓盥毛 其實

乞監毛皆作乞、笨釋文作魚乞反

壹讓升【注】俱升。古文壹作一。【疏】【注】釋曰：知俱升者，鄉射以賓升，明俱升可知。若然，上文主人先升，賓乃升者，以初至之時，賓客之道進宜難，故主人升導之。至此以辭讓訖，故略威儀而俱升也。賓拜洗。主人坐奠爵，遂拜，降盥。【注】復盥爲手坋汙。【音義】爲，于僞反。坋，步困反。【疏】釋曰：言奠爵遂拜者，因事曰遂。是以燕禮云：賓受酬，坐祭酒，遂奠于薦東。注云：遂者，因坐而奠，不北面。是其類也。凡賓主行事相報皆言荅，此不言荅，省文也。賓降。主人辭。賓對，復位，當西序。卒盥，揖讓升。賓西階上疑立。【注】疑讀爲仡然從於趙盾之仡。疑，正立自定之貌。【音義】疑，魚乞反，後疑立皆倣此。盾，徒本反。【疏】釋曰：言揖讓升，不言一揖一讓，從上可知。【注】釋曰：云疑讀爲仡然從於趙盾之仡，疑正立自定之貌者，案宣六年公羊傳云：晉靈公欲殺趙盾，於是伏甲于宮中，召趙盾而食之。趙盾之車右祁彌明者，國之力士也，仡然從乎趙盾而入，放乎堂下而立。何休云：仡然，壯勇貌。鄭氏以仡然從乎趙盾而入，放乎堂下而立。不取何休注義。以鄉射注云，疑，止也。有矜莊之色，自定。其義不殊，字義與何少異也。

主人坐取爵，實之賓之席前，西北面獻賓。注 獻，進也。進酒於賓。疏 釋曰：云西北面者，賓在西階北面，將就席受，故西北面向其席故也。

賓西階上拜。主人少退。注 少退，少避。音義 辟音避。

賓進受爵以復位。

主人阼階上拜送爵，賓少退。注 復位，復西階上位。疏 釋曰：云賓進者，以賓西階上疑立，今見主人西北面獻於己席前，故賓進將於席前受之故也。案鄉射云：賓進受爵於席前，復位。此不言席前，文不具也。

薦脯醢。注 薦，進也。進之者，主人有司。疏 注釋曰：知非主人自薦者，案昏禮禮賓，贊者薦脯醢；周禮膳夫薦脯醢，皆非主人，故知此亦非主人，是有司也。

賓升席自西方。注 升由下也。升必中席。疏 注釋曰：案曲禮云：席南鄉北鄉，以西方為上。今升席自西方，云升由下者，以賓統於主人，以東方為上，故以西方為升，由下也。乃設折俎。【注】牲體枝解節折在俎。【音義】折，之設反。【疏】【注】釋曰。凡解牲體之灋。有全烝。其豚解爲二十一體。體解。即此折俎是也。是以下有賓俎脊脅肩。介俎脊脅肫胳。是體解也。

主人作階東疑立。賓坐左執爵。祭脯醢。【注】坐。坐於席。祭脯醢者以右手。【疏】【注】釋曰。知賓坐坐於席上者。上文賓升席。下文降席。故知此坐在席可知。云祭脯醢者以右手者。此經左執爵。明祭用右手。是以鄉射亦云右祭脯醢。

奠爵于薦西。興。右手取肺。卻左手執本。坐。弗繚。右絕末以祭。尚左手。嚌之。興。加于俎。【注】興。起也。肺離之本。端厚大者。繚猶紾也。大夫以上威儀多。紾絕之。尚左手者。明垂紾之。乃絕其末。嚌。嘗也。【音義】繚音了。嚌。才計反。紾音軫。上。時掌反。【疏】釋曰。奠爵於薦右者。爲取肺奠之。將舉。故奠於右。禮記少儀云。取俎進俎不坐。是以取時奠爵興。至加于俎又興也。【注】釋曰。云肺離之本端厚大者。此是

乾隆四年校刊　　儀禮注疏卷四　鄉飲酒禮

文弨疑當如此

松崖云如疏則弗繚弗字衍愚謂大夫以上繚而絕之大夫以下絕而弗繚案鄉射禮取肺坐絕祭注云卻左手執本右手絕末以祭亦弗繚也故不言繚

拭也下教有拭以巾挩手為絕肺染汙也十一字

通志堂本作始銳反監毛作始兌反

舉肺刌者。本謂根本。肺之大端。故云厚大。云繚猶紾也者。弗繚卽弗紾。一也。云大夫以上威儀多者。此鄉飲酒大夫禮。故云繚祭。鄉射士禮。云絕祭。但云繚必兼絕。言絕不得兼繚。是以此經云繚兼言絕也。言大夫以上則天子諸侯亦繚絕兼有。但禮篇亡。無以知也。案周禮大祝云辨九祭。七曰絕祭。八曰繚祭。注云。繚祭。以手從肺本循之至于末。乃絕以祭。絕祭。不循其本。直絕以祭。本同。禮多者繚之。禮略者絕則祭之。亦據此與鄉射而言也。大夫已上為繚祭。燕禮大射。雖諸侯禮。以賓皆大夫為之。臣在君前。故不為繚祭。皆為絕祭也。云嚌嘗也者。嚌至齒則嘗之也。

坐挩手。遂祭酒。【注】挩。拭也。古文挩作說。【音義】挩。始銳反【疏】釋曰。案內則事佩之中有帨。則賓客自有挩巾以拭手也。因事曰遂。坐挩手。因坐祭酒。故云遂也。案鄉射坐挩手執爵遂祭。此不言執爵。省文也。

興。席末坐啐酒。【注】啐亦嘗也。【音義】啐。七內反【疏】釋曰。言席末。謂於席之尾。故云末。鄉飲酒義云。祭薦祭酒。敬禮也。嚌肺。嘗禮也。啐酒。成禮也。於席末。言是席之正。非專為飲食也。既所以貴禮而賤財也。注云。祭薦祭酒嚌肺於席中。唯啐酒於席

儀禮注疏卷四　十

賓酢主人

末是也。啐酒於席末者，酒是財，賤財之義也。[注]釋曰：云啐亦嘗者，亦前肺云嚌，是至齒爲嘗。此酒云啐，謂入口爲嘗。雖至齒入口不同，皆是嘗也。又肺於前用之，不得言成禮；酒後乃用，故云成禮，異於肺也。降席坐奠爵，拜，告旨，執爵興。主人阼階上答拜。[注]降席，席西也。旨，美也。[疏]釋曰：賓拜告旨，主人拜崇酒，其節同，義即異矣。賓言旨，甘主人之味，啐則拜之。主人云崇者，崇，充也，謝賓以酒惡相充實。飲訖乃崇酒，先後不同也。賓西階上北面坐，卒爵，興，坐奠爵，遂拜，執爵興。主人阼階上答拜。[注]卒，盡也。於此盡酒者，明此席非專爲飲食起。[音義]爲，于僞反。[疏]釋曰：言遂拜者，亦因奠爵不起，因拜也。[注]釋曰：云於此盡酒者，明此席非專爲飲食起者，但此席爲賓賢能起，故謂不在席盡爵。於此西階上卒之也。云不專爲飲食起者，啐酒於席末兼爲飲食之事，故以不專言之也。○賓降洗。

[illegible]將酢主人。[疏][注]釋曰：自此以下至西階上答拜，論賓酢主人之事。云將酢主人者，案爾雅云。

酢報也前得主人之獻今將酌以報之故降洗而致潔敬故云將酢主人也主人降【注】亦從賓也降降立阼階東西面【疏】注釋曰知面位如此者案下云主人復阼階東西面故知此當於阼階東西面也賓坐奠爵興辭【注】西階前也【疏】注釋曰鄭知西階前者鄉射云賓西階前東面坐奠爵興辭降此亦然故也主人對賓坐取爵適洗南北面主人阼階東南面辭洗賓坐奠爵于篚興對主人復阼階東西面賓東北面盥坐取爵卒洗揖讓如初升主人拜洗賓答拜興降盥如主人禮賓實爵主人之席前東南面酢主人主人阼階上拜賓少退主人進受爵復位賓西階上拜送爵薦脯醢主人升席自北方設折俎祭如賓禮【注】祭者祭薦俎及酒亦嚌啐【疏】釋曰此賓坐取

賓方奠爵于篚監本刊去下字是

爵適洗南盥坐取爵卒洗及此言之則賓未盥主人辭洗案鄉射賓盥訖將洗主人乃辭洗先後不同者彼賓鄉人習禮輕故盥訖乃辭洗此鄉人將賓舉之故未盥先辭洗重之故也若然鄉射禮內兼有鄉大夫即尊與州長同於盥後辭洗者以其盥後辭洗是禮之常故也但鄉射賓坐取爵適洗坐奠爵于篚下主人辭洗之時賓方奠爵于篚下此不奠爵篚下便言奠爵于篚者鄉射云賓坐取爵洗之時未得主人之命故得奠於篚下得主人之命乃奠于篚此則賓取爵適洗未奠之時主人即辭故奠于篚也云揖讓如初升者謂前主人卒洗一揖一讓升也云降盥如主人禮者謂如主人降盥禮則此賓降主人亦降賓辭降主人對一與主人降辭已下同也云祭如賓禮者如上賓祭時坐左執爵右祭脯醢奠爵于薦西興右手取肺卻左手執本坐弗繚右絕末以祭尚左手嚌之興加于俎坐挩手遂祭酒興席末坐啐酒故云祭如賓禮疏釋曰云祭者祭薦俎及酒者薦謂脯醢俎即離肺也云亦嚌啐者直云祭如賓禮嫌祭不嚌啐故鄭明之云亦嚌肺啐酒是以下文云不告旨明亦啐也

不告旨注酒己物也自席前適阼階上北面坐

主人酬賓

卒爵，興，坐奠爵，遂拜，執爵興。賓西階上答拜。〔注〕自席前者，啐酒席末，因從北方降，由便也。〔疏〕釋曰：案曲禮云：席東鄉西鄉以南方爲上，南鄉北鄉以西方爲上。凡升席必由下，降由上。今主人當降自南方，以啐酒於席末，遂因從席北頭降，又從北向南北面拜，是由便也。若降由上之正，亦是便，故下云主人作相，降席自南方，不由北方，亦由便也。

主人坐奠爵于序端，阼階上北面再拜崇酒。賓西階上答拜。〔注〕東西牆謂之序。崇，充也。言酒惡相充實。〔疏〕釋曰：奠爵于序端者，擬後酬賓訖，取此爵以獻介也。〔注〕釋曰：云東西牆謂之序者，爾雅釋宮文。但彼云東西廂，廂即牆，故變言之也。

○主人坐取觶于篚，降洗。賓降，主人辭降。賓不辭洗，立當西序，東面。〔注〕不辭洗者，以其將自飲。〔音義〕觶，之豉反。

〔疏〕釋曰：自此至復位，論主人酬賓之事。〔注〕釋曰：酬酒先飲乃酬賓，故云將自飲。若然，既自飲而盥洗者，禮瀆宜絜故也若然經云賓降主人辭應奠爵不言者理在可知故爲文略也卒洗揖讓升賓西階上疑立主人實觶酬賓阼階上北面坐奠觶遂拜執觶興賓西階上答拜【注】酬勸酒也酬之言周忠信爲周【疏】釋曰云賓西階上疑立者待主人自飲故也【注】釋曰云酬之言周忠信爲周者此解主人將酬賓先自飲之意以其酬賓若不自先飲是不忠信恐賓不飲示忠信之道故先自飲乃飲賓爲酬也忠信爲周國語文

坐祭遂飲卒觶興坐奠觶遂拜執觶興賓西階上答拜

主人降洗賓降辭如獻禮升不拜洗【注】不拜洗殺於獻【音義】殺所界反【疏】釋曰云坐祭遂飲者因坐祭即飲卒觶因事曰遂故曰遂云辭如獻禮者主人辭賓降賓辭主人爲己洗爵此與獻賓時同故云辭如獻禮禮殺升堂不拜洗與獻時異故別言之使不蒙如也【注】釋曰禮殺於獻者獻時拜洗禮初不殺故也賓西階上立主人實觶賓之席

乾隆四年校刊

前北面賓西階上拜主人少退卒拜進坐奠觶于薦西【注】賓已拜主人奠其觶【疏】【注】釋曰賓已拜主人奠其觶者非久停下文賓取之奠于薦東是也

賓辭坐取觶復位主人阼階上拜送賓北面坐奠觶于薦東復位【注】酬酒不舉君子不盡人之歡不竭人之忠以全交也【疏】釋曰賓辭不解所辭之事案鄉射二人舉觶于賓與大夫進坐奠于薦右賓與大夫辭坐受觶以興注云辭辭其坐奠觶以彼云賓與大夫辭即云坐受觶以興若自手受之以舉觶是禮己故賓與大夫可以當亢荅之禮得云辭其親奠此以賓謙卑不敢辭其奠故經不云坐受以興然此辭是辭主人復親酌己故鄉射主人酬賓云賓辭鄭注云辭主人復親酌己是也【注】釋曰云酬酒不舉君子不盡人之歡不竭人之忠以全交也者竝曲禮文案彼歡謂飲食忠謂衣服引之并證飲食者鄭於彼歡與忠相對解之故歡爲飲食忠爲衣服通而言之總爲飲食於義合也云全交者所有飲食與己己盡之恐人嫌貪而交絕

主人獻賓

故不盡爲全交。酬酒不飲，亦是全交。故引爲證也。此以奠於薦東爲酬酒不舉。案燕禮：二人媵爵于公，奠于薦南，彼皆舉爲旅酬，而在左者。鄭彼注云：奠于薦南，不敢必君舉也。案特牲：主人酬賓，奠于薦北，彼舉旅而在左者。鄭彼云：行神惠。故不與此同也。

○主人揖降，賓降，立于階西，當序，東面。注 主人將與介爲禮，賓謙不敢居堂上。疏 釋曰：自此下至主人介右答拜，論主人獻介之事。

主人以介揖讓升，拜，如賓禮。主人坐取爵于東序端，降洗。介降，主人辭降。介辭洗，如賓禮。升，不拜洗。注 介禮殺也。疏 釋曰：案上主人迎賓之時，介與衆賓從入。又主人與賓三揖至於階之時，介與衆賓亦隨至西階下，東面。今此文云揖讓升如賓禮，則唯於升堂時相讓，無庭中三揖之事矣。升堂而云拜者，謂拜至亦如賓矣。注 釋曰：云介禮殺也者，謂不拜洗。是以鄉飲酒義云：三讓以賓升，拜至獻酬辭讓之節繁。及介省矣。是也。

介西階上立。注 不言疑者，省文。音義 疑，魚乞反。

當增賓爵二字

省所景反。【疏】【注】釋曰。此決上獻賓酬賓時。賓於西階上疑立。此亦當獻酒節。而不言疑者。省文也。主人實爵介之席前西南面獻介。介西階上北面拜。主人少退。介進北面受爵。復位。主人介右北面拜送爵。介少退。【注】主人拜于介右。降尊以就卑也。今文無北面。【疏】釋曰。云主人介之席前西南面獻介者。以介席東面。故郉向之。若獻賓時。於賓席前北面向之也。【注】釋曰。主人拜于介右降尊以就卑也者。以主人獻賓時。主人自在阼階。今於獻介。主人來在西階介右。是介卑。故降主人之尊。就西階介之東北面拜也。至旅酬皆同階者。禮殺故也。主人立于西階東。薦脯醢。介升席自北方。設折俎。祭如賓禮。不嚌肺。不啐酒。不告旨。自南方降席。北面坐卒爵。興。坐奠爵。遂拜。執爵興。主人介右答拜。【注】不嚌啐。下賓。【疏】釋曰。云主人立于西階東者。始獻介之時。近西在介

介酢主人

右。今於設薦之時。主人無事稍近東。案上獻賓薦設之時。主人云疑立。此不言者。文略也。云主人介右答拜者。還近西。於前立處答拜也。○介降洗。主人復阼階降。辭如初。注如賓酢之時。疏釋曰。自此至介降立于賓南。論介酢主人之事。云主人復阼階降辭如初者。如賓酢主人之時。介辭主人從己降。主人辭介爲己洗。一皆如之也。卒洗。主人盥。注盥者當爲介酌。疏釋曰。此主人自飲而盥者。尊介也。是以鄉射云。大夫將酢。主人卒洗。主人盥。注云。盥者。雖將酌自飲。尊大夫不敢褻。是其類也。介揖讓升。授主人爵于兩楹之閒。注就尊南授之。介不自酌。下賓。酒者賓主共之。音義下。遐嫁反。疏釋曰。揖讓升者。謂一揖一讓升也。云授主人爵于兩楹之閒。以爵授主人也。注釋曰。知兩楹閒是尊南者。以上云尊於房戶閒。房戶閒當兩楹之北。故云就尊南授之也。云介不自酌下賓者。以其賓親酌以酢主人。此不自酌。故云下賓也。云酒者賓主共之者。此鄭解酒賓主共之。故賓自酌以酢主人。介卑。故不敢酌。是以鄉飲酒義

主人獻衆賓

云尊於房戸之閒賓主共之是也。介西階上立。主人實爵酢于西階上。介右坐奠爵遂拜。執爵興。介答拜。主人坐祭遂飲。卒爵興。坐奠爵遂拜。執爵興。介答拜。主人坐奠爵于西楹南。介右再拜崇酒。介答拜。注奠爵西楹南。以當獻衆賓。疏釋曰。此主人既受爵。介無事。故西階上立。不言疑立。可知也。亦省文。注釋曰。知此奠爵爲衆賓者。案下文云。主人揖升。坐取爵于西楹下。是也。鄉射無介。故獻衆賓時。於東序端取爵。獻訖。奠爵于篚也。主人復阼階。揖降。介降立于賓南。疏釋曰。向來主人與介行禮於西階上。事訖。故復阼階。揖讓降。介降立于賓南者。以將獻衆賓。故介無事。就賓南也。○主人西南面三拜衆賓。衆賓皆答壹拜。注三拜一拜。示徧。不備禮也。不升拜。賤也。音義徧音遍。下同。疏釋曰。自此以下至奠于篚。論獻衆賓之事。云西南面者。以其主人在阼階下。衆賓在賓介之南。故西南向拜之。【注】釋曰。云三拜一拜示徧不備禮也者。衆賓各得主人一拜。主人亦徧得一拜。是不備禮。故鄉射云。三拜衆賓。衆賓皆答一拜。彼注云。三拜。示徧也。一拜。不備禮也。大夫禮皆然。故少牢云。主人三拜餕者。餕者皆答拜。鄭云。三拜。旅之。示徧也。又有司徹云。主人降。南面拜衆賓于門東。三拜。衆賓門東北面皆答一拜。大夫尊故也。士則答再拜。故特牲云。主人三拜衆賓。衆賓答再拜。鄭云。衆賓再拜者。士賤。旅之。得備禮是也。云不升拜賤也者。此決上主人與賓介行禮。皆升堂拜至。此三拜賓賤。故不升拜至也。主人揖升坐取爵于西楹下降洗升實爵于西階上獻衆賓。衆賓之長升拜受者三人。【注】長其老者。言三人。則衆賓多矣。【音義】長。丁丈反。【疏】釋曰。云主人揖升者。從三人爲首。一揖之而升也。云降洗升實爵者。以下不更言洗。則以下因此不復洗矣。云西階上獻衆賓者。下別言衆賓之長三人。則衆賓之中兼言堂下衆賓。故鄭云衆賓多矣。自三人已下。於下便以次歷言之矣。云拜受者三人。則堂下衆賓不拜受矣。主人

松厓云所謂從獻

拜送【注】於衆賓右【疏】【注】釋曰：知在衆賓右拜送者，約上文介右而知也。坐祭，立飲，不拜既爵，授主人爵，降復位。【注】既，卒也。卒爵不拜，立飲立授，賤者禮簡。【疏】【注】釋曰：云卒爵不拜，立飲立授，賤者禮簡者，賓賢能，以賢者爲賓，其次爲介，不問長幼。其三賓德劣于賓介，則數年之長幼，故上賓介則坐祭坐飲，又拜既爵。此三賓，衆賓之長也，則坐祭與賓介同。不拜既爵，立飲立授則異，賤故禮簡也。衆賓獻則不拜受爵，坐祭，立飲。【注】次三人以下也。不拜，禮彌簡。【疏】【注】釋曰：此據堂下衆賓不拜受爵於三人，故云禮彌簡也。每一人獻，則薦諸其席。【注】謂三人也。【疏】【注】釋曰：上已云獻，此以下別言薦。云每一人，還從三人而言。云每一人獻則薦諸其席，則一得獻即薦之。以其言席，又下別言衆賓，則此是三人，故鄭云三人也。衆賓辯有脯醢。【注】亦每獻薦於其位，位在下。今文辯皆作徧。【音義】辯音遍。【疏】【注】釋曰：云亦每獻薦於其

一人舉觶

位者，如上三人一人爲之。知位在下者，以其言堂下立
侍，不合有席。既不言席，故位在下。既不言其數，則鄉人
有學識者皆來觀禮，皆入飲酒之內。是以鄉射云旅
酬堂上辯，卒受者與以旅在下者，明衆賓在堂下也。主
人以爵降，奠于篚。【注】不復用也。【疏】【注】釋曰：以此爵一獻
徧，不復用，故主人以
爵降奠於篚也。○揖讓升，賓厭介，升，介厭衆賓，升，衆賓序升，即
席。【注】序，次也。即，就也。今文厭皆爲揖。【疏】釋曰：自此至舉
觶者降，論徧獻
衆賓訖，將以旅酬之事。云「衆賓序升」者，謂三賓堂上有
席者，以年長爲首，以次即席也。【注】釋曰：云「今文厭皆爲
揖」，不從者，以賓相引
以手，不得爲揖故也。一人洗，升舉觶于賓。【注】一人，主人
之吏。發酒端曰舉。【疏】【注】釋曰：此一人舉觶，爲旅酬也。云
發酒端曰舉者，從上至下徧飲訖，
又從上而起，是
發酒端曰舉也。賓觶西階上，坐奠觶，遂拜，執觶興，賓席
末答拜。坐祭，遂飲，卒觶，興，坐奠觶，遂拜，執觶興，賓答拜。

樂賓

降洗，升實觶，立于西階上，賓拜。【注】賓拜，拜將受觶。【疏】釋曰：云賓席末荅拜者，謂於席西南面，非謂席上近西為末，以其無席上拜瀆也。已下賓拜皆然。進坐奠觶于薦西。賓辭，坐受以興。【注】舉觶不授，下主人也。言坐受者，明行事相接，若親受謙也。【疏】【注】釋曰：云舉觶不授下主人也者，決主人獻賓，皆親授而奠之。今不親授，是下主人。鄉射注云：不授，賤不敢也。下主人，明此亦賤不敢授也。云言坐受者，明行事相接，若親授謙也者，若於人手相授受，名為受；不於人取之，不得言受。今於地取之而言受者，以主人奠之，賓取之而無隔絕，雖於地，若手受之，故云明行事相接，若親受之謙也。舉觶者西階上拜送賓，坐奠觶于其所。【注】所，薦西也。【疏】釋曰：賓奠於其所者，待作樂後，立司正，賓乃取此觶以酬主人，以其將舉，故凡奠之於右也。舉觶者降。【注】事已。【疏】釋曰：案鄉射，舉觶者降後有大夫，此不言者，大夫觀禮之人，或來或否，故不言也。○設席于堂廉，

授監本作受

東上。【注】爲工布席也。側邊曰廉。燕禮曰：席工於西階上少東。樂正先升，北面。此言樂正先升，立于西階東，則工席在階東。【疏】釋曰：自此下至「樂正告于賓，乃降」，論主人樂賓之事。大判總爲作樂，其中別有四節之殊：有歌，有笙，有間，有合。次第不同也。案燕禮：席工于西階上。卽云樂正先升。大射亦云席工于西階上，工六人四瑟，始云小樂正從之。不同者，燕禮主於歡心，尚樂，故先云樂正先升。大射主於射，略於樂，故辯工數乃云樂正從之也。若然，此主於樂，正與燕同，而席工下，辯工數乃云樂正升者，此臣禮避君也。至於鄉射亦應主於射，略於樂，而不言工數，先云樂正，而不與大射同者，亦是避君之事也。【注】釋曰：云爲工布席也者，以鄉射、燕禮、大射皆席工連言，此不言席工，文不具爾，故此爲工布席。下云工入升，明此席也。引燕禮者，欲證此席爲工，又取此工席在西階東。以其此經云堂廉東上，不言階東，故取燕禮西階上少東。樂正又在工西，此下云樂正於西階東，據樂正於西階東而立在工西，則知工席更在階東北面可知。但此言近堂廉，亦在階東，彼云階東，亦近堂廉也。工四人二瑟瑟先相者二人皆左何瑟後首挎越內弦右手相【注】四人大夫制也二瑟二人鼓瑟則二人歌也瑟先者將入序在前也相扶工也眾賓之少者爲之每工一人鄉射禮曰弟子相工如初入天子相工使瞑瞭者凡工瞽矇也故有扶之者師冕見及階子曰階也及席子曰席也固相師之道後首者變于君也挎持也相瑟者則爲之持瑟其相歌者徒相也越瑟下孔也內弦側擔之者【音義】相息亮反何戶可反挎口孤反少申召反瞭音了瞽音古矇音蒙見賢遍反爲于僞反擔丁甘反。【疏】注釋曰云四人大夫制也者此鄉大夫飲酒而云四人大射諸侯禮而云六人故知四人者大夫制也燕禮亦諸侯禮而云四人者鄭彼注云工四人者燕禮輕從大夫制也鄉射是諸矦之州長士爲之其中兼有鄉大夫以三物詢衆庶行射禮灋故工亦四人大夫制也若然士當二人天子當八人爲差次也二瑟二人鼓瑟則二人歌也者既云工四人二人瑟明二人鼓瑟可知也云相扶工也衆賓之少者爲之者見鄉射云樂正適西方命弟子弟子則衆賓之少者也云每工一人者案周禮瞽三百人又此經二人瑟相者二人皆左何瑟又大射僕人正相大師以諸文言之故知每工一人若然此經工四人二人瑟相二人則工二人歌雖不言相亦可知以空手無事故不言也云鄉射禮曰弟子相工如初入者彼謂將射樂正命弟子相工遷樂於下降時如初入之次第亦瑟先歌後引之證弟子相工之事天子相工亦使眡瞭爲之知者見周禮眡瞭職云凡樂事相瞽是也云凡工瞽矇也者鄭司農云無目眹謂之瞽有目眹而無見謂之矇有目無眸子謂之瞍故詩大雅云矇瞍奏工是也引論語者證瞽人無目須扶之義也云師卽大師之官無目瞽矇之長也云後首者變於君也者案燕禮云小臣左何瑟面鼓注云燕尚樂可鼓者在前也此鄉飲酒亦尚樂而不面鼓是變於君也案大射主於射略於樂鄉射亦應主於射略於樂所以面鼓亦是變於君也云挎

乾隆四年校刊

毛監工入升

拊也者瑟底有孔越以指深入謂之挎也云其相歌者徒相也者徒空也無可荷空以右手相以經不言故也云內弦側擔之者以左手於外側擔之使弦向內也樂正先升立于西階東注正長也疏釋曰案周禮有大司樂樂師天子之官此樂正者諸侯及大夫士之官當天子大司樂言先升對後升注釋曰云正長樂官之長也工入升自西階北面坐相者東面坐遂授瑟乃降注降立于西方近其事音義近附近之近疏釋曰也入升不言歌瑟先後案上文已云瑟先其歌後可知也注釋曰鄭知降立於西方近其事者鄉射云樂正適西方命弟子贊工遷樂故知西方是近其事也工歌鹿鳴四牡皇皇者華注三者皆小雅篇也鹿鳴君與臣下及四方之賓燕講道脩政之樂歌也此采其已有旨酒以召嘉賓嘉賓既來示我以善道又樂嘉賓有孔昭之明德可則傚也四牡君

勞使臣之來樂歌也此采其勤苦王事念將父母懷歸傷悲忠孝之至以勞賓也皇皇者華君遣使臣之樂歌也此采其更是勞苦自以爲不及欲諮謀于賢知而以自光明也【音義】傚戶孝反本又作效同勞力報反使所吏反更音庚知音智【疏】釋曰凡歌詩之澀皆歌其類此時貢賢能擬爲卿大夫或爲君所燕食以鹿鳴詩也或爲君出聘以皇皇者華詩也或使反爲君勞來以四牡詩也故賓賢能而預歌此三篇使習之也【注】釋曰云三者皆小雅篇也者其詩見於小雅之內也云鹿鳴君與臣下及四方之賓燕講道脩政之樂歌也者自此已下鄭皆先引詩序於上覆引詩經於下以其子夏作序所以序述經意故鄭並引之也案鹿鳴序云鹿鳴燕羣臣嘉賓也然後羣臣嘉賓得盡其心之事還依序而言也云此采其己有旨酒以召嘉賓嘉賓既來示我以善道至可則傚也者案彼經云我有旨酒以燕樂嘉賓之心又云示我周行德音孔昭視民不恌是則是傚之事四牡序云勞使臣之來也經云王事

靡盬我心傷悲豈不懷歸將母來諗皇皇者華序云君遣使臣也經云於彼原隰駪駪征夫每懷靡及周爰諮謀之事故鄭依而引之爲證也。**卒歌主人獻工工左瑟一人拜不興受爵主人阼階上拜送爵**【注】一人工之長也凡工賤不爲之洗【疏】【注】釋曰云一人工之長也者謂就四人之內爲首者也云凡工賤不爲之洗者下大師爲之洗是君賜者爲之洗明自外不爲之洗也案此鄉飲酒及燕禮同是主歡心尚樂之事故有升歌笙閒合樂及其獻工獻笙後閒合不獻以知二節自前已得獻故不復重獻鄉射主於射略於樂無笙閒唯有合樂笙工並爲至終總獻之大射亦主於射略於樂但不閒歌不合樂故有升歌鹿鳴三終主人獻工後乃下管新宮不復得獻此君禮異於鄉射也若鄉射與大射同略於樂大射不略升歌而略笙閒合者二南是卿大夫之正小雅是諸侯之正鄭注鄉射云不略合樂者不可略其正諸侯不略鹿鳴之等義亦然也。**薦脯醢使人相祭**【注】使人相者相其祭酒祭薦【疏】【注】釋曰知使人相祭者以相者扶工

之人每事使之指授故知還使相者爲之知祭酒祭薦者以其云獻薦脯醢卽云相祭知相其祭酒祭薦也

工飲不拜既爵授主人爵【注】坐授之【疏】〔注〕釋曰知坐授之者以經不云興故知坐授之也

衆工則不拜受爵祭飲辯有脯醢不祭【注】祭飲獻酒重無不祭也今文辯爲徧【疏】〔注〕釋曰言獻酒重無不祭也者衆工諸事皆不備尚祭飲則知得獻酒無有不祭故云獻酒重無不祭也其正酬亦祭至於旅酬以下則不祭而已故下記云凡旅不洗不洗者不祭鄭注云敬禮殺也不甚潔也此衆工亦不洗而祭是以云獻酒重無不祭也

大師則爲之洗賓介降主人辭降工不辭洗【注】大夫若君賜之樂謂之大師則爲之洗尊之也賓介降從主人也工大師也上既言獻工矣乃言大師者大師或瑟或歌也其獻之瑟則先歌則後【音義】大音泰　爲于僞反【疏】〔注〕釋曰天子諸

乾隆四年校刊

矦有常官則有大師也大夫則無常官若君賜之樂并樂人與之則亦謂之大師主人爲之洗若然工非大師則無洗云賓介降從主人也者案鄉射云大師則爲之洗賓降注云大夫不降尊也此既大夫禮則有大夫亦不降可知也云工大師也者既言大師則爲之洗而云工不辭洗故云工即大師是以論語云師冕見孔子爲之相鄭云相扶工是工爲樂人之總稱也云上既言獻工矣乃言大師者大師或瑟或歌也者以其前工有瑟有歌後言大師則大師能瑟或在瑟中若大師能歌或在歌中故云大師或瑟或歌也云其獻之瑟則先歌則後者以其序入及升堂皆瑟先歌後其獻灋皆先瑟後歌是以知獻之瑟先歌後隨大師所在以次獻之也燕禮云卒歌主人洗升獻工工不興左瑟一人拜受爵注云左瑟便其右一人工之長者也燕禮諸矦禮有長官不言大師以燕禮主爲臣子故工四人從大夫制其大師入工不別言之也大射云主人洗升實爵獻工工不興左瑟注云大師無瑟於是言左瑟者

笙入堂下磬

節也若大師在歌亦先得獻與燕異也

南北面立樂南陔白華華黍

注 笙吹笙者也以笙吹此

詩以爲樂也。南陔白華華黍。小雅篇也。今亡。其義未聞。昔周之興也。周公制禮作樂。采時世之詩以爲樂歌。所以通情相風切也。其有此篇明矣。後世衰微。幽厲尤甚。禮樂之書稍稍廢棄。孔子曰。吾自衛反魯。然後樂正。雅頌各得其所。謂當時在者而復重雜亂者也。惡能存其亡者乎。且正考父校商之名頌十二篇于周太師。歸以祀其先王。至孔子二百年之閒。五篇而已。此其信也。【音義】陔古才反。相如字。風方鳳反。重直用反。惡音烏。父音甫。【疏】釋曰。此升歌訖。得獻乃始入也。云磬南北面者。磬既南面。其南當有擊磬者在磬南北面。而云笙入磬南北面者。在擊磬者之南北面也。【注】釋曰。言小雅篇也者。今序仍在魚麗之下。是小雅也。云今亡其義未聞者。案詩魚麗之下見子夏序。序此三篇。案彼子夏序云南陔孝子相戒以養也白華孝子之潔白也華黍時和歲豐宜黍稷也此以上是子夏序文則云有其義而亡其辭者此是毛公續序云有其義指子夏序有其義也云而亡其辭者謂詩辭亡矣若然彼亡辭此亡義與此義異也云昔周之興也周公制禮作樂至明矣者欲明周公制此儀禮之時有此三篇之意也云後世衰微幽厲尤甚者禮運云孔子曰我觀周道幽厲傷之吾舍魯何適是幽厲尤甚者也禮樂之書稍稍廢棄者自幽厲已後稍稍更加廢棄此篇之失也又引孔子以下至其信者欲明孔子以前已亡三篇之意也案南陔注云孔論詩雅頌各得其所時俱在耳篇第當在於此時遭戰國及秦之世而亡之其義則與衆篇之義合編故存至毛公爲詁訓傳乃分衆篇之義各置於其篇端彼詩鄭注又與北不同者鄭君注禮之時未見毛傳以爲此篇孔子前亡注詩之時既見毛傳以爲孔子後失必知戰國及秦之世者以子夏作序具序三篇之後則其詩見在毛公之時亡其辭故知當戰國及秦之世也

主人獻之于西階上一人拜

盡階不升堂受爵主人拜送爵階前坐祭立飲不拜既

當有云字

之後監作義

爵升授主人爵〔注〕一人笙之長者也笙三人和一人凡四人鄉射禮曰笙一人拜于下〔音義〕和胡臥反〔疏〕釋曰自此至不祭論獻笙者之事云一人拜者謂在地拜乃升堂受爵也〔注〕釋曰云一人笙之長者也者笙者四人今云一人受爵明據爲首長者而言也云笙三人和一人凡四人者案鄉射記云三笙一和而成聲注三人吹笙一人吹和凡四人爾雅曰笙小者謂之和是也云鄉射禮曰笙一人拜于下者即此一人拜者亦在堂下可知但獻工之時拜送在西階東以工在階東故也此工人衆笙拜送笙之時在西階上以其笙在階下故不同也

則不拜受爵坐祭立飲辯有脯醢不祭〔注〕亦受爵于西階上薦之皆於其位磬南今文辯爲徧〔疏〕〔注〕釋曰衆笙除一人之外三人者不備禮故亦受爵於西階上者與一人同也云薦之皆於其位磬南者依前笙入立于磬南之處是其位也

乃閒歌魚麗笙由庚歌南有嘉魚笙崇丘歌南山有

臺、笙由儀。【注】閒，代也。謂一歌則一吹。六者皆小雅篇也。
魚麗言太平年豐物多也。此采其物多酒旨，所以優賓
也。南有嘉魚言太平君子有酒，樂與賢者共之也。此采
其能以禮下賢者，賢者纍蔓而歸之，與之燕樂也。南山
有臺言太平之治，以賢者爲本。此采其愛友賢者，爲邦
家之基，民之父母，既欲其身之壽考，又欲其名德之長
也。由庚、崇丘、由儀今亡，其義未聞。【音義】閒，閒廁之閒。麗，
力知反，本或作
離。纍，力追反。蔓，音萬。樂，
音洛。治，直吏反。長，如字。【疏】釋曰：此一經堂下吹笙，堂上
升歌，閒代而作，故謂之乃閒
也。【注】釋曰：云"謂一歌則一吹"者，謂堂上歌魚麗終，堂下
笙中吹由庚續之，以下皆然。此魚麗、南有嘉魚、南山有
臺，其詩見在。云"六者皆小雅篇也"者，見編在小雅之内，
故知之。見在者，鄭君亦先引其序，後引其詩。案魚麗序

云。魚麗美萬物盛多也。詩云。君子有酒。旨且多。南有嘉魚序云。太平之君子至誠。樂與賢者共之也。詩云。君子有酒。嘉賓式燕以樂。南山有臺序云。樂得賢也。得賢則能爲邦家立太平之基矣。詩云。樂只君子。邦家之基。又云。樂只君子。民之父母。遐不眉壽。是也。此其鄭君所言義意。云由庚崇丘由儀今亡其義未聞者。案詩序云。由庚。萬物得由其道也。崇丘。萬物得極其高大也。由儀。萬物之生各得其宜也。有其義而亡其辭。此毛公續序。義與南陔白華華黍同。堂上歌者不亡。堂下笙者卽亡。蓋當時方以類聚。笙歌之詩。各自一處。故存者併存。亡者併亡也。

乃合樂周南關雎葛覃卷耳召南鵲巢采蘩采蘋。

注 合樂謂歌樂與衆聲俱作。周南召南國風篇也。王后國君夫人房中之樂歌也。關雎言后妃之德。葛覃言后妃之職。卷耳言后妃之志。鵲巢言國君夫人之德。采蘩言國君夫人不失職。采蘋言卿大夫之妻能循其法度。

毛作循與序合

昔大王王季居于岐山之陽。躬行召南之教以興王業。及文王而行周南之教以受命。大雅云。刑于寡妻。至于兄弟。以御于家邦。謂此也。其始一國耳。文王作邑于豐。以故地爲卿士之采地。乃分爲二國。周周公所食。召公所食。於時文王三分天下有其二。德化被于南土。是以其詩有仁賢之風者屬之召南焉。有聖人之風者屬之周南焉。夫婦之道。生民之本。王政之端。此六篇者。其教之原也。故國君與其臣下及四方之賓燕用之合樂也。鄉樂者風也。小雅爲諸侯之樂。大雅頌爲天子之樂。鄉飲酒升歌小雅。禮盛者可以進取也。燕合鄉樂。禮輕者可以逮下也。春秋傳曰：肆夏、繁遏、渠，天子所以享元侯也。文王、大明、緜，兩君相見之樂也。然則諸侯相與燕，升歌大雅，合小雅；天子與次國、小國之君燕，亦如之；與大國之君燕，升歌頌，合大雅。其笙間之篇未聞。【音義】七雎，徐反。覃，大南反。卷，九轉反。劉，居晚反。召，音邵。注同。蘋，毗人反。妃，芳非反。岐，其宜反。化也之采，七代反。被，皮義反。夏，戶雅反。遏，於葛反。【疏】釋曰：此一經論堂上堂下衆聲俱合之事也。【注】釋曰：云合樂謂歌樂衆聲俱作者，謂堂上有歌瑟，堂下有笙磬，合奏此詩，故云衆聲俱作。云周南、召南，國風篇也者，案論語注：國風之首篇，謂十五國風之篇首。義可知也。云王后、國君夫人房中之樂歌也者，案燕禮記云：有房中之樂。注云：弦歌周南、召南之詩，而不用鍾磬之節。謂之房中者，后夫人之所諷誦以事其君子。是也。既名房中之樂，用鍾鼓奏之者，諸侯卿大夫燕饗亦得用之，故用鍾鼓。婦人用之，乃不用鍾鼓，則謂之房中之樂也。云關雎言后妃之德以下至循其優度周南三篇卽言后妃召南三篇則言夫人不同者此雖同是文王之化召南是文王未受命已前之事諸侯之禮故稱夫人周南是文王受命稱王之後天子之禮故稱后妃也云昔大王王季居于岐山之陽者案魯頌云后稷之孫實維大王居岐之陽鄭云大王自豳徙居岐陽是大王居於岐陽也兼言王季者王季太王之子繼太王後亦居岐陽至文王始居于豐故兼言王季也云躬行召南之教以興王業者太王得鸑鷟鳴于岐又實始翦商王季又纂我祖考是其以興王業也云及文王而行周南之教以受命者文王徙居豐得赤雀之命故云以受命也鄭注鄉射云昔大王王季文王始居岐山之陽彼兼言文王者欲見文王未受命以前亦得召南之化知者案羔羊詩序云召南之國化文王之政摽有梅序云召南之國被文王之化此不兼言文王者據文王從豐受命之後專行周南之教是周南十一篇唯言文王之化不言大王王季也大雅云刑于寡妻者是大雅思齊之詩也引之者證文王施化自近及遠自微至著之意云其始一國耳者謂大王自豳遷于岐山周原膴膴不過百里之地言此者欲見從居于豐以後三分天下以此故國分與二公故云文王作邑于豐以

故地爲卿士之采地。乃分爲二國也。云周周公所食召公所食者。此二公身爲三公。下兼卿士。即上采地一也。云此者。欲見采地得稱周召之意。云於時文王三分天下有其二德化被于南土者。欲見周召皆稱南之意也。云是以其詩有仁賢之風者屬之召南焉者。謂文王未受命以前也。云有聖人之風者屬之周南焉者。謂受命以後也。故詩序云。關雎麟趾之化。王者之風。故繫之周公。鵲巢騶虞之德。諸侯之風也。先王之所以教。故繫之召公。必將二南繫此二公者。二南天子之風。文王受命稱王。故繫於二公也。云夫婦之道生民之本王政之端者。欲見合樂之時作此六篇之意也。云故國君與其臣下及四方之賓燕用之合樂也者。此據燕禮而言之也。云鄉樂者風也者。亦據燕禮而言。故燕禮記云遂合鄉樂者。據此鄉飲酒鄉大夫所用也。云小雅爲諸侯之樂者。則升歌鹿鳴之等是也。云大雅頌爲天子之樂者。肆夏繁遏渠之等是也。云鄉飲酒升歌小雅禮盛者可以進取也者。據此鄉飲酒爲饗禮。升歌鹿鳴。進取諸侯之樂。饗禮盛。可以進取也。云燕合鄉樂禮輕者可以逮下也者。逮及也。以燕禮輕。故言可以逮下也。鄭君據儀禮上下而言。其實饗燕同樂。知者。穆叔如晉。晉侯饗之。

鍾師上疑當有周禮二字

歌鹿鳴之三。是與燕禮同樂也。若然。鄭云饗或進取燕
可以逮下者。饗亦逮下也。云春秋傳曰者。襄公四年左
氏傳文。彼云穆叔如晉。晉侯享之。金奏肆夏之三。不拜。
工歌文王之三。又不拜。歌鹿鳴之三。三拜。韓獻子使行
人子員問之曰。吾子舍其大而重拜其細。敢問何禮也。
穆叔對曰。三夏。天子所以享元侯也。使臣弗敢與聞。文
王。兩君相見之樂也。臣不敢及。鹿鳴。所以嘉寡君也。敢
不拜嘉。引之者。證肆夏繁遏渠是頌。謂天子之樂歌。案
鍾師杜子春注引呂叔玉云。肆夏時邁也。繁遏執競也。
渠思文也。鄭君不從。以爲詩篇名頌之族類也。此歌之
大者載在樂章。樂崩亦從而去之。是以頌不能具。是也。
云然則諸侯相與燕升歌大雅合小雅。天子與次國小國
國之君燕亦如之。與大國之君燕升歌頌合大雅者。此
約穆叔云肆夏繁遏渠天子所以享元侯。肆夏繁遏渠
則頌也。元侯大國之君也。凡合樂者。通取卑者一節。故
歌頌合大雅也。若元侯自相享。亦依此。案詩譜云。天子
諸侯燕羣臣及聘問之賓。皆歌鹿鳴合鄉樂。鄭云諸侯
相燕。天子與國君燕。與大國之君燕。及國語襄公四年
文言饗。引之者。欲見燕饗同也。向來所言皆據升歌合
樂有此尊卑之差。若納賓之樂。天子與五等諸侯同用

監無李

毛監俱作國語及

立司正

肆夏。是以燕禮納賓用肆夏。禮記郊特牲云。大夫之奏肆夏。由趙文子始也。是大夫不得用之。其諸侯以上同用之也。云其笙間之篇未聞者。案鄉飲酒禮笙間之樂。前與升歌同在小雅。則知元侯及國君相饗燕笙間亦同升歌矣。而云未聞者。謂如由庚由儀之等篇名未聞。工告于樂正曰。正歌備。樂正告于賓。乃降。注 樂正降者。以正歌備無事也。降立西階東北面。疏 注 釋曰。鄭知降立西階東北面者。以其堂上時在西階之東北面。知降堂下亦然。在笙磬之西。亦得監堂下之樂。故知位在此也。鄉飲酒及鄉射。大夫禮卑。無大師。故工告樂備。國君禮備。有大師告樂備。大射不告樂備者。是禮主於射略於樂故也。○主人降席自南方。注 不由北方。由便。疏 釋曰。自此至退立于觶南。論立司正之事。注 釋曰。云不從北方由便者。主人之席南上。升由下。降由上。是其常。而言不從北方由便者。解禮故所以升由下降由上者。是由便也。側降。注 賓介不從。疏 注 釋曰。側者特也。賓介不從。故言側。上文主人降。賓介皆從降。此獨不從者。以其將

司正舉觶

燕禮殺故也。作相爲司正，司正禮辭，許諾。主人拜，司正答拜。

【注】作，使也。禮樂之正既成，將留賓，爲有解惰，立司正以監之。拜，拜其許。

【音義】相，悉亮反。爲，于僞反。解，古賣反。惰，徒臥反。監，古銜反。

【疏】釋曰：上經云一相迎于門外，今將燕，使爲司正監察賓主之事，故使相爲司正也。注釋曰：云禮樂之正既成者，謂主人與賓行獻酢之禮畢，是禮成也；升歌笙閒合樂三終，是樂成也。故鄭總言禮樂之正既成也。

〇主人升，復席。司正洗觶，升自西階，阼階上北面受命于主人。主人曰：請安于賓。司正告于賓，賓禮辭，許。

【注】爲賓欲去，留之，告賓於西階。

【疏】釋曰：此司正升西階，適阼階上。案鄉射云司正升自西階，由楹內適阼階上北面，彼此同。此不言由楹內者，省文也。注釋曰：云告賓於西階者，鄉射云司正西階上，故知也。

司正告于主人，主人阼階上再拜，賓西階上答拜。司正立于楹閒以相拜，皆揖復席。【注】再拜拜賓許也。司正既以賓許告主人，遂立楹閒以相拜，賓主人既拜，揖就席。【疏】釋曰：凡相拜者，當在賓主拜前。今相拜文在賓拜下者，以經云司正告于主人，即拜賓，賓即荅拜，文理切，不得先言相拜，故退之在下。其實相拜在賓主拜前，是以鄉射云司正告于主人，遂立楹閒以相拜，主人阼階上再拜，賓西階上荅再拜，是其相拜在前也。【注】釋曰：云賓主既拜揖就席者，以鄉射賓主拜訖，即揖就席，故知此亦然也。

司正實觶，降自西階，階閒北面坐奠觶，退其，少立。【注】階閒北面，東西節也。其南北當中庭。其，拱手也。少立，自正慎其位也。己帥而正，孰敢不正。燕禮曰：右還北面。【音義】共，九勇反，注同。【疏】【注】釋曰：云階閒北面東西節也者，階閒謂兩階之閒，東西等，是東西節也。云其南北當中庭者，案鄉射云司正實觶，降自西階，中庭北面坐奠觶。此經雖不言中庭，宜與彼同，故云中庭也。云己帥

乾隆四年校刊

旅酬

禮威一本作禮盛

以正孰敢不正者。此是論語孔子語季康子之言也。彼言子帥。指季康子爲子。此言己帥。指司正爲己。欲見司正退也。云其拱手也少立自正愼其位也者。欲見令賓主亦皆正愼其位也。云燕禮曰右還北面者。燕禮。司正降自西階。右還北面。取不背其君。此亦降自西階。亦右還北面。取不背大夫也。故引以爲證也。坐取觶不祭。遂飲卒觶。興。坐奠觶。遂拜。執觶興。洗。北面坐奠觶于其所。退立于觶南。注 洗觶奠之。示潔敬。立於其南。以察衆。疏 釋曰。執觶興洗北面者。案鄉射大射禮。皆直云取觶洗。南面反奠於其所。不云盥。此俗本有盥者誤。又此文及鄉射奠觶。皆位南北面奠之。燕禮大射皆南面奠之者。以國君禮威儀多故也。○賓北面坐取俎西之觶。阼階上北面酬主人。主人降席立于賓東。注 初起旅酬也。凡旅酬者。少長以齒。終於沃盥者。皆弟長而無遺矣。音義 長。丁丈反。弟。大計反。疏 釋曰。自此至司正降復位。論堂上堂下徧行旅酬之事。云取爼西之觶者，謂前一人舉觶奠于薦右，今爲旅酬而舉之。前主人酬賓奠于薦東者不舉，故言爼西以别之。云主人降席不云自南方北方者，案下記云主人介凡升席自北方，降席自南方，指此文也。注釋曰：云凡旅酬者少長以齒以下，並是鄉飲酒義文。是以彼云賓酬主人，主人酬介，介酬衆賓，少長以齒，終於沃洗者焉，知其能弟長而無遺矣。案下記云主人之贊者西面北上，不與。注云：贊，佐也，謂主人之屬佐助主人禮事，徹冪、沃盥、設薦爼者。與，及也。不及，謂不及獻酒。言不及獻酒，則旅酬亦不與，旅酬所以酬正獻也。記又云無筭爵然後與。若然，此旅酬得終於沃洗者，鄭解酬之大灋，欲見堂上賓主人之黨無不與，故鄭君連引無筭爵與旅酬而言終沃洗也。其實此時未及沃洗也。

賓坐奠觶，遂拜，執觶興。主人答拜。不祭，立飲，不拜卒觶，不洗，實觶，東南面授主人。注賓立飲卒觶，因更酌以鄉主人將授。音義鄉，許亮反。主人阼階上拜，賓少退。主人受觶，賓拜送于主人之西。注旅酬同階。禮殺。【疏】【注】釋曰：決上正酬時不同階，今同階，故云禮殺也。

賓揖復席。【注】酬主人訖。主人西階上酬介。介降席自南方立于主人之西。如賓酬主人之禮。主人揖復席。【注】其酌實觶西南面授介。自此以下旅酬酌者亦如之。【疏】【注】釋曰：知西南面授介者，案賓酬主人時於阼階上東南面向之，則知此主人酬介于西階上西南面可知。云自此已下旅酬酌者亦如之者，謂亦如主人酬介，其酬酌皆實觶西南面授之，以其旅酬皆西階上故也。

司正升相旅曰：某子受酬。受酬者降席。【注】旅序也。於是介酬眾賓。眾賓又以次序相酬。某者，眾賓姓也。同姓則以伯仲別之，又同則以其字別之。【音義】相，悉亮反，下注升相同。別，彼列反，下同。【疏】釋曰：上文作相為司正，注云將留賓為有懈惰，立司正以監之。今以賓主及介旅酬不監之，至眾賓乃監者，以其主人與賓介習禮已久。又各一位。不嫌失禮。至於衆賓。旣下人習禮。又同在一位。恐其失禮。故須監之也。注釋曰。云某者衆賓姓也者。以某在子上。故知是衆賓姓也。若單言某。則是字。故鄉射云某酬某子。注云某者字也。云同姓則以伯仲別之者。但此衆賓之内有司正命之。則呼伯仲別之也。云又同則以其字別之者。爲同姓之中有伯仲同者。則以其甫且字別之也。司正退立于序端。東面。注 辟受酬者。又便其贊上贊下也。始升相西階西北面。音義 辟音避。疏 注釋曰。司正初時在堂上西階西。北面命受酬者訖。退立于西序端東面者。一則案此下文衆受酬者受自左。即是司正立處。故須辟之。二則東面時贊上贊下便也。云始升相西階西北面者。雖無正文。以衆賓之席在賓西南面。介酬在西階上。司正升相旅。當在西階西北面命賓。故知位如此也。受酬者自介右。注 由介東也。尊介使不失故位。疏 注釋曰。北面以東爲右。介使不失故位者。凡授受之禮。授由其右。受由其左。即下文衆受酬者是也。此受介酬者應自介左。而自介右

乾隆四年校刊

二人舉觶

者。介位在西。故云尊介使不失故位也。眾受酬者受自左。【注】後將受酬者皆由西。變於介也。今文無眾酬也。【疏】【注】釋曰。言眾受酬者。謂上眾賓之內爲首者一人。自介右受之。自第二以下升堂上眾賓。皆自左受之。言變於介者。即是授受之常灋也。拜興飲。皆如賓酬主人之禮。【注】嫌賓以下異也。辯。卒受者以觶降。坐奠于篚。【注】辯。辯眾賓之在下者。鄉射禮曰。辯。遂酬在下者。皆升受酬于西階上。【疏】【注】釋曰。引鄉射者。彼禮與此同。經直言辯。不云遂酬在下者皆升受酬于西階上者。文不具。故引以證也。司正降復位。【注】觶南之位。【疏】釋曰。復位者。以相旅畢。堂上無事。故降復觶南之位。○使二人舉觶于賓介。洗。升實觶于西階上。皆坐奠觶。遂拜。執觶興。賓介席末答拜。皆坐祭。遂飲。卒觶興。坐奠觶。遂拜。執觶興。賓介席末荅拜。【注】二人亦主人之吏。若有大夫，則舉觶于賓與大夫。燕禮曰：媵爵者立于洗南，西面北上，序進盥洗。【音義】媵，以證反。【疏】釋曰：自此至無算樂，論賓主燕坐，爵樂無數之事。云「賓介席末答拜」者，賓於席西南面答拜，介於席南東面答拜。【注】釋曰：云「二人亦主人之吏」者，亦上一人舉觶是主人之吏，以其主人使之，故知皆是主人之吏也。云「若有大夫，則舉觶于賓與大夫」者，以其大夫尊於介故也。引燕禮者，證此二人舉觶將盥時，亦於洗南西面北上，以次盥手也。

逆降洗，升實觶，皆立于西階上。賓介皆拜。【注】於席末拜。【疏】【注】釋曰：言「席末拜」者，賓在席西南面，介在席南東面。以其俱是答拜，故同前席末拜也。

皆進，薦西奠之，賓辭，坐取觶以興，介則薦南奠之，介坐受以興，退，皆拜送，降。賓介奠于其所。【注】賓言取，介言受，尊卑異文。今文曰賓受。【疏】釋曰：言皆進者，一人之賓所，奠觶于薦西。

徹俎

松厓云然則燕以前皆鄉飲禮

一人之介所奠觶于薦南【注】釋曰尊者得卑者物言取是以家語云定公假馬於季氏孔子曰君於臣有取無假故賓尊言取介卑言受也○司正升自西階受命于主人主人曰請坐于賓賓辭以俎【注】至此盛禮俱成酒清肴乾賓主百拜強有力猶倦焉張而不弛弛而不張非文武之道請坐者將以賓燕也俎者肴之貴者辭之者不敢以禮殺當貴者【音義】不弛式氏反【疏】釋曰云司正升自西階受命于主人此不言作階上受案鄉射司正升自西階阼階上受命于主人適西階上北面請坐於賓則此亦同彼云主人曰請坐于賓者亦是使司正傳語於賓也【注】釋曰自此以上皆立行禮人皆勞倦故請坐於賓也云酒清肴乾者案聘義云酒清人渴而不敢飲也肉乾人飢而不敢食也彼上云聘射之禮至大禮也則是聘射皆有飲酒禮故此鄉飲酒引之云賓主百拜者樂記文彼是飲酒禮與此同故引而相證但此鄉飲酒之禮雖無百拜舉全數而言也云強有力者

亦聘義文。言此者，欲見自此以前，未得安坐飲食也。云張而不弛，弛而不張，非文武之道者，此雜記文。略而言之。此以弓弩喻行禮之瀆。張而不弛，以喻旅酬已前立行禮。弛而不張，喻無算爵以後坐飲。一張一弛，是文武之道。張而不弛，弛而不張，非文武之道，故後須坐也。云俎者肴之貴者，謂骨體貴而肉賤，故云肴之貴者。云辭之者不敢以禮殺當貴者，自旅以前立行禮，是盛。自此後無算爵坐行禮，謂之殺。故今將坐，辭以俎。不敢以禮殺當貴者。案燕禮，司正奠觶于中庭，請徹俎而坐，此禮司正監旅訖，二人舉觶後，將行無算爵，始請坐于賓。不同者，燕禮，司正之前，二人致爵，三舉旅，得爵多，故司正奠時即坐燕。此禮由來未行旅酬，故使二人舉觶，徹俎後乃坐也。

主人請徹俎，賓許。【注】亦司正傳請告之。【音義】傳，丈專反。

司正降階前，命弟子俟徹俎。【注】西階前也。弟子，賓之少者。俎者，主人之吏設之，使弟子俟徹者，明徹俎賓之義。【音義】少，申召反。【疏】【注】釋曰：云弟子賓之少者，以其稱弟子，故知是賓之少者。西階前命之，故知賓弟子。

賓敬主人而使弟子徹俎。故云賓之義也。司正升立于序端。【注】待事。【疏】【注】釋曰。司正降階前。命弟子徹俎訖。即升立于序端。弟子仍未徹俎。故鄭云待事也。賓降席北面。主人降席阼階上北面。介降席西階上北面。遵者降席席東南面。【注】皆立。相須徹俎也。遵者。謂此鄉之人仕至大夫者也。今來助主人樂賓。主人所榮而遵灋者也。因以爲名。或有無。來不來。用時事耳。今文遵爲僎。或爲全。【音義】僎。音遵。【疏】釋曰。皆立者。將取俎以授人。遵不北面者。以其尊。故席東南面向主人。【注】釋曰。云皆立相須徹俎也者。須。待也。受俎之人一時徹而授之也。云遵者謂此鄉之人仕至大夫也者。以鄉射云大夫若有遵者入門左。注云。謂此鄉之人爲大夫者也。謂之遵者。方以禮樂化民。欲其遵灋之也。既云大夫若有遵。明士不得有遵。又士立于下。不得升堂。故知此遵是大夫也。云或有無者。下文云賓若有遵。言若者。不定之辭。故知或有或

疏內注字舊無

舊作法疏同

無也云來不來用時事耳者言來者與不來事在當時故云用時事耳

賓取俎還授司正司正以降賓從之主人取俎還授弟子弟子以降自西階主人降自阼階介取俎還授弟子弟子以降介從之若有諸公大夫則使人授俎如賓禮衆賓皆降【注】取俎者皆鄉其席既授弟子皆降復初入之位【疏】釋曰主人取俎還授弟子弟子以降自西階案燕禮膳宰徹公俎降自阼階與此不同者彼公不降故宰夫降阼階此主人降自阼階故弟子降自西階也【注】釋曰云取俎者皆鄉其席者以其俎在席前鄉席取俎還轉授之故經皆言還授也云既授弟子皆降復初入之位者以其下云揖讓如初升故如此降時亦復初入之位位在東階西階相讓也

○說屨揖讓如初升坐【注】說屨者爲安燕當坐也必說於下者屨賤不空居堂說屨主人先左賓先右今文說

毛監知

無筭爵

爲稅。【音義】說，吐活反；稅，始銳反。【疏】釋曰：自此以下至再拜，論無算爵飲酒禮終送賓之事也。云如初升坐者，謂賓主初入揖讓而升堂，升堂雖同，前則升堂立，此則卽席坐，與前異也。【注】釋曰：云說屨者爲安燕當坐也者，凡堂上行禮之澧，立行禮不說屨，坐則說屨，屨卒則不空陳於側，故降說屨，然後升堂也。云說屨主人先左賓先右者，案曲禮云：上於東階，則先右足；上於西階，則先左足。鄭注云：近於相鄉敬也。案玉藻著屨之澧，坐左納右，坐右納左，今說之亦北面鄉階，主人先坐左，賓先坐右，亦取近於相鄉敬之義也。○乃羞。

【注】羞，進也。所進者，狗胾醢也。鄉設骨體，所以致敬也；今進羞，所以盡愛也。敬之愛之，所以厚賢也。【音義】胾，莊吏反；鄉，許亮反，本又作鄉，同。【疏】【注】釋曰：知所進者狗胾醢者，案下記云其牲狗，禮記又云薦羞不踰牲，則所羞者狗胾也。但醢是舊作之物，諸經又不見以狗作醢，則胾必狗也，醢則當兼有餘牲也。云鄉設骨體所以致敬也今進羞所以盡愛也者，骨體貴，人不食，故云致敬；胾醢賤，人所食，故云盡愛也。

無算爵。【注】算，數

上 北似當連

賓出

也賓主燕飲爵行無數醉而止也鄉射禮曰使二人舉觶于賓與大夫又曰執觶者洗升實觶反奠於賓與大夫皆是【疏】【注】釋曰引鄉射禮者證此無算爵從首至末更從上至下唯醉乃止鄭云皆是者從首至末皆是行無算爵之義。

無算樂【注】燕樂亦無數或閒或合盡歡而止也春秋襄二十九年吳公子札來聘請觀于周樂此國君之無算【音義】札壯八反【疏】【注】釋曰云燕樂亦無數者亦上上無算爵也案上升歌笙閒合樂皆三終言有數此即無也云或閒或合盡歡而止也者以其不言風雅故知或閒如上閒歌用小雅也或合用二南也言或合者於後科用其一但不並用也引春秋者彼是國君禮此是大夫禮見其異也但無算之樂還依尊卑用之案春秋爲季札所歌大雅與頌者但季札請觀周樂魯爲之盡陳又魯周公之後歌樂得與元侯同故無算之樂雅頌並作也

○賓出奏陔【注】陔陔夏也陔之言

乾隆四年校刊

戒也終日燕飲酒罷以陔爲節明無失禮也周禮鍾師
以鍾鼓奏九夏是奏陔夏則有鍾鼓矣鍾鼓者天子諸
侯備用之大夫士鼓而已蓋建於阼階之西南鼓鄉射
禮曰賓興樂正命奏陔賓降及階陔作賓出衆賓皆出

【音義】罷皮賣反劉音皮【疏】【注】釋曰云陔陔夏也者周禮鍾師有
鼓奏九夏者案鍾師云凡樂事以鍾鼓奏九夏王夏肆
夏昭夏納夏章夏齊夏族夏祴夏驁夏杜子春云王出
入奏王夏尸出入奏肆夏牲出入奏昭夏四方賓來奏
納夏臣有功奏章夏夫人祭奏齊夏族人侍奏族夏客
醉而出奏陔夏公出入奏驁夏言以鍾鼓者庭中先擊
鍾却奏鼓而奏此九夏故云是奏陔夏則有鍾鼓矣云
鍾鼓者天子諸侯備用之者案鍾師天子禮有鍾鼓大射
諸侯禮亦具有鍾鼓故云天子諸侯備用之云大夫士
鼓而已者案鄉射云不鼓不釋明無鍾可知此但語鍾
鼓若用九夏則尊卑不同天子則九夏俱作諸侯則不

遵入　敎云遵者之禮

用王夏。得奏其肆夏以下。大夫以下。據此文用陔夏。其餘無文。云蓋建于阼階之西南鼓者。據此奏陔夏之時。其鼓約大射建鼓在阼階西南鼓而知。無正文。故云蓋。彼注云鼓不在東縣南爲君也。此鄉大夫無東縣。直有一鼓而已。故縣在阼階之西。鄉主人也。引鄉射者證賓出遠近陔作之義。云賓出衆賓皆出者。經賓據正賓。不言衆賓與介。則賓出之時衆賓與介俱出可知。

主人送于門外再拜。注 門東西面拜也。賓介不答拜。禮有終也。疏 注釋曰。云門東西面拜也者。此約主人迎賓之時。門東西面拜。今送賓還依此位立也。云賓介不答拜禮有終也者。於迎賓介時。賓介答拜。今送賓主人再拜。若賓介答拜。是行禮無終畢。故賓介不答。是禮有終也。不言衆賓者。迎送俱不拜。故不言也。

○賓若有遵者諸公大夫則既一人舉觶乃入。注 不干主人正禮也。遵者諸公大夫也。謂之賓者。同從外來耳。大國有孤四命謂之公。疏 釋曰。自此已下至不加席。論鄉內有諸公大夫來觀禮。主人迎之與行禮事也。【疏】釋曰：言不干主人正禮也者，正禮謂賓主獻酢是也。是一人舉觶爲旅酬始，乃入。若然，卽是作樂前入，而於此篇末乃言之者，以其無常，或來或不來，故於後言之也。云遵者諸公者，諸公大夫也者，孤只一人而言諸者，案鄭注燕禮云：諸公者，大國之孤也。孤一人，言諸者，容牧有三監。案王制云：天子使其大夫監於方伯之國，國三人。王制所陳是殷法，言容者，周公制禮時，因而不改，故云容也。云大國有孤四命者，周禮典命文，謂之公者，若天子三公也。

席于賓東，公三重，大夫再重。【注】席此二者於賓東，尊之，不與鄉人齒也。天子之國，三命者不齒，於諸侯之國，爵爲大夫則不齒矣。不言遵者，遵者亦卿大夫。【音義】重，直龍反。【疏】釋曰：言三重再重者，席在地可依，若衣裳在身，一領卽爲一重，再重三重，猶二領三領也。【注】釋曰：云席此二者於賓東者，賓在戶牖之閒，酒尊又在戶東，席此二者又在酒尊之東，但繼賓而言耳。云尊之不與鄉人齒也者，鄉人謂衆賓之席在賓西，故云不與鄉人齒。案上注云：此篇無正齒位之事。今言齒者。彼云無正齒位者。對黨正飲酒鄉人五十已九十已下有齒灋。鄉飲酒貢士。以德爲次。故云無正齒位之禮。此言齒者。謂十已上來觀禮。乃有齒灋。云天子之國三命者不齒者。案周禮黨正職云。國索鬼神而祭祀。則以禮屬民而飲酒于序。以正齒位。一命齒于鄉里。再命齒于父族。三命不齒。彼是天子黨正飲酒灋。故知天子之國三命不齒。此是天子貢人鄉飲酒灋。鄭引之爲證者。欲見天子鄉飲酒三命不齒同也。云於諸侯之國爵爲大夫則不齒矣者。以此篇及鄉射皆云。若有大夫。不辨命數。故知爵爲大夫則不齒也。此謂鄉射鄉飲酒之禮。若黨正飲酒則與此異。案文王世子云。其朝于公。內朝則東面北上。臣有貴者以齒。下文云。庶子治之。雖有三命。不踰父兄。鄭注云。治之。治公族之禮也。唯於內朝則然。其餘會聚之事。則與庶姓同。又引黨正飲酒云。一命齒於鄉里。再命齒於父族。三命不齒。不齒者特爲位。不在父兄行列中。但文王世子是諸侯之灋。若諸侯黨正飲酒。還與天子同。但諸侯之國。一命已上至三命。大夫士具有。言一命齒於鄉里者。公侯伯之士一命。與堂下鄉人齒。以其士立堂下故也。子男之士不命。與一命之士同齒於階下。子男之大夫一命。坐於上。與六十以上齒於堂。再命齒於父族者，謂子男之卿與公侯伯之大夫。以父族爲賓，則與之齒；異姓爲賓，則不與之齒，席於尊東。三命不齒者，謂公侯伯之卿，雖父族爲賓，亦不與之齒，席於尊東也。云不言遵者，遵者亦卿大夫者，案上文賓若有遵者與諸公大夫，雖文異，諸公大夫則遵也。故鄭云遵者諸公大夫也。明此經不言遵者亦卿大夫可知。

公如大夫入，主人降，賓介降，衆賓皆降，復初位。

主人迎，揖讓升。公升如賓禮，辭一席，使一人去之。【注】如讀若今之若。主人迎之於門內也。辭一席，謙自同於大夫。【音義】如，音若，出注。去，起呂反，下同。【疏】釋曰：此據諸公大夫入，賓介與衆賓皆避之，降復西階下東面位。【注】釋曰：鄭曰如讀若今之若者，前無諸公入，直以大夫與主人爲禮，是其當。公則非當，故鄭讀如若今之若，謂大夫之於公，更無異禮矣。云主人迎於門內者，以經公如大夫，大夫主人不言出，故知迎於門內也。云辭一席謙自同於大夫者，大夫再重，公三重，故辭去一席，同於大夫再重。

大夫則如介禮，有諸

兩當字俱應作常

拜禮　盛云拜賜拜辱

公則辭加席委于席端主人不徹無諸公則大夫辭加席主人對不去加席。注 加席上席也大夫席再重。疏 釋曰云大夫則如介禮者以其公如賓故大夫則如介禮。主人迎賓賓厭介介厭公公與大夫同入公亦厭大夫故云大夫如介禮。云有諸公則辭加席委於席端主人不徹者大夫再重是其正大夫以公在故謙委加席於席端主人不徹也。疏 釋曰云加席上席也者以其再重三重席皆一種故云上席也。記云蒲筵緇布純明無異也以其鄉大夫賓賢者公與大夫來觀禮而已故俱加重數更無異席也。公食大夫禮異國之客有别席是以公食大夫云宰夫設筵加席几。又記云司宮具几與蒲筵常緇布純加萑席尋玄帛純。又上大夫蒲筵加萑席其純皆如下大夫純。注云謂三命大夫也孤爲賓則莞筵紛純加繅席畫純是與當國之大夫異也。燕禮云司宮筵賓于戶西東上無加席也者以其燕私故也。大射云司宮設賓席于戶西南面有加席與公矦同者以其大射辨尊卑故也。○明日賓鄉服以拜賜。注 拜賜謝恩惠鄉服昨日

乾隆四年校刊

息司正

與鄉大夫飲酒之朝服也不言朝服未服以朝也今文曰賓服鄉服〔音義〕朝直遥反下皆同〔疏〕〔注〕釋曰鄭知鄉服是朝服者下記云朝服而謀賓介是也此賓言鄉服其鄉射賓言朝服不同者案鄉射記云大夫與則以公士爲賓謂在朝著朝服是其常此賓是鄉人子弟未仕雖著朝服仍以鄉服言之故鄭云不言朝服未服以朝也

主人如賓服以拜辱〔注〕拜賓復自屈辱也鄉射禮曰賓朝服以拜賜于門外主人不見如賓服遂從之拜辱於門外乃退〔音義〕復扶又反〔疏〕〔注〕釋曰引鄉射者於此文不具故引以爲證明彼此賓主皆不相見造門外拜謝而已

〇主人釋服〔注〕釋朝服更服玄端也古文釋作舍〔疏〕釋曰自此已下至鄉樂唯所欲論後日息司正徵唯所欲更行飲酒之禮〔注〕釋曰言釋朝服更服玄端也者以其昨日正行賓舉飲酒之禮相尊敬故朝服此乃燕私輕故玄端也

乃息司正〔注〕息勞也勞

在疑任

略故也監殺也

暘昨日贊執事者獨云司正司正庭長也【音義】勞力報反長丁丈反【疏】【注】釋曰鄭云勞暘昨日贊執事者者案下記云主人之贊者西面北上不與鄭注云主人之屬佐助主人禮事徹冪沃盥設薦俎者與及也不及謂不獻酒明此時勞可知今獨言司正司正是庭長故獨言之也

無介【注】勞禮略也司正為賓【疏】【注】釋曰此勞時司正為賓當立介以輔賓無介者勞禮略故也

不殺【注】市買若因所有可也不殺則無俎【音義】殺所八反【疏】【注】釋曰市買無正文鄭以意言之云不殺則無俎者其殺則俎以盛骨體既言不殺故知無俎也

薦脯醢【注】羞同也【疏】【注】釋曰以其脯醢與正行飲酒同有此薦故云羞同也

羞唯所有【注】在有何物【疏】釋曰羞謂上文正行飲酒之時用狗胾今不殺故言羞唯所有也【注】釋曰云在有何物者雜物皆是也

徵唯所欲【注】徵召也【疏】釋曰昨日正行飲酒不得與親友故今禮食之餘別召知友故言徵唯所欲也

以告于先生君子可也【注】

乾隆四年校刊

告請也。先生不以筋力爲禮，於是可以來。君子國中有盛德者。可者召，不召唯所欲。【音義】筋，居勤反。【疏】注釋曰：案曲禮云：「老者不以筋力爲禮。」此先生老人教學者，故云先生不以筋力爲禮，於是可以來也。云「君子國中有盛德者」者，此君子卽曲禮「博聞彊識，敦善行而不殆，謂之君子」也。又玉藻云「居士錦帶」，鄭云「居士，道藝處士」，亦一也。云「可者召，不召唯所欲」者，上文云「徵唯所欲」，上下相成解也。

賓介不與。【注】禮瀆則褻。古文與爲預。【音義】不與，音預。【疏】注釋曰：賓介昨日正行禮，今又召之，則是數數，數則瀆，瀆則不敬，故云禮瀆則褻，是以不與。

鄉樂唯欲。【注】鄉樂，周南、召南六篇之中唯所欲，作不從次也。不歌鹿鳴、魚麗者，辟國君也。【疏】注釋曰：云「鄉樂周南召南」者，上注以二南爲鄉大夫之樂，小雅爲諸侯之樂，故知二南也。但鄉燕同樂，上正行飲酒歌小雅，今燕不歌鹿鳴、魚麗，是避國君也。

【記】鄉朝服而謀賓介，皆使能，不宿戒。【注】鄉，鄉人，謂鄉大夫也。朝服，冠玄端、緇帶、素韠、白屨。今郡國行鄉飲酒之禮，玄冠而衣皮弁服，與禮異。再戒爲宿戒。禮將有事，先戒而復宿戒。【音義】韠音畢。衣，於既反。【疏】釋曰：上經直云主人與先生謀賓介，不云服，衣，不云使能及不宿戒之事，故記之也。【注】釋曰：鄉，鄉人，謂鄉大夫者，以鄉大夫爲主人，故知鄉大夫。知朝服冠玄端緇帶素韠白屨者，玄端即朝服之衣，裳又與韠同色，屨亦同裳色，故知義然也。云再戒爲宿戒，禮將有事，先戒而又宿戒者，此即士冠先戒賓及宿是也。此直戒而不宿，與冠禮異。

○蒲筵，緇布純。【注】筵，席也。純，緣也。【音義】純，之閏反，或章允反。緣，以絹反。【疏】釋曰：公食記云蒲筵常，緇布純，此不言常，文不具也。倍尋曰常，丈六尺也。

尊綌冪，賓至徹之。【注】綌，葛也。冪，覆尊巾。【音義】冪，迷狄反。

○其牲狗也。【注】狗取擇人。亨于堂東北

乾隆四年校刊

【注】祖陽氣之所始也。陽氣主養，易曰：天地養萬物，聖人養賢以及萬民。【音義】亨普庚反【疏】【注】釋曰：此據鄉飲酒義而言，以正月三陽生之月，萬物出地，盛於東南，故云祖陽氣之所始也。引易頤象辭者，義取養賢能而賓舉之事也。

○獻用爵，其他用觶。【注】爵尊，不褻用之。【音義】觶之豉反【疏】【注】釋曰：案上獻賓、獻眾賓等，皆用一升之爵，至酬及旅酬之等，皆用三升之觶。以獻爲初，相敬，故用爵；以酬之等，皆用爲相勸，故用觶。是以鄭云爵尊，不褻用之也。

○薦脯五挺，橫祭于其上，出自左房。【注】挺猶膱也。鄉射禮曰：祭半膱，膱長尺有二寸。左，在東，陽也。陽主養，房，饌陳處也。冠禮之饌，脯醢南上。曲禮曰：以脯脩置者，左朐右末。【音義】挺大頂反，本亦作脡，同。膱音職，本亦作樴，同。朐其于反【疏】【注】釋曰：此橫祭于其上者，於脯爲橫，於人爲縮。其挺有五，通祭者六，故鄉射記云：薦脯用籩，五膱，祭半膱，橫于上。臓長尺二寸。則祭半臓者長六寸。此脯不言長短者，記文不具也。云冠禮之餕脯醢南上者。欲見此房中之餕亦南上也。引曲禮者。欲見此脯與曲禮脯羞雖狗脡有異。其設之皆横於人前。鄭彼注云。屈中曰朐。以左手案之右手擘之便。

○俎由東壁，自西階升。注 亨狗既孰，載之俎，餕於東方。疏 注釋曰。亨狗於東方。孰乃載之於俎。餕陳於東壁。既餕於東方。恐由東階升。故記辯之。云自西階升也。

賓俎：脊、脅、肩、肺。主人俎：脊、脅、臂、肺。介俎：脊、脅、胳、肺。肺皆離。皆右體，進腠。注 凡牲前脛骨三：肩、臂、臑也。後脛骨二：膊、胳也。尊者俎尊骨。卑者俎卑骨。祭統曰。凡為俎者以骨為上。骨有貴賤。凡前貴後賤。離猶捾也。腠理也。進理謂前其本也。今文胳作骼。音義 胳音格。又音各。腠千豆反。本又作奏。同。脛戶定反。臑乃報反。字林人于反。膊劉音純。捾苦圭反。骼古白反。疏 釋曰。此序體。賓用肩。主人用臂。介用胳。其別有臑肫在。而介不用者。蓋以大夫俎。故此闕焉。是以鄉射記云。賓俎脊脅肩肺。主人俎脊脅臂肺。注云。賓俎用肩。主人用臂。尊賓也。若有尊者。則俎其餘體。是臑肫爲大夫明矣。大夫雖尊。不奪賓主正禮。故用體卑於主人與賓。而尊於介也。或有介俎肫胳不言者。欲見用體無常。若有一大夫。卽介用肫。若有二大夫。則介用胳。故肫胳兩見。亦是也。注釋曰。云後脛骨二膞胳也者。此皆如特牲少牢不取觳也。云祭統者。據祭祀歸俎之灋。此據飲酒生人之禮。引之者。取一邊骨有貴賤之義。以其賓用肩。主人用臂。介用胳。前貴於後也。

○以爵拜者不徒作。注 作。起也。言拜既爵者。不徒起。起必酢主人。疏 注釋曰。經直云以爵拜者不徒作。鄭知拜既爵者不徒起起必酢主人者。以其拜受爵者有不酢主人灋。故上經衆賓之長一人受爵而不酢主人。故此是拜既爵起必酢主人者也。

○坐卒爵者拜既爵立卒爵者不拜既爵。注 降殺各從其宜不使相錯唯工不從此禮。音義 殺。所界反 疏 注釋曰。以其工無目故不使立卒爵。雖坐卒爵。不拜既爵。與立卒爵者同。故云雖工不從此禮也。○凡奠者於左。注不飲者不欲其妨。疏注釋曰。奠於左者。謂主人酬賓之觶。主人奠於薦右。客不盡主人之歡。奠之於左。是不欲其妨後奠爵也。將舉於右。注便也。疏注釋曰。謂若上文一人舉觶爲旅酬。使二人舉觶爲無算爵。始皆奠於右。是其將舉者於右。以右手舉之便也。○衆賓之長一人辭洗如賓禮。注於三人之中復差有尊者。餘二人雖爲之洗。不敢辭。其下不洗。音義長。丁丈反。差。初佳反。又初賣反。又初宜反。爲。于僞反。疏注釋曰。此記上主人獻衆賓時。主人揖升。坐取爵于西楹下。降洗爵。衆賓長一人降。亦進東向辭洗。如賓禮。是於三人之中復差尊者得辭洗。餘二人雖爲之洗。不敢辭也。云其下不洗者。謂其堂下立者。不爲之洗。獻之而已。○立者東面北上。若有北面者。則東上。注賢者衆寡無常也。或統於堂。或統於門。疏注釋曰。此謂堂下立者。鄉人賢者。或多或少若少則東面北上統於堂也若多東面立不盡卽門西北面東上統於門也○樂正與立者皆薦以齒【注】謂其飲之次也尊樂正同於賓黨不言飲而言薦以薦明飲也既飲皆薦於其位樂正位西階東北面【音義】與音預【疏】注釋曰云謂其飲之次也者謂樂正與立者以齒受旅是飲之次也云薦者以先飲乃薦依飲之次而薦之故明飲也必知飲薦相將者案上經云衆賓徧有脯醢鄭注云亦每獻薦於其位位在下此言樂正與立者皆薦以齒明受獻乃薦與衆賓在下者同也○凡舉爵三作而不徒爵【注】謂獻賓獻大夫獻工皆有薦【疏】注釋曰徒空也謂獻賓獻大夫獻工不空以爵獻之而已皆有薦脯醢○樂作大夫不入【注】後樂賢者【疏】注釋曰大夫之入當一人舉觶之後未樂作之前以助主人樂賢若樂作之後後樂賢者故不入也○獻工與笙取爵于上篚既獻奠于下篚【注】明其異器

敬也。如是則獻大夫亦然。上篚三爵。疏注釋曰：鄭知上篚三爵者，以上經初主人獻賓時云取爵於篚，降洗，獻賓，受酢，主人奠爵于序端，酬賓訖，又取爵於東序端以獻介，受酢訖，奠爵于西楹南，降，三拜衆賓，衆賓訖，揖升，取爵於西楹下獻堂上、堂下衆賓，訖，主人以爵降，奠于篚，是其上篚一爵也。此記又云獻工與笙取爵于上篚，既獻，奠于下篚，是上篚二爵也。又《鄉射禮》獻大夫云「主人揖讓以大夫升，拜至，大夫答拜，主人以爵降，洗，獻大夫」，此篇亦有大夫，故知上篚有三爵也。其笙則獻諸西階上。注謂主人拜送爵也於工拜于阼階上者，以其坐於西階東也。古文無上。疏注釋曰：上經主人獻笙於西階上，此記人又言之者，爲拜送爵而言也。故鄭云主人拜送爵也。云「於工拜于阼階上者，以其坐於西階東也」者，以工坐於西階東，主人不得西階上拜送爵故也。此笙在西階，獻於西階上，嫌亦作階拜送，故此明之也。○磬，階閒縮霤，北面鼓之。注縮，從也。霤以東西爲從。鼓猶擊也。大夫而特縣。方賓鄉人之賢者，從士禮也。射則磬在東。古文縮爲蹙。【音義】縮，所六反。霤，力又反。從，子容反。縣音懸。蹙，子六反。【疏】【注】釋曰：鄭知此是諸侯之卿大夫者，案春官小胥掌樂縣之灋，而云凡縣鍾磬，半爲堵，全爲肆。鄭注云：鍾磬者，編縣之，二八十六枚而在一虡，謂之堵；鍾一堵，磬一堵，謂之肆。半之者，謂諸侯之卿大夫士也。諸侯之卿大夫半天子之卿大夫，西縣鍾，東縣磬。今諸侯卿大夫合鍾磬俱有，今直云磬，是以鄭云大夫而特縣方賓鄉人之賢者，從士禮也。云射則磬在東者，據鄉射而言。避射位，故在東，與兩階間異也。

○主人介凡升席自北方，降自南方。【注】席南上，升由下，降由上，由便。【疏】【注】釋曰：案曲禮云：席南鄉北鄉，以西方爲上；東鄉西鄉，以南方爲上。鄭注云：坐在陽則上左，在陰則上右。是以主人與介席南方爲上，故升由下，降由上者，便也。若然，席坐在陰，以東爲上者，統於主人也。

○司正既舉觶而薦諸其位。【注】司正，主人之屬也。無獻，因其舉觶而薦之。【疏】【注】釋曰：案

下文云。主人之贊者西面北上。不與。無算爵。然後與。是其無獻也。故因舉觶薦諸其位。○凡旅不
洗。【注】敬禮殺也。【疏】釋曰。案上二人舉觶皆爲旅始。不可不自潔。故洗。自此以後旅酬皆不洗。
故云凡旅不洗也。不洗者不祭。【注】不甚潔也。○既旅士不入。【注】
後正禮也。既旅則將燕矣。【疏】【注】釋曰。旅謂旅酬。所酬獻皆拜送拜受。故云正禮。既
旅之後。無算爵。行燕飲之濩。非正禮。故士不入。後正禮故也。○徹俎賓介遵者之俎。
受者以降遂出授從者。【注】送之。【音義】從。才用反。【疏】釋曰。以上文正經賓
介遵者之俎。直云降自西階。無出之文。故記之。受之必授從者。以其己所當得也。主人之俎以
東。【注】藏於東方。【疏】釋曰。以上文直云主人授弟子俎。弟子以降自西階。不言以東。故記人辨
之。【注】釋曰。云藏於東方者。以其主人。故云藏之。○樂正命奏陔賓出至于階陔
作。【疏】釋曰。陔。陔夏。詩篇名。命。命擊鼓者。賓降自西階。恐賓醉失禮。故至階奏之。○若有諸

公則大夫於主人之北西面【注】其西面者北上統於公【疏】釋曰若無諸公則大夫南面西上統於遵也○主人之贊者西面北上不與【注】贊佐也謂主人之屬佐助主人禮事徹鼏沃盥設薦俎者西面北上統於堂也與及也不及謂不獻酒【音義】與音預【疏】注釋曰云西面北上統於堂也者以其主人自屬故也無算爵然後與【注】燕乃及之【疏】釋曰以其主人之屬非主人所敬故無算爵乃得酒也

經二千六百三十八字

注三千九百三十字

儀禮注疏卷四

自屬監本之屬

無所當當字本無可疑公如大夫疏中當字與此不相似且疑常字之訛

儀禮注疏卷四考證

主人就先生而謀賓介（疏）爵則於此無所當○當字或疑譌臣學健按本篇公如大夫入節亦有當與非當之文蓋非譌也

尊兩壺于房戶間斯禁（疏）若天子諸侯承尊之物謂之豐上有舟○臣紱按鄉射禮飲不勝者設豐則豐不獨天子諸侯有之矣春官司尊彝職六彝皆有舟不謂舟又置於豐上也燕禮公尊有豐不謂豐上又有舟也二者雖以牽混賈疏似誤

賓降主人辭（注）疑正立自定之貌○正監本譌然今据

監本不誤
毛本誤

儀禮注疏卷四考證

疏及鄉射疏改正

乃設折俎疏其豚解爲二十一體○臣紘按豚解只七體士喪禮特豚四鬄兩胉脊者是也其體解則二十一體特牲記及少牢經文詳之此疏未晰豈賈氏偶弗檢與

坐祭遂飲卒觶疏主人辭賓降賓辭主人爲已洗爵○監本脫賓辭二字今依通解補之

介西階上立疏此決上獻賓酬賓時○監本獻下脫賓字酬下衍辭字考經之節次訂正之

介揖讓升授主人爵于兩楹之間○敖繼公云以後篇

大夫禮例之介字宜在授字上

坐祭坐飲不拜既爵〔疏〕故上賓介則坐祭坐飲又拜既爵此三賓衆賓之長也○衆賓之長也五字監本錯在賓介之上今尋繹文義訂正之

工四人二瑟〔疏〕按周禮瞽三百人○臣學健按此言相工者每工一人則當連引眡瞭三百人句文義乃明賈氏止引瞽三百人句語意未全

工入升自西階〔疏〕按上文已云瑟先其歌後可知也○監本脫後可二字今尋繹文義補之

衆笙則不拜受爵〔疏〕是其位也○位監本譌作類今以

案鄉射記作序端

注及上文訂改之

坐取觶不祭遂飲卒觶興坐奠觶遂拜執觶興洗○臣

紱按疏言俗本有盥者誤今石經洗字上有盥字是

石經尚用誤本也監本已經删正從之

辯卒受者以觶降○辯石經作辨

司正升立于序端○序監本譌作席今依石經及楊本

敖本改正

遵者降席席東南面○監本脱一席字今依石經及朱

子本楊本敖本補

若有諸公大夫則使人受俎○受石經作授誤

賓出奏陔疏故縣在阼階之西鄉主人也○監本西字下有南字　臣紱按注云建於阼階之西南鼓鼜縁南鼓南字而誤衍

公如大夫入疏前無諸公入○諸公監本譌作大夫今以經之節文訂正之

大夫則如介禮疏加萑席尋玄帛純又上大夫蒲筵加萑席其純皆如下大夫純○此數句內監本有脫文今考公食大夫記補之

明日賓鄉服以拜賜○監本鄉服上有服字朱子本敖本無之　臣紱按注云今文曰賓服鄉服則知鄭從古

文無上服字矣石經亦從今文

薦脯五挺注左在東陽也○監本無左字今依朱子通

解增正

俎由東壁○壁石經作璧誤

介俎脊脅胳肺○石經胳上有肫字朱子據釋文及疏

語駁之以爲本無肫字舊已刪今从之

若有北面者則東上○敖繼公云北面者與東面者相

繼當西上云東者字誤也 臣紱按敖氏甚精細蓋入

門序進時先者在西後者在東則固已西上矣至進

而受酬亦必西上而後各以其次也若東上則凌越

不便矣

樂正與立者皆薦以齒注以薦明飲也○監本脱薦字今依敖氏集說補之

二十八日閱

儀禮注疏卷四考證

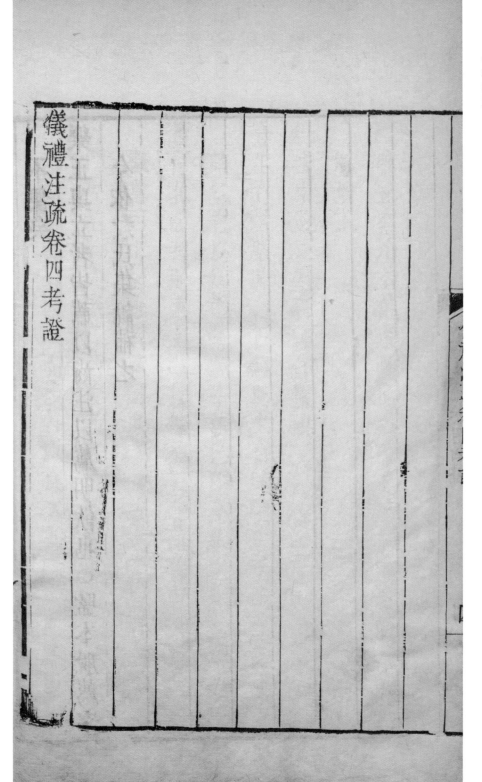

二之五二

儀禮注疏卷五

漢鄭氏注　唐陸德明音義　賈公彦疏

鄉射禮第五

鄉射之禮主人戒賓賓出迎再拜主人答再拜乃請

注主人州長也鄉大夫若在焉則稱鄉大夫也戒猶警也語也出迎出門也請告也告賓以射事不言拜辱此爲習民以禮樂不主爲賓己也不謀賓者時不獻賢能事輕也今郡國行此禮以季春周禮鄉老及鄉大夫三年正月獻賢能之書於王退而以鄉射之禮五物詢衆庶諸侯之鄉大夫既貢士於其君亦用此禮射而詢衆

庶乎。【音義】長，丁丈反。警，音景。語，魚據反。爲，于僞反。【疏】釋曰。自此至無介論州長將射先戒賓之事。案大射前三日宰夫戒宰及司馬，又射前一日樂人宿縣。此不言日數，則戒賓與射同日矣。禮同鄉飲酒也。以其鄉射先行鄉飲酒，鄉飲酒戒賓與飲酒同日，知此鄉射戒賓與射亦同日也。【注】釋曰。案鄉大夫是諸侯鄉大夫，則此州長亦諸侯之州長。以士爲之，是以經云釋獲者執鹿中。記云，士鹿中。是皆爲此州長射而言，是諸侯州長可知。若天子州長，中大夫爲之。若然，記云大夫兕中者，爲鄉大夫詢衆庶而言也。云鄉大夫若在焉，則稱鄉大夫也者，謂大夫來臨禮之時。州長戒賓不自稱，稱鄉大夫以戒賓也。云出迎出門也者，謂出序之學門，亦如鄉飲酒出庠門。皆有一門，入門即至堂耳。云不言拜辱者，此爲習民以禮樂，不主爲賓己也者，對鄉飲酒主人戒賓，賓拜辱者，彼爲賓己，非爲習民以禮樂故也。云不謀賓者，時不獻賢能，事輕也者，還決鄉飲酒獻賢能，故須就先生而謀賓介，禮重。對此不獻賢能爲輕，故不謀賓也。云今郡國行此禮以季春者，漢時雖無諸侯國，而置郡爲守，其王之子弟猶名國，其君曰相，故鄭注禮記云，如今從大守相臨之禮是也。引之者，證時節與周異也。云周禮至眾庶。○云周禮鄉大夫職文。引之者證此鄉射中兼有鄉大夫行射禮。故有射於堂及州中之事。云五物者案彼云一曰和二曰容三曰主皮四曰和容五曰興舞。鄭注云。和載六德。容包六行也。庶民無射禮。因田獵分禽則有主皮。主皮者張皮射之。無侯也。主皮和容興舞則六藝之射與禮樂與。當射之時民必觀焉。因詢之也。是也。鄭云和載六德者。和是六德之下。六德大。故舉下以載上也。容爲孝者。人有孝行則性行合容。故以孝爲容。孝是六行中之大。故舉上以包下。故云容包六行也。云主皮六藝之射者。但六藝之中射總言諸射不專據主皮。但三物教萬民射唯有主皮。此詢眾庶不兼士已上。故以主皮爲六藝之射以和容爲禮者。禮之用和爲貴。又行禮有容儀。是以漢時謂禮爲容。故以禮爲和容也。以興舞爲樂者。爲樂必興舞。故興舞以表樂也。若然。六德與六行在身所有。故可舉少以兼多。六藝施於外。非獨身所行。不可舉一以包六。但六者之中。御與書數三者於施化民爲緩。故特舉禮樂與射而言之。鄭以主皮和容興舞非射及禮樂之正名。故云與以疑之。

賓禮辭。許。主人再拜。賓答再拜。主人退。賓送再拜。

乾隆四年校刊

【注】退還射宮，省錄射事。【疏】【注】釋曰：射宮者，鄉庠州序是也。知省錄射事者，即下文云乃張矦之等是也。下言飲酒之事，知不爲飲酒事者，以飲酒者止爲射事，故以射爲主也。無介。【注】雖先飲酒，主於射也。其序賓之禮略。【疏】【注】釋曰：鄭云雖先飲酒者，自此已下先言飲酒，獻後乃射。以是禮記射義云：古者諸矦之射也，必先行燕禮；卿大夫士之射也，必先行鄉飲酒之禮。是也。但鄉飲酒之禮有介一人以輔賓，此無介者，主於射，序賓之禮略，故無介以輔賓也。○乃席賓，南面東上。【注】不言於戶牖之間者，此射於序。【疏】釋曰：自此以下至羹定，論將射預前設席位、尊罍、樂縣及張矦之事也。【注】釋曰：云不言於戶牖之間者，此射於序者，決鄉飲酒在庠，以其序無室，庠有室。此據州長射於序，以其無室無戶牖，設席亦當戶牖之處耳。言東上，亦主人在東，故席端在東。不得以曲禮席南向北向西方爲上，因陰陽解之也。衆賓之席繼而西。【注】言繼者，甫欲習衆庶，未有所殊別。【音義】別，彼列反。【疏】【注】釋曰：甫，始也。言始

欲習衆庶未有所殊別此決鄉飲酒三賓之席不屬殊別彼有德之人故各自特不繼有所殊別席主人於阼階上西面【注】阼階東階尊於賓席之東兩壺斯禁左玄酒皆加勺篚在其南東肆【注】斯禁禁切地無足者也設尊者北面西曰左尚之也肆陳也【音義】斯如字劉音賜勺上灼反篚音匪【疏】【注】釋曰云斯禁禁切地無足者也者案州長是士應言禁制不言者其中兼有鄉大夫禮故舉大夫斯禁與鄉飲酒同云設尊者北面西曰左尚之也者經云左玄酒據人設尊北面故以西為左若據酒則以南面為主地道尊右以西為右玄酒在右故云尚之若然云左據設尊又云尚之據酒尊也設洗於阼階東南南北以堂深東西當東榮水在洗東篚在洗西南肆【注】榮屋翼也【音義】深申鳩反縣於洗東北西面【注】此縣謂磬也縣於東方辟射位也但縣磬者半天子

之士無鍾。〔音義〕縣音玄。辟音避。〔疏〕〔注〕釋曰：云此縣謂磬也者，對大射縣鍾磬鎛具有也。云縣於東方辟射位也者，此言射決鄉飲酒無射事，縣於階間也。云但縣磬者，半天子之士無鍾者，案周禮小胥職云：半爲堵，全爲肆。鄭云：鍾磬者，編縣之，二八十六枚而在一虡，謂之堵。鍾一堵，磬一堵，謂之肆。半之者，謂諸侯之卿大夫士也。諸侯之卿大夫半天子之卿大夫。天子之卿大夫判縣者，東西各有鍾磬爲肆。諸侯之卿大夫判縣者，分一肆於兩廂，東縣磬，西縣鍾。若天子之士特縣者，直東廂有鍾磬二虡爲一肆。諸侯之士分取磬而已，縣於東方爲特縣，故云無鍾，對大夫及天子士有鍾。若然，此既兼鄉大夫詢衆庶，當爲判縣，宜有鍾，而總云無鍾者，方以禮樂化民，雖大夫亦同士特縣也。若鄉飲酒方賓鄉人之賢者，從士禮也。其天子諸侯鍾磬鎛具，卿大夫天子士已下亦無鎛。知者，以其諸侯卿大夫士半天子卿大夫士，若有鎛，添鍾磬爲三，半不得，故知卿大夫已下皆無鎛也。○乃張侯，下綱不及地武。〔注〕侯，謂所射布也。綱，持舌繩也。武，迹也。中人之迹尺二寸。侯象人，綱即其足也。是以取數焉【音義】射，食亦反。【疏】釋曰：此已下論預張侯之事。【注】釋曰：鄭知侯用布者，案下記云獸侯，大夫士皆言布侯，則餘賓射、大射其侯皆用布。此鄉射采侯二正，亦用布可知。云綱持舌繩也者，周禮梓人云：上綱與下綱出舌尋，縜寸焉。注云：綱所以繫侯於植者也。故云綱持舌繩也。云武迹也，中人之迹尺二寸者，無正文，蓋考驗當時而言。似云中人足扼圍九寸也。漢禮云：五武成步，步六尺。或據此而言也。云侯象人者，案鄭注梓人云：上下皆出舌一尋者，亦人張手之節也。以其張侯之法，下兩舌半上舌，兩頭綱皆出一尋，即是上廣下狹，象人張足六尺，張臂八尺，故云象人也。云綱即其足也者，謂經下綱象足。云是以取數焉者，下以綱象足，張之六尺，是取數於武也。

不繫左下綱，中掩束之。【注】事未至也。【音義】中，丁仲反。【疏】【注】釋曰：案下記云：東方謂之右个。注侯以向堂爲面也。則此左下綱以西畔而言。云中掩束之者，案記云：鄉侯一丈，倍中以爲躬，躬二丈。倍躬以爲左右舌，舌四丈。兩舌各出一丈。又云：下舌半上舌，則左右各出五尺。今將此五尺與下綱不繫者，中掩左廂向東，待將射乃解之。故云事未至也。之參侯道。居侯黨之一，西五步。【注】容謂之乏，所以爲獲者御矢也。侯道五十步，此乏去侯北十丈，西三丈。【音義】爲，于僞反。獲，如字。【疏】釋曰：乏參侯道者，謂三分侯道。云居侯黨之一者，黨，旁也，謂在侯西北邪向之，故以旁言之。其居旁之一者，謂侯道内三分之，居一分之地，十丈也。云西五步者，據侯之正北落西有五步，即三丈也。【注】釋曰：云容謂之乏者，案周禮射人職云：王以六耦射三侯，三獲三容。容者，五正。彼據王三侯有三容，容者以革爲之，可以容身，故云容也。云乏者，謂矢於此匱乏不去，故云乏也。云獲者御矢也者，謂唱獲者恐矢至其身，故云獲者御矢也。云侯道五十步者，記云鄉侯五十弓，弓之下制六尺，與步相應，故鄭云步也。云此乏去侯北十丈者，五十步計之，步六尺，五十步則三十丈，三分取一爲十丈。云西三丈者，經云西五步，五六三十，故云三丈也。遠近如此者，一得避矢，一得去堂二十丈，聞唱獲聲，是其節也。〇羹定。【注】肉謂之羹。定，猶熟也。謂狗熟可食。【音義】定，多佞反。【疏】【注】釋曰：云謂狗熟者，此與鄉飲酒同，亨狗於東方是也。主人朝服乃速賓賓朝服出迎再拜主人荅再拜退賓送再拜【注】速召也射賓輕也戒時玄端今郡國行此鄉射禮皮弁服與禮爲異。【音義】朝直遙反【疏】釋曰自此至當楣北面荅再拜論主召賓從已之事此主人與賓俱朝服案鄉飲酒賓主俱不言服者以彼賓禮重故戒與速賓俱朝服故不言此習禮輕是故戒時玄端召時乃朝服故須言之也【注】釋曰必此戒時玄端者見公食大夫云賓朝服即位於大門外如聘注云於是朝服則初此玄端宜與彼同皆是戒時不言服後速時皆朝服故知此亦戒時玄端矣且鄉飲酒戒速俱不言服知皆朝服者下記云鄉朝服而謀賓介是也云今郡國已下引之者欲見與周異也。賓及衆賓遂從之〇及門主人一相出迎於門外。再拜賓荅再拜【注】相主人家臣擯贊傳命者。【音義】相息亮反傳丈專反下傳同。【疏】釋曰鄉飲酒云賓及衆賓皆從之彼兼介故云皆此無介故不言皆也云主人一相出迎於門外。注與鄉飲酒同。此亦主人自迎而言一相者。使之傳賓言。兼相禮也。揖衆賓。【注】差卑。禮宜異。【疏】【注】釋曰。此賓與衆賓同是鄉人無爵者。而云差卑者。唯據立爲賓者尊。衆賓卽爲卑。不論有爵無爵也。云禮宜異者。賓則拜之。衆賓則揖之。是其異也。主人以賓揖先入。【注】以。猶與也。先入。入門右。西面。【疏】【注】釋曰。云以猶與者。案左氏傳云。蔡侯以吳子及楚人戰于柏舉。彼以者。能東西之曰以。以謂驅使前人之稱。此言嫌有驅使之稱。故以爲與。謂主人與賓。是以爲平敵之義。故須訓之。云先入入門右西面者。此注亦與鄉飲酒同。以其賓入東面。故西面待之。賓厭衆賓。衆賓皆入門左。東面北上。賓少進。【注】引手曰厭。少進。差在前也。今文皆曰揖衆賓。【音義】厭。於涉反。下賓厭同。【疏】釋曰。此經亦與鄉飲酒同。此云賓少進。彼亦宜然。不言者。文不具也。主人以賓三揖。皆行。及階。三讓。主人升一等。賓升。【注】三讓而主人先升者。是主人先讓於賓，不俱升者，賓客之道，進宜難也。【疏】釋曰：言皆行者，賓主行，衆賓亦行，故云皆行。鄉飲酒亦皆，不言者，文略也。【疏】釋曰：知主人先讓於賓者，以其主人之法，先升導賓，賓後升。進宜難，禮之常然，故知主人先讓賓也。此升一等，禮之常。燕禮君升一等者，尊君故也。主人升階上，當楣北面再拜。賓西階上，當楣北面答再拜。【注】主人拜賓至此堂。【音義】楣，亡悲反。【疏】【注】釋曰：知拜是拜至者，鄉飲酒義云拜至、拜洗。公食亦云當楣北鄉再拜，故知拜是拜至。○主人坐取爵於上篚，以降。【注】將獻賓也。【疏】釋曰：自此至主人阼階上答拜，論主人獻賓之事。凡取爵於篚以降者，皆是上篚。鄉飲酒不言上者，文略也。賓降。【注】從主人也。主人阼階前西面坐奠爵，興，辭降。【注】重以主人事煩賓也。今文無阼階。賓對。【注】對，答。【疏】釋曰：鄉飲酒注云：賓主之辭未聞。此不注，從可知。主人坐取爵，興，適洗南面坐奠爵于篚下盥洗【注】盥手又洗爵致絜敬也古文盥皆作浣【音義】浣戶管反 賓進東北面辭洗【注】必進者方辭洗宜違位也言東北面則位南於洗矣 主人坐奠爵于篚興對賓反位【注】反從降之位也鄉飲酒曰當西序東面 主人卒洗壹揖壹讓以賓升賓西階上北面拜洗主人阼階上北面奠爵遂答拜乃降【注】乃降將更盥也古文壹皆作一 賓降主人辭降賓對主人卒盥壹揖壹讓升賓升西階上疑立【注】疑止也有矜莊之色【音義】疑魚乞反

【疏】【注】釋曰鄉飲酒注云疑讀爲仡然從於趙盾之仡疑立自定之貌此言疑止也有矜莊之色二注相兼乃具

主人坐取爵實之賓之席前西北面獻賓【注】進於

賓也。凡進物曰獻。【疏】【注】釋曰：云凡進物曰獻者，欲見此賓乃是鄉民而已，無尊卑上下，猶言獻者，此獻直是進物而言進獻之也。案周禮玉府注云古者致物於人，尊之則曰獻，彼據尊敬前人，雖卑亦曰獻，若齊侯獻捷於魯之類，義與此別也。賓西階上北面拜，主人少退。【注】少退，猶少辟也。【音義】辟，婢亦反，一音避。【疏】【注】釋曰：鄉飲酒文與此同。注云少退少辟，及下文云賓少退，注云少退逡巡，義亦與此同。賓進受爵于席前，復位。【注】復位，西階上位。主人阼階上拜送爵，賓少退。薦脯醢。【注】薦，進。賓升席自西方。【注】賓升降由下也。【疏】【注】釋曰：凡席升由下，降由上。下文降席不由上者，以主人在東，敬主人，不得降由上。文於席西拜，便使升降皆由下，故云賓升降由下也。乃設折俎。【注】牲體枝解節折，以實俎也。【音義】折，之設反，後皆放此。主人阼階東疑立。賓坐，左執爵，右祭脯醢，奠爵于薦西，興，取肺，

乾隆四年校刊

坐絕祭【注】卻左手執本，右手絕末以祭也。肺離上爲本，下爲末。【疏】【注】釋曰：鄭皆約鄉飲酒知之也。尚左手嚌之。【注】嚌，嘗也。右手在下，絕以授口嘗之。【音義】嚌，才計反。興，加于俎，坐挩手，執爵，遂祭酒，興，席末坐啐酒。【注】挩，拭也。啐，嘗也。古文挩作說。【音義】挩，始銳反。啐，七內反。拭音式。降席，坐奠爵，拜，告旨。【注】降席，席西也。旨，美也。執爵興，主人阼階上答拜。賓西階上北面坐卒爵，興，坐奠爵，遂拜，執爵興。【注】卒，盡。主人阼階上答拜。

○賓以虛爵降。【注】將洗以酢主人。【疏】【注】釋曰：自北至賓西階上答拜，論賓酢主人之事。鄉飲酒不言虛爵，直云降洗。此直云虛爵降，不言洗，互見爲義，相兼乃具也。主人降。【注】從賓也。降立阼階東，西面，當東序。【疏】【注】釋曰：皆鄉飲酒文也。賓西階前東面坐奠爵興辭降主人對賓坐取爵適洗北面坐奠爵于篚下興盥洗【注】賓北面盥洗自外來【疏】注釋曰對主人自內出南面上文主人坐取爵適洗南面是也主人阼階之東南面辭洗賓坐奠爵于篚興對主人反位【注】反位從降之位也主人辭洗進也【疏】注釋曰云反位從降之位也者即上東序之西南面位云主人辭洗進者經直言反不言進鄭以言反位由前進乃反位故鄭却本之主人辭洗進也賓卒洗揖讓如初升【疏】釋曰言如初則亦一揖一讓也○主人拜洗賓答拜興降盥如主人之禮賓升實爵主人之席前東南面酢主人【注】酢報○主人阼階上拜賓少退主人進受爵復位賓西階上拜送爵薦脯醢主人升席自北方乃設折俎祭如賓禮【注】祭

乾隆四年校刊

薦俎及酒，亦嚌啐，不告旨。【注】酒己物。自席前適阼階上，北面坐卒爵，興，坐奠爵，遂拜，執爵興。賓西階上北面答拜。【注】自，由也。啐酒於席末，由前降，便也。【音義】便，婢面反，後放此。【疏】注釋曰：鄭知義然者，亦約鄉飲酒得知也。主人坐奠爵于序端，阼階上再拜崇酒，賓西階上答再拜。【注】序端，東序頭也。崇，充也。謝酒惡相充滿也。【疏】釋曰：奠爵于序端，此擬下獻衆賓，故云取爵于序端，與鄉飲酒同也。○主人坐取觶于篚以降。【注】將酬賓。【音義】觶，之豉反。【疏】釋曰：自此至當西序，論酬賓之事。賓降，主人奠觶辭降，賓對，東面立。主人坐取觶洗，賓不辭洗。【注】不辭洗，以其將自飲。卒洗，揖讓升。賓西階上疑立。主人實觶酬之，阼階上北面坐奠觶，遂拜。

執觶興【注】酬勸酒。賓西階上北面答拜。主人坐祭，遂飲，卒觶，興，坐奠觶，遂拜，執觶興。賓西階上北面答拜。主人降洗，賓降辭，如獻禮。【注】以將酌己。【疏】【注】釋曰：鄭言此者，前不辭洗，主人自飲，至此辭洗，以將酌己，故辭也。升，不拜洗。【注】酬禮殺也。【音義】殺，所界反。賓西階上立。主人實觶賓之席前，北面。【注】酬賓。賓西階上拜。主人坐奠觶于薦西。賓辭，坐取觶以興，反位。【注】賓辭，辭主人復親酌己。【音義】復，扶又反。【疏】【注】釋曰：此辭前獻時親酌己，今復親酌己。主人阼階上拜送。賓北面坐奠觶于薦東，反位。【注】酬酒不舉。【疏】【注】釋曰：鄉飲酒注引曲禮「不盡人之歡」之事，此不言，亦從彼注可知。主人揖降。賓降，東面立于西階西，當西序。【注】主人將與眾賓為禮，賓謙不敢獨居堂。○主人西南面三拜衆賓，衆賓皆荅壹拜。【注】三拜，示徧也。壹拜，不備禮也。獻賓畢，乃與衆賓拜，敬不能竝。【音義】徧音遍。【疏】【注】釋曰：云「三拜，示徧也」者，衆賓無問多少，止爲三拜而已，是示徧也。云「一拜，不備禮也」者，衆賓人皆一拜，是拜不備禮。此亦荅大夫拜法，以其此禮中含卿大夫法。若荅士拜，則亦再拜，見於特牲也。云「獻賓畢，乃與衆賓拜」者，自爾來唯與賓拜，未與衆賓拜，今始拜之，故云敬不能竝。

主人揖升，坐取爵于序端，降洗，升實爵，西階上獻衆賓。衆賓之長升拜受者三人。【注】長，其老者。言三人，則衆賓多矣。國以多德行道藝爲榮，何常數之有乎？【音義】長，丁丈反。行，下孟反。【疏】【注】釋曰：衆賓之長升拜受者三人，此雖非賓賢能，其衆亦三人在堂上，與鄉飲酒數同。其堂下衆賓無定數，故鄭云「言三人，則衆賓多矣」。云「國以多德行道藝爲榮」者，案周禮大司徒以鄉三物教萬民：一曰六德，二曰六行。三曰六藝。此既鄉人。則德行亦據六德六行。道藝則六藝也。此竝與鄉飲酒賓介與眾賓之類竝來與在射中。是以孔子射於矍相之圃。觀者如堵墻。彼亦據孔子爲鄉大夫習人以禮樂之射。至於誓之於後僅有存焉。亦無常數之事也。主人拜送【注】拜送爵於眾賓右。【疏】【注】釋曰。知在眾賓右者。約鄉飲酒。獻眾賓皆於西階上賓右。知之也。坐祭立飲不拜既爵授主人爵。降復位【注】既盡【疏】釋曰。此還據堂上三人者。降復賓南東面位。眾賓皆不拜受爵。坐祭立飲【注】自第四以下。又不拜受爵。禮彌略。【疏】【注】釋曰。此謂堂下眾賓無數者。故鄭云自第四以下。云又不拜受爵禮彌略者。三賓雖坐祭立飲不拜既爵。仍拜受。此眾賓非直坐祭立飲不拜既爵。又不拜受爵。故云禮彌略也。每一人獻則薦諸其席【注】諸於【疏】釋曰。此還據堂上三人有席者。故云薦諸其席。謂席前也。眾賓辯有脯醢【注】薦於其位。【音義】辯音遍【疏】【注】釋曰。還據堂下無席者。故鄭云薦於其位。不云席也。主人以虛爵降。奠于篚。【注】不復用。○揖讓升。賓厭衆賓升。衆賓皆升就席。【疏】釋曰。自此以下至舉觶者降。論旅酬之事。一人洗舉觶于賓。【注】一人。主人之吏。【疏】【注】釋曰。主人之吏。亦謂府史以下。非屬官也。升實觶。西階上坐奠觶。拜。執觶興。賓席末荅拜。舉觶者坐祭。遂飲卒觶。興。坐奠觶。拜。執觶興。賓荅拜。降洗。升實之。西階上北面。【注】將進奠觶。賓拜。【注】拜受觶。舉觶者進。坐奠觶于薦西。【注】不授。賤不敢也。【疏】【注】釋曰。以其是主人之吏。既賤。故不敢親授。奠之也。賓辭。坐取以興。【注】若親受然。【疏】【注】釋曰。云若親受然者。賓辭即坐取以興。故云若親受然也。舉觶者西階上拜送。賓反奠于其所。舉觶者降。【疏】釋曰。云反奠於其所者。還於薦西。以其射後賓北面舉之爲旅酬。故不奠於薦東也。○大大若有遵者則入門左【注】謂此鄉之人爲大夫者也謂之遵者方以禮樂化民欲其遵法之也其士也於旅乃入鄉大夫士非鄉人禮亦然主於鄉人耳今文遵爲僎【音義】僎音遵【疏】【注】釋曰云大夫若有遵者言若者或無不定故云若也鄭知是當鄉大夫者以其鄉射既與人行射禮而言大夫可知云其士也於旅乃入者下記云士既旅不入明未旅閒皆得入是以未旅而射其士皆在也知鄉大夫士非鄉人禮亦然者以其同是鄉大夫士禮無異故也但異鄉不助主人樂賓爲別也

主人降【注】迎大夫於門內也不出門別於賓【音義】別彼列反【疏】【注】釋曰鄭知迎大夫於門內者以其上文大夫入門左此經直云主人降不云出故知迎大夫於門內可知

賓及眾賓皆降復初位【注】不敢居堂俟大夫入也初位門內東面【疏】【注】釋曰知初位門內東面者上文賓厭眾賓皆入門左東面北

上。故知也。主人揖讓以大夫升，拜至，大夫答拜。主人以爵降，大夫降。主人辭降，大夫辭洗，如賓禮。席於尊東。【疏】尊東明與賓夾尊也。不言東上，統於尊也。【疏】【注】釋曰：上云尊於賓席之東，則賓在尊西。今大夫言席於尊東，明與賓夾尊可知。云不言東上統於尊也者，席於尊東，繼尊而言，又不言東上西上。是以下云大夫降席東南面。降由上，故知西上統於尊也。升，不拜洗。主人實爵席前，獻于大夫。大夫西階上拜，進受爵，反位。主人大夫之右拜送。大夫辭加席，主人對，不去加席。【注】辭之者，謙不以己尊加賢者也。不去者，大夫再重席，正也。賓一重席。【音義】去，起呂反。重，直容反，下皆同。【疏】釋曰：云升不拜洗者，以大夫尊，故不拜洗也。云反位者，大夫反西階上位。云主人大夫之右拜送者，謂在大夫之東拜送爵也。【注】釋曰：云辭之者，謙不敢以己尊加賢者。鄉射

之禮。鄉人爲賓。下記云。若大夫與。則以公士爲賓。亦遵
賢者爲之。故辭加席。又不以己尊加賢者也。云不去者
大夫再重席正也者。鄉飲酒云。公三重。大夫再重。故知
大夫再重席禮之正也。云賓一重席者。鄉人故一重。縱
公士爲賓。亦一重也。乃薦脯醢。大夫升席。設折俎。祭如賓禮。不嚌
肺。不啐酒。不告旨。西階上卒爵。拜。主人答拜。注凡所不
者。殺於賓也。大夫升席由東方。疏注釋曰。云凡所。謂經中三事。以其殺於賓
若然。上云不拜洗。亦是殺於賓之類也。云大夫升席由
東方者。以其大夫席西上。升由下。故知大夫升席由東
方也。○大夫降洗。注將酢主人也。大夫若衆。則辯獻長乃
酢。疏釋曰。自此至皆升就席。論大夫酢主人訖。賓主皆升就席之事。知大夫若衆則辯獻長乃酢者。此經
據一大夫而言。故獻大夫即酢。案有司徹。主人洗爵獻
長賓于西階上。然後衆賓長升拜受爵。宰夫贊主人酌。
若是以辯。乃升長賓。主人酌酢於長賓。西階上北面。賓
在左。注云。主人酌自酢。序賓意。賓卑不敢酢。賓尸與凡

卑飲酒禮同可以相參示是辯獻長乃酢也主人復阼階降辭如初卒洗主人盥【注】盥者雖將酌自飲尊大夫不敢褻【疏】【注】釋曰云盥者雖將酌自飲者以其下文大夫洗爵升授主人爵是主人酌以自酢故云雖將酌自飲云不敢褻者決有司徹主人自酌不盥是此爲尊大夫雖自酢亦不敢褻也揖讓升大夫授主人爵于兩楹間復位主人實爵以酢于西階上坐奠爵拜大夫答拜坐祭卒爵拜大夫答拜主人坐奠爵于西楹南再拜崇酒大夫答拜主人復阼階揖降【注】將升賓【疏】釋曰云主人坐奠爵於西楹南者前獻賓賓酢主人主人飲酢訖奠爵於東序端將後獻衆賓不得奠於篚中此受大夫酢不奠于篚者爲士於旅乃入擬獻士故奠爵于此也大夫降立于賓南【注】雖尊不奪人之正禮【疏】【注】釋曰大夫尊在堂則席之于尊東特尊之今降而在賓下者欲使賓主相對行禮

若在其北則妨賓主揖讓之正禮故云不奪人之正禮。主人揖讓以賓升大夫及衆賓皆升就席。○席工于西階上少東樂正先升北面立于其西。注言少東者明樂正西側階不欲大東辟射位。音義大音泰。疏釋曰自此至告于賓論作樂之事云席工者謂爲工設席下文乃升席也注釋曰云言少東者明樂正西側階者既言席工于西階上少東則在西階東矣復云樂正立于其西則近席西其言從近故知樂正側近西階東則不欲大東辟射位大射亦同此注燕禮注亦然者燕亦容有射法鄉飲酒工位與此同注不言者不射故也。工四人二瑟瑟先相者皆左何瑟面鼓執越內弦右手相入升自西階北面東上工坐相者坐授瑟乃降。注瑟先賤者先就事也相扶工也面前也鼓在前變於君也執越內弦右手相由便也越瑟下孔所

松崖云鼓在前為前首

以發越其聲也。前越言執者。內有弦結。手入之淺也。相者降立西方。音義 相息亮反。何胡可反。疏 釋曰。云工四人二瑟。則是二人歌可知。經不言相歌二人者。以其空相。亦與相瑟者同。故不言。直言瑟之難者也。注 釋曰。云瑟先賤者先就事也者。案大射大師少師歌。衆工瑟。是知瑟者賤也。凡工者皆先瑟後歌。是賤者先即事。故序亦在前。若然。得獻亦在前。以隨其先後而取之故也。云鼓在前變於君也者。鄉射與大射相對。大射君禮而後首。此臣禮前首。故云變於君。燕禮與鄉飲酒相對。是以燕禮面鼓。又與鄉飲酒後首相變。云執越內弦右手相者。案鄉飲酒注云。內弦側擔之者。據瑟體而言。燕禮注云內弦弦爲主者。據弦體而說。此言內弦右手相由便。語異義同也。云前越言執者。內有弦結手入之淺也者。瑟體首寬尾狹。內越孔雖長。廣狹亦等。但弦居瑟上。近首鼓處則寬。近尾不鼓處則狹。側持之法。近鼓持之。手入則淺。近尾持之。手入則深。是以通與燕禮言面鼓。則云執之。手入淺也。大射與鄉飲酒言後首。則云挎越。手入深故也。云相者降立西方者。其相者是弟子。位在西者。是以下文云。樂正適西方。命弟子贊工還樂於下。故知此相工是弟子。故降立還於西方也。笙入立于縣中。西面。注堂下樂相從也。縣中。磬東立西面。音義縣音懸。疏注釋曰。云堂下樂相從也者。案上文云。縣于洗東北西面。此云立于縣中。明是堂下相從。皆在東方也。云縣中磬東立西面者。謂在磬東。當磬之東。鄭知不在磬西西面者。若磬西西面。則笙者背磬不可。故知在磬東西面也。乃合樂周南關雎葛覃卷耳召南鵲巢采蘩采蘋。注不歌不笙不閒。志在射。略於樂也。不略合樂者。周南召南之風。鄉樂也。不可略其正也。昔大王王季文王始居岐山之陽。躬行以成王業。至三分天下。乃宣周南召南之化。本其德之初。刑于寡妻。至于兄弟。以御于家邦。故謂之鄉樂。用之房中。以及朝廷饗燕鄉射飲酒。此六篇其風化之原也。是以合金石絲竹而歌之。【音義】合，如字，劉音閤。閒，閒廁之閒。太，音泰。【疏】釋曰：言乃者，以其作樂之法，先歌後乃合樂。令不歌不笙不閒，唯合樂，故言乃，以見非常故也。【注】釋曰：據鄉飲酒、燕禮，作樂有四節，令不歌不笙不閒，唯有合樂，故云志在射，略於樂也。云合樂者周南召南之風鄉樂也者，上注已云，頌及大雅天子樂，小雅諸侯樂，此二南卿大夫樂，但鄉飲酒、鄉射是大夫士爲主人，故大夫士樂爲鄉樂者也。云不可略其正也者，二南是大夫士之鄉樂，己之正樂，故云不可略其正者也。云昔太王已下，於鄉飲酒注已說，義具於彼，此注略言之耳。若然者，燕禮與鄉飲酒文同，注又與燕禮不異者，以其鄉射與鄉飲酒同是大夫士禮，卿大夫士行射禮，先行鄉飲酒禮，鄉飲酒與鄉射自爲首尾，故鄉飲酒注具於此略言。燕禮是諸侯禮，天子諸侯射先行燕禮，則燕禮與大射自爲首尾，是以燕禮歌笙閒合，鄭亦具注之，大射又略言之也。工不興告于樂正曰：正歌備。【注】不興者，瞽矇禮略也。【音義】矇，音蒙。【疏】釋曰：言正歌者，升歌也。升歌鹿鳴，是上歌諸侯樂，非己正樂，故以二南爲正歌也。言備者。凡作樂皆三終。此備明亦三終也。【注】釋曰。云不興者。瞽矇禮略也者。以工告樂正。以卑告尊。當興。今以瞽矇無目。不可責其備禮。故不興者於禮略也。

樂正告于賓。乃降。【注】樂正降者。堂上正樂畢也。降立西階東北面。【疏】【注】釋曰。言告于賓者。作樂主爲樂賓。今歌備。故告賓言歌備也。言樂正降者。堂上正樂畢也者。以其鄉飲酒燕禮但升歌笙閒合樂。皆是正歌。今略去升歌笙閒三者。唯有合樂於堂上。故云堂上正樂畢也。云正樂者。對後無算樂非正樂也。下射雖歌騶虞。亦是堂下非堂上。故以堂上決之也。云降立西階東北面者。此無正文。約堂上樂正位在西階東北面。今降亦當在西階東北面也。

主人取爵于上篚。獻工。大師則爲之洗。【注】尊之也。君賜大夫樂。又從之以其人。謂之大師也。【音義】爲。于僞反。【疏】【注】釋曰。自此至反升就席。論主人獻工笙之事。但天子諸侯官備。有大師少師瞽人作樂之長。大夫士官不備。不合有大師。君有賜大夫士樂器之法。故春秋左氏云。晉侯歌鍾二肆。取半以賜魏絳。魏絳於是乎始有金石之樂禮也時以樂人賜之故鄭云君賜大夫樂又從之以其人謂之大師也賓降主人辭降【注】大夫不降尊也【疏】【注】釋曰云大夫不降尊也者此賓降大夫若降直與賓共文今不言大夫降鄉飲酒亦云賓降不言大夫降明大夫皆不降以其尊故也工不辭洗卒洗升實爵工不興左瑟一人拜受爵【注】左瑟辟主人授爵也一人無大師則工之長者【疏】【注】釋曰此言工不辭洗及一人拜受爵皆上大師也不言大師言工一人者欲見有大師則大師不辭洗拜受爵若無大師則凡工不辭洗拜受爵故變言工與一人假令大師左瑟先獻若歌則後獻亦先獻工一人是以鄭云一人無大師則工之長者以鄉飲酒獻工時云一人不興受爵注云一人工之長者也大師爲歌者未得獻先獻瑟工之長者也主人阼階上拜送爵薦脯醢使人相祭【注】人相者【音義】相息亮反【疏】【注】釋曰云人相者則弟子相之既相工明祭亦相之可知工飲不拜既爵授主人爵

衆工不拜受爵。祭飲。辯有脯醢。不祭。【注】祭飲，不興受爵坐祭坐飲。【疏】釋曰：云「工飲不拜既爵」者，還是上一人拜受爵者雖不拜既爵，仍拜受也。下衆工又對上一人拜受爵。衆工不拜受爵也。【注】釋曰：云「祭飲不與受爵坐祭坐飲」者，對上賓主坐祭立飲，故云坐祭坐飲。亦不拜既爵可知也。

不洗，遂獻笙于西階上。【注】不洗者，賤也。衆工而不洗矣，而衆笙不洗者，笙賤於衆工。正君賜之，猶不洗也。【疏】【注】釋曰：云「衆工而不洗矣，而衆笙不洗」者，笙賤於衆工，正君賜之猶不洗也。鄭云此者，欲見工在上貴，君賜之，大師爲之洗；笙賤位在下，使正君賜之笙人，猶不爲之洗，況衆笙乎？欲取賜笙人不爲之洗之意，不取衆笙不爲洗也。

笙一人拜于下，盡階，不升堂，受爵，主人拜送爵。階前坐祭，立飲，不拜既爵，升授主人爵。衆笙不拜受爵，坐祭，立飲。辯有脯醢，不祭。主人以爵降，奠于篚。

【疏】釋曰：此經總獻笙人。雖賤，中亦有尊卑，故一人升階受爵，餘者不升，不拜既爵則同也。反升就

席。【注】亦揖讓以賓升，衆賓皆升。【疏】【注】釋曰：云「亦揖讓以賓升，衆賓皆升」者，謂亦前大夫若有遵者則入門左，主人降，賓及衆賓皆降，主人共大夫行禮訖，主人揖讓以賓升，大夫及衆賓皆升就席相似，故云亦。若然，上賓降時雖不言衆賓降，衆賓卑，從降可知，故今從賓升也。○主人降

席自南方。【注】禮殺，由便。【疏】【注】釋曰：自此盡未旅，論立司正之事也。云「禮殺由便」者，對上文主人受酢爵時禮盛，故主人降席自北方，啐酒於席末亦然。今此立司正禮殺，故降席自南方，故云禮殺由便也。側降。【注】賓不從降。【疏】【注】釋曰：側降，猶特降，故云賓不從降也。作相爲

司正，司正禮辭，許諾，主人再拜，司正答拜。【注】爵備樂畢，

將留賓以事，爲有懈倦失禮，立司正以監之，察儀法也。

詩云：「既立之監，或佐之史。」【音義】解，古賣反。監，古咸反。【疏】【注】釋曰：云「爵備」者，謂

賓及衆賓與遵者并工笙並得獻是爵備也云樂畢者合樂訖是樂畢以無歌笙與間故不言樂成而云畢而已也云將留賓以事者下有射事射訖行旅無算之事故須立司正以監之但中間爲射變司正爲司馬射訖反爲司正以監察儀法也引詩者證監與正爲一物皆察儀法也　主人升就席○司正洗觶升自西階由楹内適阼階上北面受命于主人【注】洗觶者當酌以表其位顯其事也楹内楹北【疏】釋曰云受命于主人者謂受主人請安賓之命是以下云請安于賓鄭注云傳主人之命也　西階上北面請安于賓【注】傳主人之命　賓禮辭許司正告于主人遂立于楹間以相拜【注】相謂贊主人及賓相拜之辭　主人阼階上再拜賓西階上答再拜皆揖就席【注】爲已安也今文揖爲升　司正實觶降自西階中庭北面坐奠觶興退

少立。注 奠觶。表其位也。少立。自脩正。慎其位也。古文曰少退立。疏 釋曰。此云北面坐奠觶。鄉飲酒亦然者。此二者皆臣禮。故北面奠觶。燕禮大射皆司正南面奠觶者。彼是君禮。欲取還不背君。故南面奠觶。故大射云。南面坐奠觶。興右還。北面少立。坐取觶。興坐不祭。卒觶奠之。興。再拜稽首。左還。南面坐取觶洗。南面反奠於其所。北面立。注云。皆所以自昭明於衆也。將於觶南北面則右還。於觶北南面則左還。如是得從觶西往來也。必從觶西往來者。爲君在阼。不背之也。又取威儀多。此及鄉飲酒在阼非君。直北面奠觶。又威儀簡故也。進坐取觶。興。反坐。不祭。遂卒觶。興。坐奠觶。拜。執觶興。洗。北面坐奠于其所。注 今文坐取觶無進。又曰坐奠之拜。興。少退。北面立于觶南。注 立觶南。亦其故擯位。疏 注 釋曰。云立觶南亦其故擯位者。案上未有擯位。此云擯位者。案射禮云。擯者退中庭。是擯者在中庭有位。燕禮大射皆擯者爲司正。則此鄉射及鄉飲酒云作相爲司正。相即擯者也。故知解南者，中庭，故賓位也。

未旅。【注】旅，序也。未以次序相酬，以將射也。旅則禮終也。【疏】注釋曰：旅，衆也。而言序者，謂衆以次序相酬。必於未旅而射者，旅則醉，禮終，恐不得射，故於未旅而射也。此大夫士禮，將射先行鄉飲酒，後行旅酬而已，故射前未旅，而射後乃始行旅酬。燕禮、大射國君禮，故先行燕禮，雖行一獻，以其辯尊卑，故行四舉旅。大射主爲射，故再獻訖即射。燕禮主爲燕，故三舉旅乃射。彼皆與此不同也。

○三耦俟于堂西，南面東上。【注】司正既立，司射選弟子之中德行道藝之高者以爲三耦，使俟事於此。【疏】注釋曰：自此已下盡樂正北面立於其南，論三番射事。鄭知司正既立，司射即選弟子之中爲三耦俟事於此者，經云俟於堂西，明此時始選，故知既立司正，司射乃選弟子俟事於此也。故記云：三耦者使弟子，司射前戒之。注云：弟子，賓黨之少者也。前戒，謂先射請戒之。

司射適堂西，袒決遂，取弓于階西，兼挾乘矢，升自西階，階上北面告于賓曰弓矢既具有司請射【注】司射主人之吏也於堂西袒決遂者主人無次隱蔽而已袒左免衣也決猶闓也以象骨爲之著右大擘指以鉤弦闓體也遂射韝也以韋爲之所以遂弦者也其非射時則謂之拾拾斂也所以蔽膚斂衣也方持弦矢曰挾乘矢四矢也大射曰挾乘矢於弓外見鏃於弣右巨指鉤弦古文挾皆作接

【音義】袒徒旱反決古穴反挾音協一音子協反乘繩證反闓音開著丁略反又直略反擘補革反韝古侯反見賢遍反鏃子木反又七木反弣芳甫反

【疏】釋曰云司射取弓於階西兼挾乘矢者以其司射之弓矢豫陳於西階故司射於堂西袒決遂訖即取弓矢於階西是以下記云司射之弓矢與扑倚於西階之西是也云有司請射者此有司謂司馬故大射云司射自阼階前曰爲政請射注爲政謂司馬司馬政官主射禮諸侯

之州長無司馬官。直言有司請射。以此司馬也。【注】釋曰。
云司射主人之吏也者。大射諸侯禮。有大射正爲長射
人次之。司射又次之。小射正又次之。皆是士爲之則此
大夫士禮不得用士。故知是主人之吏爲之可知。云於
堂西袒決遂者主人無次隱蔽而已者。此對大射人君
禮有次在東方。不須適堂西也。云袒左免衣也。知袒左
者。凡事無問吉凶。皆袒左。是以士喪主人左袒。此及大
射。亦皆袒左。不以吉凶相反。唯有受刑袒右。故覲禮云。
乃右肉袒於廟門之東。注云右肉袒者刑宜施於右是
也。云決猶闓也以象骨爲之者。大射注亦然。案繕人云。
掌王之用弓弩矢箙繒弋決拾。鄭注云。士喪禮。決用正
王棘。若檡棘。則天子用象骨與。無正文。故引士喪禮文。
言與以疑之。若然。諸侯及大夫生用象。死用棘。天子無
問死生皆用象者。蓋取其滑也。云著右大擘指以鉤弦
闓體也。知者。以右巨指鉤弦。故知著於右大擘指也。以
右擘著極。是以大射云。朱極三。注云。以朱韋爲之。三者。
食指將指無名指是也。云遂射韝也。以韋爲之。以遂弦
者也者。大射注亦云。遂射韝也。以朱韋爲之。著左臂所
以遂弦也。云其非射時則謂之拾。拾斂也。所以蔽膚斂
衣也者。此篇及大射。將射云袒決遂。射訖則云說決拾。

於公。雖射亦謂之拾。故大射云。公就物。小射正奉決拾以笥。大射正執弓。皆以從於物。彼亦臨時而云拾。以公射袒朱襦。言拾以見斂衣。故變文以見義也。云所以蔽膚斂衣也者。言蔽膚據士。斂衣據大夫已上。是以下記大夫與士射袒纁襦。燕禮記云。君射袒朱襦。若對君。大夫亦與士同。亦蔽膚也。云方持弦矢曰挾。知者。下記云凡挾矢於二指之閒橫之。是言其方可知。引大射挾乘矢於弓外見鏃於弣。是其方也。若側持弓矢則名執。故下文云。司射猶袒決遂。左執弓。右執一个。兼諸弦面鏃。注云。側持弓矢曰執。面猶尚也。幷矢於弦。尚其鏃。是也。云乘矢四矢也者。下云司射搢三挾一个。又詩云四矢反兮。是四矢曰乘。凡物四皆曰乘也。引大射者。欲見挾爲方持弦矢。

賓對曰。某不能爲二三子許諾。注言某不能謙也。二三子謂衆賓已下。音義爲。于僞反。疏注釋曰。二三子謂衆賓已下者。謂除三耦之外。遊射者而言。故云謂衆賓已下也。若然。投壺禮賓固辭乃許者。彼因燕而爲之。再辭乃許。此爲衆習禮。不專爲已。故一辭即許。大射不請者。彼爲擇士而射。故不須云許。直告射節而已。此爲衆庶習禮。故云爲二三子許諾。亦一辭而許也。司射適阼階上東北面告于主人曰：「請射于賓。」賓許。○司射降自西階，階前西面，命弟子納射器。注 弟子，賓黨之年少者也。納，內也。射器，弓矢決拾旌中籌楅豐也。賓黨東面，主人之吏西面。音義 少，申召反。楅，音福。疏 釋曰：鄭知弟子是賓黨之年少者，以其賓黨西方東面，今以西面命之，明是賓黨。是以鄭云「賓黨東面，主人之吏西面」也。言弟子，故知少者。知射器弓矢以下者，並案下文所陳用者知之也。云「賓黨東面，主人之吏西面」者，案投壺賓黨及主黨皆為弟子，皆得與投壺者，彼燕法主歡心，故皆與。今此射與鄉人習禮，鄉飲酒同，故賓黨主黨皆不與也。乃納射器，皆在堂西。賓與大夫之弓倚于西序，矢在弓下，北括。衆弓倚于堂西，矢在其上。注 上堂西廉。矢亦北括。音義 倚，於綺反。括，古活反。疏 釋曰：云賓與大夫之弓倚於西序，矢在弓下，北括，衆弓倚於堂西矢在其上者。以其序在堂上。故矢在弓下。堂西矢在堂上。其弓在堂下。隨其所宜而已。【注】釋曰。云上堂西廉者。以其在堂西。故矢在上者還在堂上之廉稜也。云矢亦北括者。其在堂上西序者北括。故知堂下者於上亦北括也。

主人之弓矢在東序東。【注】亦倚于東序也。矢在其下。北括。【疏】【注】釋曰。上賓大夫弓矢在西序。矢在弓下北括。此主人弓矢如上也。

○司射不釋弓矢。遂以比三耦於堂西。三耦之南北面。命上射曰。某御於子。命下射曰。子與某子射。【注】比選次其才相近者也。古文曰某從於子。【音義】比。毗志反。近。附近之近。【疏】釋曰。言遂以者。司射因上階前命弟子納射器。不釋弓矢遂比三耦。因曰遂。故云遂以也。【注】釋曰。云比選次其才相近者也者。才雖各自用。乃因選其力相近爲次也。

○司正爲司馬。【注】兼官由便也。立司正爲旅酬。今射。司正無事。【疏】【注】釋曰。言兼官者。若以諸侯對大夫大夫兼官。諸侯具官。特以諸侯對天子。天子具官。諸侯兼官。各有所對。故云兼官。云由便也者。僕司正爲司馬。不煩餘官也。案射義云。孔子射於矍相之圃。射至於司馬。使子路執弓矢。出延射。又使公罔之裘序點揚觶而語。但此篇是州長春秋習射法。兼有鄉大夫三年貢士之後。以五物詢衆庶射於庠。鄉大夫五物詢衆庶而引孔子射於矍相之事。則孔子魯之鄉大夫也。以其天子鄉大夫卿爲之。諸侯鄉大夫使下大夫爲之。是其差也。但鄉飲酒之禮。二人舉觶爲無算爵。據此篇未旅先射。射訖行旅酬。酬訖。賓使二人舉觶爲無算爵。未射時詢衆庶得使公罔之裘序點二人揚觶者。揚觶實在射後酬訖始行之。今孔子詢衆庶之時。借取無算爵時於旅也語。故使公罔之裘序點二人揚觶以詢衆庶。此篇司射恒執弓矢。子路亦執弓矢。則子路爲司射也。射於矍相時云射至司馬。此文又云司正爲司馬。則使子路詢衆庶時當此節也。

司馬命張侯弟子說束。遂繫左下綱。注 事至也。今文說皆作稅。音義 說。吐活反。又始銳反。疏 注釋曰。上張侯時不繫左下綱。中掩束之。今弟子說其束下致地。遂繫左下綱於植。事至故也。司馬又命獲者倚旌于侯中。注為當負侯也。獲者亦弟子也，謂之獲者，以事名之。疏注釋曰：案下記云司馬階前命張侯，遂命倚旌，以記言之，司馬命張侯與命倚旌，其事相因，故云遂，明同是西階前也。云為當負侯也者，下云司馬命獲者執旌以負侯是也。知獲者亦弟子者，堂下位，主人之黨在東，賓弟子在西，下云獲者由西方坐取旌倚于侯中，言由西方，是賓黨弟子可知，亦上張侯者也。云以事名之者，以其唱獲，故名獲者也。獲者由西方坐取旌倚于侯中，乃退。○樂正適西方，命弟子贊工遷樂于下。注當辟射也。贊，佐也。遷，徙也。音義辟音避。弟子相工如初入，降自西階，阼階下之東南，堂前三笴，西面北上坐。注笴，矢幹也。今文無南。音義相，息亮反。笴，古老反。幹，古但反。疏釋曰：言如初入者，亦如上升堂時，相者亦左何瑟，面鼓內弦，左手相。如入升特也。注釋曰：云笴，矢幹也者，案矢人注。

松厓云拾讀爲迭又讀爲涉又讀爲蹋

矢幹長三尺去堂几尺也。是樂正北面立于其南。【注】北面鄉堂不與工序也。【音義】鄉許亮反。【疏】【注】釋曰。云不與工序也者。工西面北上。以南北爲序。樂正北面。則東西爲列。故云不與工序也。○司射猶挾乘矢以命三耦各與其耦讓取弓矢拾。【注】猶有故之辭。拾更也。【音義】拾其劫反。除決拾之外皆同。更音庚。【疏】釋曰。自此盡取扑搢之以反位。論司射誘射教三耦射法之事。大射有次。三耦取弓矢於次。注云。取弓矢不拾者。次中隱蔽處。則此無次。取弓矢拾也。拾更也。遞取弓矢。見威儀故也。【注】釋曰。云猶有故之辭者。前已云司射兼挾乘矢。此云猶。是有故之辭。云此者。欲見司射恆執弓矢未改之意。三耦皆袒決遂有司左執弣右執弦而授弓。【注】有司弟子納射器者也。凡納射器者皆執以俟事。【疏】【注】釋曰。前有司請射。解爲司馬。此有司爲弟子者。以有事者皆有司。故鄭注解上有司請射。與大射爲政請射同。故解爲司馬。此經以納射器使弟子。不見出文。則弟子執射器入者。卽使守之以授用者。故知有司還是弟子。是以鄭云凡納射器者皆執以俟事。

遂授矢。【注】受於納矢而授之。【疏】【注】釋曰。此授矢者。則上文有司授弓者。以其弟子執弓矢。故授弓訖。復授矢。是以鄭云受於納矢而授之。

三耦皆執弓。搢三而挾一个。【注】未違俟處也。搢。插也。插於帶右。【音義】插。初洽反。下同。【疏】【注】釋曰。上云三耦俟於堂西。又云遂以此三耦於堂西。此云三耦皆執弓搢三而挾一个。前後皆用前位。乃未違俟處。下文乃云。三耦皆進由司射之西立於其西南。東面北上。是移本位者也。云搢插也插於帶右者。以其左手執弓。右手抽矢而射。故知插於帶右。故詩云左旋右抽是也。

司射先立于所設中之西南。東面。三耦皆進。由司射之西。立于其西南。東面北上而俟。

司射東面立于三耦之北。搢三而挾一个。【注】爲當誘射也。固東面矣。復言之者。明卻時還。【音義】復。扶又反。下復言。注釋曰。云周東面矣。復言之者。明御時還者。司射同。疏先在中西南東面。今三耦立進。司射御來向三耦之北東面。明司射御時。右還西南東面也。揖進當階北面揖及階揖升堂揖。豫則鉤楹內堂則由楹外當左物北面揖注鉤楹繞楹而東也。序無室可以深也。周立四代之學於國而又以有虞氏之庠爲鄉學鄉飲酒義曰主人迎賓於庠門外是也。庠之制有堂有室也。今言豫者謂州學也。讀如成周宣榭災之榭。周禮作序。凡屋無室曰榭。宜從榭州立榭者。下鄉也。左物下物也。今文豫爲序。序乃夏后氏之學亦非也。音義豫音榭。出注。下遐嫁反。疏釋曰。凡行射禮耦耦各相對揖。故司射誘射發東面位揖進。當西階北面揖。及階揖。升堂揖訖。東行向兩楹閒物。須過兩楹。是以豫則鉤楹內北過。以記云序則物當棟。物近北。故過由楹北也。堂則由楹外。過而東行。以記云堂則物當楣。物近南。故過由楹南也。云當左物者。以南面爲正。東爲左物。北面又揖也。【注】釋曰。云鉤楹繞楹而東也者。北而東也。云序無室可以深也者。據州立序而言。云周立四代之學於國者。案王制云。有虞氏上庠下庠。夏后氏東序西序。殷人左學右學。周人東膠虞庠。周立四代者。通己爲四代也。但質家貴右。故虞殷大學在西郊。小學在國中。文家貴左。故夏周大學在國中王宮之東。小學在西郊。周所立前代學者。立虞夏殷三代大學。若然。立虞氏上庠。則周之小學。爲有虞氏之庠制在西郊也。立殷之右學。則瞽宗。周立之。亦在西郊。立夏后氏之東序。則周之東膠。亦在王宮之東。以其改東序爲東膠。東膠兼二代名。故云周立四代學。文王世子亦論四代學中學樂之事。云而又以有虞氏之庠爲鄉學者。與周立虞庠同制。故引鄉飲酒義爲證鄉立庠之義也。云庠之制有堂有室也者。則此篇云堂則由楹外。又記云。堂則物當楣。是也。論語云。由也升堂矣。未入於室。室堂相將。有室必有堂。言此者。見庠則室堂俱有。對榭則有堂無室也。云今言豫者謂州學也者。周禮地官。州長職云。春秋以禮會民而射于序。是也。云讀如成周宣榭災之榭者，案宣公十六年經書成周宣榭火，彼雖不據學，以其無室，與爾雅無室曰榭同，故引以爲證也。云周禮作序者，據州長職文。云凡屋無室曰榭，宜從榭者，鄭廣解榭名。爾雅云闍謂之臺，有木者謂之榭。又成周宣榭及此州立榭，皆是無室，故云凡以該之，不得從豫及序，故云宜從榭也。云州立榭者，下鄉也者，以其鄉之庠有室有堂，州榭則有堂無室，故云下鄉也。云今文豫爲序，序乃夏后氏之學，亦非也。不從今文者，以古文爲豫，豫已非。今文作夏后氏之序亦非。若然，禮記學其虞庠夏序皆是有室，州之序則無室，故云非。言亦者，記及州長職并下記皆作序，鄭不破之者，以鄉立虞庠，依虞有室；州立夏序，去室，猶取序名，是以鄭注州長云序州黨之學也，故不破之也。

及物，揖，左足履物，不方足，還，視侯中，俯正足。注方猶併也。志在於射，左足至，右足還，併足則是立也。南面視侯之中，乃俯視併正其足。音義併，步頂反。疏注釋曰：云志在於射者，解足未正，先視侯中之意。言左足至者，解左足履物也。右足還併足則是立也者，解經不方足還及正足之言若然云還時兼視侯中也此不言畫物早晚案大射納射器之下即言工人士與梓人升自北階兩楹閒疏數容弓若丹若墨度尺而午此不言者卑者文略亦當在納射器後即畫之也不去旌注以其不獲音義去起呂反疏注釋曰以其旌擬唱獲今以為三耦誘射不唱獲故不去旌也誘射注誘猶教也將乘矢注將行也行四矢象有事於四方疏注釋曰云象有事於四方者詩云四矢反兮以御亂兮是四矢有事於四方執弓不挾右執弦注不挾矢盡疏注釋曰案上文司射將射時云搢三而挾一个文云將乘矢故知矢盡空執弦也南面揖揖如升射降出于其位南適堂西改取一个挾之注改更也不射而挾之示有事也今文曰適序西疏釋曰云出于其位南適堂西者上文司射位設于所設中之西南東面今乃適位南而北迴適堂西者取教衆耦威儀之法故也云改取一个挾之者此不在西階而在堂西故適堂西即云

改取一个也。

遂適階西。取扑搢之以反位。【注】扑所以撻犯教者。書云扑作教刑。【音義】撻。他達反。【疏】【注】釋曰。引書者舜典文也。彼謂教學之刑。此爲教射法。教雖不同。用扑是一。故引爲證也。

○司馬命獲者執旌以負侯。【注】欲令射者見侯與旌。深有志於中。【音義】令力呈反。中丁仲反。【疏】釋曰。自此盡搢扑論三耦爲第一番射法。【注】釋曰。云欲令射者見侯與旌深有志於中者。凡射主欲中侯。使獲者舉旌唱獲。以是豫使見之。望深有志於中也。

獲者適侯。執旌負侯而俟。【注】俟。待也。今文俟爲立。【疏】釋曰。俟。待也。而待者。謂待司馬命去侯。

司射還當上耦西面。作上耦射。【注】還。左還也。作。使也。【疏】【注】釋曰。知左還者。經云還當上耦。上耦位在司射之西南。東面。司射還。欲西面與上耦相當。故知左還。還迴身當之。取便可知也。

司射反位。

上耦揖進。上射在左。並行。當階北面揖。及階揖。上射先升三等，下射從之，中等。【注】中猶閒也。【音義】閒，閒側之閒。【疏】釋曰：云司射反位者，反中西南東面位也。

上射升堂，少左；下射升，上射揖，竝行。【注】竝，併也，併東行。【疏】【注】釋曰：知竝行併東行者，以其既升，乃言竝行，故知併東行向物也。云少左者，言上射先升少左，避下射升階也。

皆當其物，北面揖；及物，揖。皆左足履物，還視侯中，合足而俟。【疏】釋曰：皆左足履物者，謂先以左足履物東頭，合足而俟。俟司馬命去侯。

○司馬適堂西，不決遂，袒執弓。【注】不決遂，因不射，不備。【疏】【注】釋曰：云因不射不備，此決司射誘射行事，袒即決遂、執弓挾矢。今司馬不射，故不備，直袒而已也。若然，大射司馬正不射而袒，又復決遂者，彼大射志於射，故司馬正雖不射，而袒復決遂，以其不爲射，仍不挾矢也。

出于司射之南，升自西階，鉤楹，由上射之後，西南面立于物閒，右執簫，南揚弓，命去侯。【注】鉤楹以背由上射者之後也簫弓末也大射曰左執弣揚猶舉也【疏】【注】釋曰鉤楹者於西楹西而北東行過由上射之後乃西南面立於物閒者欲取南揚弓向侯便故也右執簫者不可一手揚弓故引大射曰左手執弣左當卻手則右執簫者右當覆手也

獲者執旌許諾聲不絕以至于乏坐東面偃旌興而俟【注】聲不絕不以宮商不絕而已鄉射威儀省偃猶仆也【音義】省所景反仆音赴【疏】釋曰云而俟者待射者發矢當坐故下云獲者坐而獲也【注】釋曰云鄉射威儀省者決大射云負侯皆許諾以宮趨直西及乏南又諾以商至乏聲止是其唱諾爲宮商是其威儀多此不者威儀省故也

司馬出于下射之南還其後降自西階反由司射之南適堂西釋弓襲反位立于司射之南【注】圍下射者明爲二人命去侯【音義】還還劉戶串反一音環【疏】【注】釋曰司馬由上射之後立於物閒命去侯訖

物閒南行西向適階降是其順矣今命去侯訖乃圍下射之後繞下射之東南行而適西階者若出物閒西行則似直爲上射命去侯是以并下射圍遶之明爲二人命去侯也

司射進與司馬交于階前相左由堂下西階之東北面視上射命曰無射獲無獵獲上射揖司射退反位【注】射獲謂矢中人也獵矢從傍【音義】無射之射食亦反傍蒲郎反或作旁【疏】釋曰云交於階前相左者既云司射與司馬交於階前相左乃云由堂下西階之東北面則相左之時在西階之西司馬由北而西行司射由南而東行各以左相近故云相左也司射既不升堂不得與司射向北司馬向南面相左也【注】釋曰云射獲謂矢中人也者人謂獲者亦以事名云獵矢從傍者謂從之傍也

○乃射上射既發挾弓矢而后下射射拾發以將乘矢【注】后後也當從后【疏】【注】釋曰引孝經說取孝經緯援神契文彼說孝經云然後能保其社稷之等皆作后后者後也故不從古文後是以云當從后獲

者坐而獲【注】射者中則大言獲。獲，得也。射，講武田之類，是以中爲獲也。【疏】釋曰：此未釋算，故下經云「獲而未釋獲」，鄭云「但大言獲，未釋其算」是也。【注】釋曰：云「獲，得也。射，講武田之類，是以中爲獲也」者，詩云「舍拔則獲」，謂射著禽獸爲獲，獲則得也。戰伐得囚俘亦曰獲，射著正鵠亦曰獲。但舉旌以宮，大言獲也；偃旌以商，小言獲也。舉旌以宮，偃旌以商。【注】宮爲君，商爲臣，聲和律呂相生。【疏】【注】釋曰：「宮爲君，商爲臣」，禮記樂記文。宮數八十一，聲最濁，故爲君，配中央土。商數七十二，次君，故爲臣，配西方金。云「聲和律呂相生」者，以其以黃鍾之初九下生林鍾之初六，林鍾又上生大蔟之九二。初九與九二雖非以次相生，大蔟亦由黃鍾所生，故云聲和由律呂相生，故舉旌以宮，偃旌以商，不取其餘律呂也。獲而未釋獲【注】但大言獲，未釋其算。卒射，皆執弓不挾，南面揖，揖如升射。【注】不挾，亦右執弦，如司射。上射降三等，下射少右，從之中等，並行上射於左【注】降下【疏】釋曰此上射下射升與降階上射爲先又上射升降皆在左與升射者相左交于階前相揖由司馬之南適堂西釋弓說決拾襲而俟于堂西南面東上三耦卒射亦如之【音義】說吐活反又始銳反○司射去扑倚于西階之西升堂北面告于賓曰三耦卒射【注】去扑乃升不敢佩刑器即尊者之側【疏】【注】釋曰云不敢佩刑器即尊者之側者此司射將升堂即賓前故去扑於階西乃升是不敢佩刑器即於尊者之側也大射司射去扑倚於階西適阼階下北面告於公曰三耦卒射不升堂亦去扑者國君尊雖堂下亦去扑也賓揖【注】以揖然之【疏】【注】釋曰大射司射告公三耦卒射不見公揖然之者公尊故也司射降搢扑反位○司馬適堂西袒執弓由其位南進與司射交于階前相左升自西階鉤楹自右物

之後立于物閒西南面揖弓命取矢【注】揖推之也【疏】釋曰自此盡加於楅論三耦射訖取矢之事【注】釋曰推手曰揖引手曰厭故周禮司儀天揖時揖土揖鄭注皆以推手解之是以推手爲揖但揖弓者向侯而推之以其命取矢故也揚弓者向之而揚之以其命去侯故也獲者執旌許諾聲不絕以旌負侯而俟【注】俟弟子取矢以旌指教之【疏】【注】釋曰此即下文弟子取矢委於楅是也司馬出于左物之南還其後降自西階遂適堂前北面立于所設楅之南命弟子設楅【注】楅猶幅也所以承笴齊矢者【疏】【注】釋曰云楅猶幅也訓楅爲幅幅者義取若布帛有邊幅整齊之意故云所以承笴齊矢即下云委於楅北括又大射云既拾取矢梱之注云梱齊等之是其承笴也乃設楅于中庭南當洗東肆【注】東肆統於賓【疏】釋曰此弟子設楅之時司馬教之故大射云小臣師設楅司馬正東面以弓爲畢鄭注云畢所

乾隆四年校刊

以敎助執事者。明此亦然。【注】釋曰：云東肆統於賓者。然則楅有首尾。故下記云。楅長如笴。博三寸。厚寸有半。龍首。鄭注云。兩端為龍首。若然。則有首無尾。而言西上者。應有刻飾。記之為首尾也。

司馬由司射之南退。釋弓于堂西。襲反位。弟子取矢北面坐委于楅。北括。乃退。司馬襲進。當楅南北面坐。左右撫矢而乘之。

【注】撫，拊之也。就委矢左右手撫而四四數分之也。上既言襲矣。復言之者。嫌有事卽袒也。凡事升堂乃袒。【音義】乘。成證反。拊。芳甫反。數。所主反。下俟數同。【疏】釋曰：云司射之南退釋弓者。司馬往堂西釋弓。還依三耦所行之處。亦取威儀進止之事。故曰司射之南也。云委矢於楅北括者。順射時矢南行故也。【注】釋曰：云撫拊之也者。言撫者撫拍之義。言拊者取拊近之理。故轉從拊也。云就委矢左右手撫而四四數分之也者。謂司馬北面就所委矢之南。以右手撫四矢於東。以左手撫四矢於西。是四四數而分之也。云上既言襲矣復言之者嫌有事

卽袒也者。案上文命弟子設楅退時已襲。今復言襲進者。嫌有事則袒。故重言之也。云凡事升堂乃袒者。堂下雖有事亦不袒。若司射不問堂上堂下。有事卽袒。司馬與司射遞行事。恐同。故明之也。若矢不備。則司馬又袒執弓如初升命曰取矢不索。注 索猶盡也。音義 索。悉各反。弟子自西方應曰諾。乃復求矢加于楅。注 增故曰加。楅獲者許諾。至此弟子曰諾。事同互相明。音義 應。應對之應。復。扶又反。楅。許亮反。又作鄉。疏 注釋曰。上言獲者執旌許諾。故曰楅獲者許諾。至此弟子曰諾。以其事同互相明也。言互者。獲者執旌許諾。不言弟子許諾。則弟子亦許諾。此直言弟子自西方應曰諾。不言獲者應諾。則獲者亦應諾可知。以其事同。省文。故互相明之。○司射倚扑于階西。升請射于賓如初。賓許諾。○賓主人大夫若皆與射。則遂告于賓。適阼階上告于主人。主人與賓爲耦。注 言若者

或射或否在時欲耳射者繹己之志君子務焉大夫遵者也告賓曰主人御于子告主人曰子與賓射[音義]與音預

[疏]釋曰自此盡比衆耦辯論次番將射比衆耦之事但射禮三而止第一番直司射與三耦誘射不釋算第二番三耦與衆耦俱射釋算第三番兼有作樂爲射節[注]釋曰云言若者或射或否者以若是不定之辭故知或射或否射者繹己之志者禮記射義文繹謂陳己之志意也云大夫遵者也者上云大夫有遵者是也故與賓主同在任情之限云告賓曰主人御於子告主人曰子與賓射此約下大夫與士射之辭以賓比大夫以主人比士尊賓之義也

遂告于大夫大夫雖衆皆與士爲耦告于大夫曰某御于子[注]大夫皆與士爲耦謙也來觀禮同爵自相與耦則嫌自尊別也大夫爲下射而云御于子尊大夫也士謂衆賓之在下者及羣士來觀禮者也禮

一命已下，齒於鄉里。【音義】別，彼列反。【疏】【注】釋曰：云大夫為下射而云御於子，尊大夫也者。上命三耦云：命上射曰某御於子，命下射曰子與某子射。今命大夫云某御於子，與上射同者，尊大夫也。大夫雖為下射，其辭不與下射同也。云士謂衆賓之在下者，言衆賓則與賓俱來者也。下記云大夫與則公士為賓，鄭注云公士在官之士，則衆賓之內亦有士矣。與賓俱至，則得主人之所命者也。其將射而至者，非主人之所命，直來觀禮者也。但是一命已下，莫問先後而至，皆齒於堂下。故鄭總云士謂衆賓之在下者及羣士來觀禮者也。云禮一命已下齒於鄉里者，周禮黨正：十月行正齒位之禮。云一命齒於鄉里，再命齒於父族，三命不齒。案鄉飲酒注云：此篇無正齒位之禮。則鄉射先行鄉飲酒之禮，亦無正齒位之法。而云一命以下齒於鄉里者，鄉飲酒、鄉射雖無正齒位之禮，士立於下，是以一命者在下與鄉里齒，是其常法。諸侯之士無再命以上，若為公卿大夫，自在尊東為遵也。言士謂衆賓之在下者，則堂上三賓不與大夫為耦矣，亦皆射，故下文云衆賓與射者皆降是也。

西階上北面作衆賓射。【注】作，使。司射降搢扑由司馬之南適堂西立比眾耦【注】眾耦大夫耦及眾賓也命大夫之耦曰子與某子射其命眾耦如三耦【音】【義】比毗志反【疏】注釋曰云眾耦大夫耦及眾賓也者言大夫之耦唯謂堂下之士言眾賓則兼堂上三賓故下云眾賓皆降云命大夫之耦曰子與某子射此卽上文命下射之辭也云其命眾耦如三耦者上命三耦云命上射曰某御於子命下射曰子與某子射是也以其俱是士故命辭同眾賓將與射者皆降由司馬之南適堂西繼三耦而立東上大夫之耦為上若有東面者則北上【注】言若有者大夫士來觀禮及眾賓多無數也【疏】釋曰言由司馬之南適堂西者上文司馬位在司射之南東面是也【注】釋曰云多無數也者以其言若亦是不定之辭故無常數也眾賓若少以南面為正若多不受則西邊東面北上若然大夫來在尊東為遵而此言之者鄭總解來觀禮之義不謂大夫輒在此位也賓主人與

大夫皆未降【注】言未降者見其志在射【音義】見賢遍反【疏】釋曰
言未降後有降階之理故下云三耦卒射賓主人大夫
揖皆由其階降與耦俱升射也【注】釋曰言志在射者以
其射在於堂上故也司射乃比衆耦辯【注】衆賓射者降比之耦乃
徧【音義】徧音遍【疏】【注】釋曰云衆賓射者降比之耦乃徧者
以上文司射降比衆耦下文乃云衆賓
將與射者皆降鄭恐衆賓堂上後降
者不比故兼堂上後降亦比乃徧也○遂命三耦拾取
矢司射反位【注】反位者俟其袒決遂來【疏】釋曰自此盡
爲上論拾取
矢并衆耦皆就射位之事【注】釋曰云反位者俟其袒決
遂來者下文云三耦拾取矢進立於司馬之西南是也
此司射反位不言先者將欲爲下番射司射堂西命三
耦及衆賓皆袒決遂執弓就位司射先反位鄭注云言
先三耦及衆賓鄉不言先三耦未有拾取矢位無所先
以此言之明言先反者對未反位之辭俱有位得言先
若一有一無不得言先即此文是以下文注決此也若
俱無亦得言先故上文司射比三耦於堂西云司射先

立於所設中之西南東面。三耦皆進由司射之西。立於其西南東面北上而俟。是其皆未有位。亦得言先。三耦拾取矢。皆袒決遂。執弓。進立于司馬之西南。【注】必袒決遂者。明將有射事。【疏】釋曰。立于司馬之西南者。案上司射位在中西南。司馬位在司射南。今立於司馬之西南。亦東面北上也。【注】釋曰。云必袒決遂者。明將有射事者。始取矢未有射事而袒決遂者。以其取矢訖即有射。故豫著之。故云將有射事也。司射作上耦取矢。【注】作之者還當上耦。如作射。【疏】【注】釋曰。案上文司射作射之時。[illegible]還當上耦西面作上耦射。令作取矢亦如之。故云還當上耦如作射。司射反位。上耦揖進。當楅北面揖。及楅揖。【注】當楅。楅正南之東西。【疏】【注】釋曰。此上耦發位東行時。一南一北並行。及將至楅南。下耦在南。稍進。當前楅南。俱北面揖。其時上射稍西。下射稍東。東西相當。故云當楅楅正南之東西也。上射東面。下射西面。上射揖進。坐橫弓。卻手自弓下取一个，兼諸弣，順羽且興，執弦而左還，退反位，東面揖。【注】橫弓者，南踣弓也。卻手由弓下取矢者，以左手在弓表，右手從裏取之便也。兼并矢於弣，當順羽，既又當執弦也。順羽者，手放而下，備不整理也。不言毋周，在阼非君，周可也。【音義】卻，去逆反。踣，蒲北反。毋，亦作無，同。【疏】釋曰：言順羽且興者，謂以右手順羽之時則興，故云且興也。言左還者，以左手向外而西回。東面揖者，揖下射使取矢也。【注】釋曰：云橫弓者南踣弓也者，覆左手以執弓，卻右手以取矢便，故知不北踣弓也。云以左手在弓表者，表，弓背也。覆手以執背，故云左手在弓表。云右手從裏取之便也者，覆手在表執弓，右手卻在裏取矢，故云便也。云不言毋周在阼非君周可也者，案大射云左旋毋周，反面揖。鄭注云：左還反其位，毋周，右還而反東面也。君在阼，還周則下射將背之。此直云左還反位，不言毋周，明還周可也。鄭云下射將背之，則上射亦左還毋周也。下射進，坐，橫

乾隆四年校刊

弓。覆手自弓上取一个，興，其他如上射。【注】覆手由弓上取矢者，以左手在弓裏，右手從表取之，亦便。【音義】覆，芳伏反。

【疏】【注】釋曰：云「以左手在弓裏，右手從表取之，亦便」者，上射在西，云南踣弓，此不云踣弓，則亦南踣弓。知者，以其亦用左手執弓，覆右手取矢，則執弓仰左手可知。既仰左手向上執弓而南踣，故用右手弓上向下取矢，亦便也。

既拾取乘矢，揖，皆左還，南面揖，皆少進，當福南，皆左還，北面搢三挾一个。【注】福南，鄉當福之位。

【疏】【注】釋曰：云「福南，鄉當福之位」者，上云進當福北面揖，今至此位，皆還北面也。

揖，皆左還，上射於右。【注】上射轉居右，便其反位也。下射左還，少南行，乃西面。

【疏】【注】釋曰：云「上射轉居右，便其反位也」者，此決射時升、降，上射皆居左。彼自堂西，不復庭位故也。此復庭位，故上射轉在右，是以鄭云「便其反位也」。云「下射左還，少南行，乃西面」者，以其初北面時，東西相當，今西行立位，故下射少南行。乃西面。取並行故也。與進者相左。相揖反位。注 相左皆由進者之北。疏 注釋曰。云由進者之北者。以其進取矢者東行。此則西行。由進者之北。則得相左也。三耦拾取矢亦如之。後者遂取誘射之矢。兼乘矢而取之。以授有司于西方。而后反位。注 取誘射之矢。挾五个。弟子逆受於東面位之後。疏 釋曰。云三耦拾取矢亦如之者。上耦亦在三耦之中。連而言之。注 釋曰。云取誘射之矢挾五个者。以其前拾取矢皆搢三挾一个。乃反位。此則先取四矢。亦搢三挾一个。乃并取誘射之矢兼挾之。故五个也。云弟子逆受於東面位之後者。弟子即納射器者。因留主授受於堂西西方。今見下耦將司射矢來向位。仍西面。弟子即往逆受之訖。下射乃反東面。故云授有司於西方而后反位。謂反向東面位。是以鄭亦云弟子逆受於東面位之後也。○眾賓未拾取矢。皆袒決遂。執弓。搢三挾一个。由堂西進。繼三耦之南而立。東面北上大夫之耦爲上【注】未猶不也衆賓不拾者未射無楅上矢也言此者嫌衆賓三耦同倫初時有射者後乃射有拾取矢禮也【疏】注釋曰云未猶不也者若言未謂此第一番初時未有拾取矢禮以其第一番唯有三耦射無賓射法不得云未是以轉爲不以其全不拾取矢也云言此者嫌衆賓三耦同倫初時有射者此解經云衆賓不拾之意有此嫌故明之云後乃射有拾取矢禮也者據第三番衆賓乃射自然有楅上拾取矢禮後文見之也

○司射作射如初一耦揖升如初司馬命去侯獲者許諾司馬降釋弓反位司射猶挾一个去扑與司馬交于階前升請釋獲于賓【注】猶有故之辭司射既誘射恒執弓挾矢以掌射事備尚未知當教之也今三耦卒射衆足以知之矣猶挾之者君子不必也【音義】

去起呂反[疏]釋曰。自此盡共而俟。論第二番射之事。案大射。第二番射。司馬命去侯。云如初。此司馬命去侯不言如初者。此臣禮威儀省。司馬初命去侯時。獲者許諾聲不絕以至於乏。再番三番命去侯。獲者直許諾無不絕聲。故不言如初。大射君禮威儀多。故第二番與前同。獲者以宮商趨之。故言如初。於第三番禮殺。獲不以宮商。直許諾。又不得言如初。[注]釋曰。云今三耦卒射眾足以知之矣。猶挾矢者。君子不必也者。司射教射者。三耦卒射。眾賓足知射禮。猶挾矢教之者。君子不必也。案論語。孔子云。君子無必無固無我。以不必即知。故仍教之。

賓許。降。搢扑。西面立于所設中之東。北面命釋獲者設中。遂視之。[注]視之。當教之。[疏][注]釋曰。云當教之者。謂教其釋算安置左右。及數算告勝負之事。亦教之也。

釋獲者執鹿中。一人執算以從之。[注]鹿中謂射於榭也。於庠當兕中。[疏][注]釋曰。以州長是士。射於榭。鄉大夫是大夫爲之。射於庠。下記云。士則鹿中。大夫兕中。故云鹿中謂射於榭也。於庠當兕中也。

釋獲者坐設中。

南當楅，西當西序，東面，興受算，坐實八算于中，橫委其餘于中西，南末，興，共而俟。【注】興，還北面受算，反東面實之。【音義】共，九勇反。【疏】釋曰：云「設中南當楅」，南北節；「西當西序」，東西節。【注】釋曰：云「興，還北面受算，反東面實之」者，以其所納射器皆在堂西，執中與算，皆從堂西來，向西序之南南面，故執中者既東面坐設訖，興，還向北面受算，迴向東面實之也。司射遂進由堂下，北面命曰：「不貫不釋。」【注】貫猶中也。不中正，不釋算也。古文貫作關。【音義】貫，古亂反。中，丁仲反。正，音征。【疏】【注】釋曰：言「不貫」者，以其以布爲侯，故中者貫穿布侯，故以中爲貫也。是以鄭云「貫猶中也」，中則貫也。上射揖。司射退反位。釋獲者坐取中之八算，改實八算于中，興，執而俟。【注】執所取算。【疏】釋曰：八算者，人四矢，一耦八矢，雖不知中否，要須一矢則一算。改實八算，擬後來者用之。乃射。若中，則釋獲者坐而

釋獲每一个釋一算上射於右下射於左若有餘算則反委之注委餘算禮尚異也委之合於中西音義中丁仲反

疏釋曰云上射於右下射於左者以釋算者東面爲正依投壺禮賓黨於右主黨於左是以上射於右賓黨也下射於左主黨也注釋曰云委餘算禮尚異也者手中餘算未知有幾不必盡中所有餘亦得於後釋委餘於地別取中內八算者禮尚異故不用餘者云委之合於中西者算法多少視射人多少不定要橫委其餘於中西手中餘者與之合也

又取中之八算改實八算于中興執而俟三耦卒射○賓主人大夫揖皆由其階降揖主人堂東袒決遂執弓搢三挾一个賓於堂西亦如之皆由其階階下揖升堂揖主人爲下射皆當其物北面揖及物揖乃射卒南面揖皆由其階階上揖降階揖賓序西主

人序東皆釋弓說決拾襲反位升及階揖升堂揖皆就席【注】或言堂或言序亦爲庠榭互言也賓主人射大夫止於堂西【疏】【注】釋曰上云榭則鉤楹內謂射於榭者也堂則由楹外謂射於庠者也此當有鄉大夫射於庠亦有州長射於序故互見其義互言者令袒決遂則言堂東西見在庠也在榭亦然釋弓說決拾則言序東西序則榭也在庠亦然故言序東西周公省文欲兩見之也云大夫止於堂西者上賓主人大夫俱降無堂西之文下云大夫袒決遂就其耦故知此時止於堂西故記云大夫降立於堂西以俟射也○大夫袒決遂執弓搢三挾一个由堂西出于司射之西就其耦大夫爲下射揖進耦少退揖如三耦及階耦先升卒射揖如升射耦先降降階耦少退皆釋弓于堂西襲耦遂止于堂西大夫升就席【注】耦於庭下不並行尊大

夫也。在堂如上射之儀，近其事，得申。【疏】【注】釋曰：言在堂如上射之儀者，謂耦先升，是如上射先升法，以其近射事，故得申也。衆賓繼射，釋獲皆如初。司射所作唯上耦。【注】於是言唯上耦者，嫌賓主人射亦作之。

大射三耦卒射，司射請于公及賓。【疏】【注】釋曰：云於是言唯上耦者，嫌賓主人射亦作之，鄭言此者，若三耦射下即言所作唯上耦，則賓主人射作之未可知，故於衆賓射訖乃言此，明賓主射不作可知，故於此乃言所作唯上耦，明除賓主矣。故鄭云於是言唯上耦，嫌賓主射亦作之。引大射者，公尊，公與賓射不作，直請。記云：賓主人射，則司射擯升降，是雖不作，猶爲擯相之，但不請也。卒射，釋獲者遂以所執餘獲升自西階，盡階，不升堂，告于賓曰：左右卒射。降，反位，坐委餘獲于中西，興，共而俟。【注】司射不告卒射者，釋獲者於是有事，宜終之也。餘獲，餘筭也。無

乾隆四年校刊

餘算則空手耳。侯，侯數也。【疏】【注】釋曰：云宜終之也者，決
前番射，司射告卒射，此二
番射不告卒，使獲者告，是宜終之也。云餘獲餘算者，
耦不必盡中，故有餘算也。云無餘算則空手耳者，或賓
主八矢盡中，釋八
算，故空手告也。

○司馬袒決執弓，升，命取矢如初。獲者許諾，以旌負侯如初。司馬降，釋弓，反位。弟子委矢如初。大夫之矢，則兼束之以茅，上握焉。【注】兼束大夫矢，優之，是以不拾也。束於握上，則兼取之，順羽便也。握謂中央也。不束主人矢，不可以殊於賓也。言大夫之矢，則矢有題識也。肅慎氏貢楛矢，銘其括。今文上作尚。【音義】題，大
兮反。識，申志反。枯，
音戶，字又作楛。【疏】釋曰：自此盡司馬乘矢，論取矢之
事。【注】釋曰：云束於握上則兼取之
順羽便也者，握上則兼取之，順持之處。今束於握之上，
取持於中央握之，向下順羽便，故乘矢總束之也。

束主人矢不可以殊於賓也者主人鄉大夫則是大夫當束之不敢殊別於賓故不束若主人是州長則士自然不束也肅愼氏者國語文引之者證矢有題識以有題識故束者得知是大夫之矢也司馬乘矢如初○司射遂適西階西釋弓去扑襲進由中東立于中南北面視筭【注】釋弓去扑射事已【疏】【注】釋曰凡言遂者因上事司射於上無事而言遂適者以司射與司馬遞行事今以司馬進乘矢司射遂適西階西釋弓去扑也【注】釋曰云射事已此始再番射未已而言已者前番不釋獲今據第二釋獲之功成則爲已是以下記云司射釋弓矢視算與獻釋獲者釋弓矢注云唯此二事休武主文休武者射記數算主文者洗爵獻釋獲者是也釋獲者東面于中西坐先數右獲【注】因東面矢復言之者爲其少南就右獲【音義】數所主反爲于僞反【疏】【注】釋曰釋獲者在中西東面釋算之時賓黨於右主黨於左今將數算宜就之是以少南就右獲仍東面也二算爲純【注】純猶全也

耦陰陽【疏】注釋曰云耦陰陽者陰陽對合故二算爲耦陰陽也一純以取實于左手十純則縮而委之【注】縮從也於數者東西爲從古文縮皆爲蹙【音義】縮從子容反【疏】注釋曰凡言從橫者南北爲從東西爲橫今釋算者東面而言從橫則據數算東爲正是以東西者爲從南北者爲橫故鄭云於數者東西爲從也每委異之【注】易校數有餘純則橫於下【注】又異之也自近爲下【疏】釋曰此則以南北爲橫也一算爲奇奇則又縮諸純下【注】奇猶虧也又從之興自前適左東面【注】起由中西就左獲少北於故東面鄉之【疏】注釋曰云少北如故故則右算也又移至左算之後東面鄉之是以云少北於故坐兼斂算實于左手一純以委十則異之【注】變於右【疏】注釋曰云變於右者右則一一取之於地實於左手此則總斂於左手一一取之於左手委於地是變也必變

之肴禮以變爲敬也。其餘如右獲。注謂所縮所橫。司射復位，釋獲者遂進取賢獲，執以升，自西階盡階，不升堂，告于賓。注賢獲，勝黨之算也。齊之而取其餘。疏注釋曰：云齊之而取其餘者，解經取賢獲。以算爲獲，以其唱獲則釋算，故名算爲獲。左右數齊，有餘則賢獲，故以告也。若右勝，則曰右賢於左；若左勝，則曰左賢於右。以純數告，若有奇者，亦曰奇。注賢猶勝也。言賢者，射之以中爲雋也。假如右勝，曰右賢於左若干純若干奇。音義中，丁仲反。疏注釋曰：若干者，數不定之辭。凡數法自二已上得稱若干，奇則一也，一外無若干。鄭亦言若干者，因純有若干，奇亦言若干，奇言若干者，衍字也。若左右鈞，則左右皆執一算以告，曰左右鈞。降復位，坐，兼斂算，實八算于中，委其餘于中西，興，共而

乾隆四年校刊

侯。疏 釋曰此將爲第三番射故豫設之或實或否一如前法也。○司射適堂西命弟子設豐。注 將飲不勝者設豐所以承其爵也豐形蓋似豆而卑。音義 飲於鴆反 疏 釋曰自此盡徹豐與觶論罰爵之事。注 釋曰云設豐所以承其爵也者案燕禮君尊有豐此云承爵豐則兩用之燕禮注豐形似豆卑而大此不言大彼以承尊故言大此承爵不言大或小耳。弟子奉豐升設于西楹之西乃降勝者之弟子洗觶升酌南面坐奠于豐上降袒執弓反位。注 勝者之弟子其少者也耦不酌下無能也酌者不授爵略之也。執弓反射位不俟其黨已酌有事。音義 少詩召反下遐嫁反下相下同 疏 注 釋曰知弟子是少者以其執弟子禮使令故知少者也云執弓反射位不待其黨已酌有事者以此弟子由堂西固在射賓中矣黨即衆賓是也案下文三耦及衆射者皆與其耦進立于射位今酌者不待其黨與俱進。而先反射位者。由已酌酒有事。訖。其黨未得司射命。又無事。不得共酌者同就射位。故酌者先得反射位也。

司射遂袒執弓。挾一个。搢扑。北面于三耦之南。命三耦及眾賓勝者皆袒決遂。執張弓。【注】執張弓。言能用之也。右手執弦如卒射。【疏】【注】釋曰。云右手執弦如卒射者。上文卒射執弓不挾。右執弦。矢盡故也。此非卒射。亦執張弓。爲無矢。亦右執弦也。故注云如卒射。

不勝者皆襲說決拾。卻左手。右加弛弓于其上。遂以執弣。【注】固襲說決拾矣。復言之者。起勝者也。執弛弓。言不能用之也。兩手執弣。又不得執弦。【音義】弛。尸氏反。弣。芳甫反。【疏】【注】釋曰。云固襲說決拾矣者。謂前降堂時既襲說決拾矣。云起勝者也者。謂至此復言不勝者。謂以此襲說決拾。以不能用也。起發勝者袒決遂。能用也。云兩手執弣。又不得執弦者。上勝者言執張弓如卒射。則左手執弓。右手執弦。此則云執弣。明弛弓於左手之上。執

乾隆四年校刊

弣橫之。而不得執弦。則宜右手共執弓弣。故云兩手執弣。又不得執弦也。

司射先反位。【注】居前俟所命來。【疏】【注】釋曰。云居前俟所命來者。以衆射者皆止於堂西。未向射位。而司射先反位。下文司射命衆耦。衆耦等乃來就射位。是得命即來。故云俟所命來也。來訖。司射乃作之也。

三耦及衆射者皆與其耦進立于射位。北上。司射作升飲者。如作射。一耦進。揖如升射。及階。勝者先升。升堂少右。【注】先升。尊賢也。少右。辟飲者也。亦相飲之位。【音義】辟音避。【疏】【注】釋曰。云少右辟飲者也者。以其豐在西楹之西。正當西階。飲者升。少西。又當辟豐上之觶。故云少右辟飲者也。云亦相飲之位者。以其相飲者皆北面於西階。授者在東。飲者在西。故云亦相飲之位。

不勝者進北面坐取豐上之觶。興。少退。立卒觶。進坐奠于豐下。興。揖。【注】立卒觶。不祭不拜。受罰爵。不備禮也。右手執觶。左手執弓。【疏】【注】釋曰：此無正文，以祭禮皆左手執爵，用右手不以祭，故知此亦用左手執弓，右手執觶可知也。勝者先降。【注】後升先降，略之，不由次。【疏】【注】釋曰：此對射時升降皆有上射在先，今後升先降，故云略之不由次第也。與升飲者相左，交于階前，相揖。出于司馬之南，遂適堂西，釋弓，襲而俟。【注】俟復射。【疏】【注】釋曰：俟復釋者，謂俟第三番射也。有執爵者。【注】主人使贊者代弟子酌也。於既升飲而升，自西階，立于序端。【疏】【注】釋曰：以初使勝黨弟子酌酒於豐上，以發首，故使弟子。今云有執爵者，明主人使贊者代弟子酌於豐上，以次至終也。贊者，謂主人之賤不射者。此則鄉飲酒云主人之贊者之類也。云於既升飲而升自西階立于序端者，謂於上耦既飲訖，贊者乃升自西階，酌訖，奠於豐上。如下文贊者師立於序端。立於序端，文出於大射也。執爵者坐取觶，實之，反奠于豐上。升飲者如初。【注】每者輒酌，以至於徧。【疏】

釋曰云執爵者坐取觶實之者謂初飲訖反奠於豐上贊者取此觶實之反奠於豐上云升飲者如初已下皆如初故鄭云每者輒酌以至於徧也三耦卒飲賓主人大夫不勝則不執弓執爵者取觶降洗升實之以授于席前注優尊也受觶以適西階上北面立飲注受罰爵者不坐自尊別卒觶授執爵者反就席大夫飲則耦不升注以賓主人飲耦在上嫌其升若大夫之耦不勝則亦執弛弓特升飲注尊者可以孤無能對衆賓繼飲射爵者辯乃徹豐與觶注徹猶除也設豐者反豐於堂西執爵者反觶於篚

○司馬洗爵升實之以降獻獲者于侯注鄉人獲者賤明其主以侯爲功得獻也疏釋曰自此盡負侯而俟論司馬獻獲者之節注釋曰

云鄉人獲者賤，明其主以侯爲功，得獻也者，案大射云「司馬正洗散，遂實爵，獻服不。服不侯西北三步，北面拜受爵」，注云「近其所爲獻」，彼國君禮，使服不士官唱獲，故就其所爲獻之。此鄉人獲者賤，故獻於侯，明以侯爲功得獻也。薦脯醢，設折俎，俎與薦皆三祭。注皆三祭，爲其將祭侯也。祭侯三處也。音義處，昌慮反。疏注釋曰：三處者，下文右與左中是也。

獲者負侯，北面拜受爵，司馬西面拜送爵。注負侯，負侯中也。拜送爵不同面者，辟正主也。其設薦俎，西面錯，以南爲上。爲受爵于侯，薦之於位。古文曰再拜受爵。疏注釋曰：知負侯中者，以下云適右个，又適左个，後言中，明先居中可知。云拜送爵不同面者，辟正主也者，案上文正主獻賓、獻衆賓，皆北面，與受獻者同面。今此與受獻不同面，故云辟正主也。云其設薦俎西面錯以南爲上者，獲者據下文東面而云西面錯，據設人而言。以南爲上者，特牲、少牢東面籩豆皆以南方爲上，故知此亦然。云受爵於矦矦薦之於位者此云負矦北面拜受爵是受爵於矦云薦之於位者下云左个之西北三步東面設薦是薦之於位也若然不薦亦在矦者以其酒俱在人手可得就矦獻獲者薦乃設之於地若與酒俱在矦所則正祭矦何名獻獲也若大射則獻與薦俱在乏乃適矦祭之君禮與此異也

獲者執爵使人執其薦與俎從之適右个設薦俎 注 獲者以矦爲功是以獻焉人謂主人贊者上設薦俎者也爲設籩在東豆在西俎當其北也言使設新之 音義 个音幹 疏 釋曰此將祭矦也 注 釋曰云獲者以矦爲功是以獻焉者以獲者卑賤因矦有功乃得獻今還以得獻之酒獻矦故云是以獻也云人謂主人贊者以其前使爲獲者設薦俎是主人之贊者今還使之設薦俎故知人是主人贊者知籩在東豆在西俎當其北也者以其矦以北面爲正依特牲少牢皆籩在右故知籩在東右廂豆在西左廂可知也云言使設新之者鄭意嫌更使人設之其實薦此者仍前人而云使人設薦俎示新之而已故云言使設也

獲者

南面坐左執爵祭脯醢執爵興取肺坐祭遂祭酒【注】爲矦祭也亦二手祭酒反注如大射【疏】【注】釋曰此正祭矦故獲者南面鄉矦祭故鄭云爲矦祭也云亦二手祭酒反注如大射者案大射云獲者左執爵右祭薦俎二手祭酒鄭注云二手祭酒者南面於俎之北當爲矦祭於豆閒爵反注爲一手不能正也此薦俎之設如於北面人爲此祭亦然故云如大射也

興適左个中亦如之【注】先祭左个後中者以外即之至中若神在中也左个之西北三步東面設薦俎

獲者薦右東面立飲不拜既爵【注】不就乏者明其享矦之餘也立飲薦右近司馬於是司馬北面【疏】【注】釋曰云不就之者明其享矦之餘也者若就乏則已所當得今不就乏近矦者明享矦之餘云立飲於薦右近司馬者解在爲右之意也知於是司馬北面者此約獻釋獲者司射之位案下文司射獻釋獲者釋獲者薦右東面拜受爵司射

乾隆四年校刊

北面拜送爵。故知此時司馬亦北面也。若然。釋獲者在司射之西北面立飲。此獲者不北面飲者。案大射注。北鄉受獻之位也。不北面者。嫌爲矦卒爵。此亦然。故不北面也。司馬受爵奠于篚復位。

獲者執其薦使人執俎從之辟設于乏南。【注】遷設薦俎就乏明己所得禮也。言辟之者。不使當位。辟舉旌偃旌也。設于南右之也。凡他薦俎皆當其位之前。【音義】辟扶益反注辟之辟舉及下注辟薦同。【疏】釋曰。云遷設薦俎就乏明己所得禮也者。前設近矦見享矦之餘。此近乏之者。己所有事之處。遷近乏是明其己所得禮故也。云設於南右之也者。以右取之便也。云凡他薦俎皆當其位之前者。言凡見廣解薦處。謂凡燕及食幷祭祀之薦俎皆當其位之前。唯此與大射獲者與釋獲者薦俎辟設不當前也。

獲者負矦而俟。【疏】釋曰。獲者既受獻負矦而俟第三番射也。○司射

適階西釋弓矢去扑說決拾襲適洗洗爵升實之以降

獻釋獲者于其位少南薦脯醢折俎有祭。注 不當其位。辟中。疏 釋曰自此盡反位論司射獻釋獲之事。此薦脯醢及折俎有祭肺一與獻獲者同但彼三祭此一祭爲異也。有祭者亦爲有脯醢俎有祭肺以爲將食而祭。故言有祭也。注 釋曰云不當其位辟中者以釋獲者位在中西故獻之於其位少南所以辟中也。釋獲者薦右東面拜受爵。司射北面拜送爵。釋獲者就其薦坐左執爵祭脯醢興取肺坐祭遂祭酒興司射之西北面立飲不拜既爵司射受爵奠于篚。釋獲者少西辟薦反位。注 辟薦少西之者爲復射妨司射視算也。亦辟俎。疏 注 釋曰云亦辟俎者上獻獲者訖獲者執其薦使人執俎從之設于乏南。此釋獲者受獻訖釋獲者少西辟薦。不云辟俎亦辟俎與獲者同可知。故云亦辟俎也。

○司射適堂西袒決遂取弓于階西挾一个搢扑以

乾隆四年校刊

反位。注：爲將復射。疏：釋曰：自此盡反位，論將爲下番射作之使拾取矢之事。司射去扑，倚于階西，升請射于賓，如初。賓許。○司射降，搢扑，由司馬之南，適堂西，命三耦及衆賓皆袒決遂，執弓就位。注：位，射位也。不言射者，以當序取矢。疏：注釋曰：云「位，射位」者，知是射者，下云「各以其耦反於射位」，故知此是射位，在司射之西南東面者也。云「不言射者，以當序取矢」者，以此當矢序拾取矢時，故不言射位也。司射先反位。注：言先三耦及衆賓也。既命之，即反位，不俟之也。鄉不言先，三耦未有拾取矢位，無所先。音義：先，悉薦反，下同。疏：注釋曰：言先三耦及衆賓也者，此下有三耦及衆賓，故知先三耦及衆賓也。云「鄉不言先，三耦未有拾取矢位，無所先」者，案前第二番將射，命三耦拾取矢，司射反位，不言先，未有位，無所先，故決之。第三番無位者，以司射之西南有三耦射位，至再番司射反於故位，三耦將移於司馬之西南拾取矢之位。未往之時。未有故位。三耦既無故位。故司射不得言先。故以此決之也。凡射。大射與鄉射各有三位。此鄉射無次。有堂西取弓矢袒決遂及比耦之位。又有三耦射位。在司射位西南。又有拾取矢及再番射位。是三位。大射有次。次內有袒決遂取弓矢之位。又有堂東次比耦之位。又有射位幷拾取矢之位。是亦有三位。但君臣禮異。故位事不同也。三耦及衆賓皆袒決遂執弓各以其耦進反于射位。注以猶與也。今文以爲與。疏注釋曰。訓以爲與者。春秋之義。能東西之曰以。若存以字。謂嫌尊卑不同。任意以之。故轉爲與。則平敵之義也。司射作拾取矢。三耦拾取矢如初。反位。賓主人大夫降揖如初。主人堂東。賓堂西。皆袒決遂執弓。皆進階前揖。注南面相俟而揖行也。疏注釋曰。言南面者。謂賓主各於堂東西。南面立相待。言揖行者。謂各於堂上北面相見而揖。揖訖。行向楅也。及楅揖拾取矢如三耦。注及楅。當楅東

乾隆四年校刊

西也。主人西面，賓東面，相揖，拾取矢，不北面揖，由便也。【疏】【注】釋曰：云及楅，當楅東西也者，賓主出堂東西相見耦，揖訖，東西行至楅所也。云不北面揖，由便也者，決三耦及衆賓皆於楅南北面揖，及楅揖。此則無楅南北面揖，賓主各由東西便故也。

卒北面搢三挾一个。【注】亦於三耦爲之位。【疏】【注】釋曰：經云搢三挾一个，與上三耦取矢訖搢三挾一个同，又同處，故云亦於三耦爲之位也。

揖退。【注】皆已揖左還，各由其塗反位。【疏】【注】釋曰：云皆已揖左還各由其塗反位者，謂賓主北面揖退之時，賓主皆左還相背，各向堂塗反堂東西之位。知左還者，約上三耦也。

賓堂西，主人堂東，皆釋弓矢，襲。及階揖，升堂揖，就席。【注】將袒先言主人，將襲先言賓，尊賓也。【疏】【注】釋曰：袒是盡敬之事，襲是修容之禮，故上經將袒先言主人，此經襲則先言賓，是尊賓故也。◯

大夫袒決遂，執弓，就其耦。【注】降袒決遂於堂西，就其耦於射位與之拾取矢【疏】【注】釋曰卿於堂西者上文賓主人大夫降賓堂西袒決遂又上文大夫射時堂西袒決遂故知也揖皆進如三耦耦東面大夫西面大夫進坐說矢束【注】說矢束者下耦以將拾取【音義】說吐活反又始銳反【疏】釋曰大夫西面者爲下射故也興反位而后耦揖進坐兼取乘矢順羽而興反位揖【注】兼取乘矢者尊大夫不敢與之拾也相下相尊君子之所以相接也【疏】釋曰此大夫與耦取矢蹄弓覆手仰手一如上三耦法其揖退之儀亦如上左還而西也大夫進坐亦兼取乘矢如其耦北面搢三挾一个【注】亦於三耦爲之位揖退耦反位大夫遂適序西釋弓矢襲升卽席【注】大夫不序於下尊也眾賓繼拾取矢皆如三耦以反位○司射猶挾一

个以進作上射如初一耦揖升如初【注】進前也鄉言還當上耦西面是言進終始互相明也今文或言作升射【疏】釋曰自此盡退中與算而俟論第三番用樂射之事【注】釋曰云鄉言還當上耦西面是言進終始互相明也者上番將射時云司射還當上耦西面作上耦射不言進明還當上耦時者進近上耦乃作之此直進作射不言還當上耦明進時亦還當上耦而作之故言終始互相明也司馬升命去侯獲者許諾司馬降釋弓反位司射與司馬交于階前去扑襲升請以樂樂于賓賓許諾司射降搢扑東面命樂正曰請以樂樂于賓賓許【注】東面於西階之前也不就樂正命之者傳尊者之命於賤者遥號命之可也樂正亦許諾猶北面不還以賓在堂【音義】樂樂下字音洛傳直專反【疏】【注】釋曰知在西

階之前不就樂正命之者。以經云司射降搢扑。即言東面命樂正。無行進之事。故知西階之前命之也。云樂正亦許諾。知者。案大射云司射東面命樂正曰命用樂。樂正曰諾。是樂正許諾之事。此不言者。文不具故言之。云猶北面不還以賓在堂者。此亦無文。樂正位東階東南北面。大師位其北西面。賓在堂南面。樂正猶北面不還西面。是以下文特云東面命大師。明此時不西面受命矣。大射鄭注彼云樂正西面受命。左還東面命大師。與此禮異者。雖無正文。鄭以義言。君在阼故也。

司射遂適階閒堂下北面命曰。不鼓不釋。

注 不與鼓節相應。不釋算也。鄉射之鼓五節。歌五終。所以將八矢。一節之閒當拾發。四節四拾。其一節先以聽也。

（音義）相應，應對之應，下同

疏 注釋曰。云鄉射之鼓五節者。以卿大夫士同五節。是以射人云王以騶虞九節。諸侯以貍首七節。卿大夫以采蘋五節。士以采蘩五節。是卿大夫士同五節。云歌五終所以將八矢者。下記云歌騶虞若采蘋皆五終。是也。云一節之閒當拾發四節四拾其一節先以聽也者。尊卑樂節雖多少不同。四節以盡乘矢則同。其餘外皆以聽。以知樂終始長短也。王九節者。五節先以聽。諸侯七節者。三節先以聽。卿大夫士五節者。一節先以聽。皆四節拾將乘矢。但尊者先以聽則多。卑者先以聽則少。優至尊。先知審故也。此節亦取侯道之數。故鄭注射人云。九節七節五節者。奏樂以爲射節之差。言節者容侯道之數也。凡射皆與臣下共爲。若與尊者耦。自然與尊者同節。若不與尊者同耦。則各自用其節。樂當與射義同。

射退反位。樂正東面命大師曰。奏騶虞。閒若一。【注】東面者。進還鄉大師也。騶虞。國風召南之詩篇也。射義曰。騶虞者。樂官備也。其詩有一發五豝五豵。于嗟騶虞之言。樂得賢者衆多。歎思至仁之人以充其官。此天子之射節也。而用之者。方有樂賢之志。取其宜也。其他賓客卿大夫則歌采蘋。閒若一者。重節。【音義】豝。音巴。豵。子工反。【疏】注釋曰。云東面者進還鄉大師也者以其大師西面樂正北面明知進身鄉大師乃命之云此天子之射節也者據周禮射人而知云取其宜也者騶虞喻得賢者多此鄉射亦樂賢故云取其宜也云其他賓客卿大夫則歌采蘋者采蘋是卿大夫樂節其他謂賓射與燕射若州長也賓客自奏采蘩若然此篇有鄉大夫州長射法則同用騶虞以其同有樂賢之志也云閒若一者重節者閒若大一謂五節之閒長短希數皆如一則是重樂節也

師不興許諾樂正退反位乃奏騶虞以射三耦卒射賓主人大夫衆賓繼射釋獲如初卒射降注皆應鼓與歌之節乃釋筭降者衆賓疏釋曰云樂正退反位者反工南北面位也注釋曰降者衆賓者亦番射時賓與主人大夫卒射皆升堂此降者衆賓也

釋獲者執餘獲升告左右卒射如初注卒已也今文曰告于賓○司馬升命取矢獲者許諾司馬降釋弓反位弟子委矢司馬乘之皆

乾隆四年校刊

如初。司射釋弓視算如初。【注】算獲算也。今文曰視數也。釋獲者以賢獲與鈞告如初。降復位。○司射命設豐。設豐實觶如初。遂命勝者執張弓不勝者執弛弓升飲如初。○司射猶袒決遂左執弓右執一个兼諸弦而鏃適堂西以命拾取矢如初。【注】側持弦矢曰執。面猶尚也。并矢於弦尚其鏃將止變於射也。【疏】釋曰：言猶袒者，亦是有故之辭。以其常袒，恐不袒，故言猶以連之也。【注】釋曰：云側持弦矢曰執者，對方持弦矢曰挾。云并矢於弦尚其鏃將止變於射也者，亦是對將射挾矢而言。司射反位三耦及賓主人大夫眾賓皆袒決遂拾取矢如初矢不挾兼諸弦弣以退不反位遂授有司于堂西。【注】不挾，亦肅執之，如司射也。不以反射位。

授有司者。射禮畢。【疏】【注】釋曰。云不挾亦謂執之如司射也者。執之如司射。兼諸弦弣。則與司射異。以其司射直執一个。無三矢兼於弣。三耦以辯下。則執一个并於弦。又以三矢并於弣。所以異也。

拾取矢揖皆升就席。【注】謂賓大夫及衆賓也。相俟堂西。進立于西階之前。主人以賓揖升。大夫及衆賓從升。立時少退于大夫。三耦及弟子自若留下。【疏】【注】釋曰。知相俟于堂西者。以經言辯拾取矢訖。乃言揖皆升就席。則知先取矢者皆相待堂西。其主人則在堂東。徧取矢訖。乃揖而升堂就席也。云主人以賓揖升。大夫及衆賓從升。立時少退于大夫。三耦及弟子自若留下者。衆賓則三賓也。皆依上文獻後升及留在下之法。

○司射乃適堂西。釋弓。去扑。說決拾。襲。反位。【疏】釋曰。司射之扑在階西。今來去扑於堂西之等。以其不復射故也。

司馬命弟子說侯之左下綱而釋之。【注】說解也。釋之不復射。掩束之。

【音義】說，吐活反。復，扶又反。【疏】【注】釋曰：上初張侯時，云乃張侯，下綱不及地武，不繫左下綱，中掩束之。鄭云事未至也。又至將射時，司馬命張侯，弟子說束，遂繫左下綱。鄭注云：事至。今言司馬命弟子說侯之左下綱而釋之，直言說侯之左下綱而釋之，明未全去，備復射。故鄭下注云：諸所退皆俟於堂西，備復射也。故知此釋之為三番射畢，不復射，若有射則行燕射旅酬以後乃為之。故於此時中掩左下綱，如初張時也。

命獲者以旌退，命弟子退楅。司射命釋獲者退中與算而俟。【注】諸所退皆俟堂西，備復射也。旌言以者，旌恒執也。獲者、釋獲者亦退其薦俎。【疏】【注】釋曰：獲者、釋獲者亦退薦俎者，上獻時皆有薦俎，辟之於右。今獲者以旌退，釋獲者退中，故知亦退薦俎也。

司馬反為司正，退復觶南而立。【注】當監旅酬。【音義】監，古銜反。【疏】釋曰：自此盡「司正降復位」，論射訖行旅酬之事。故司馬反為司正。鄭云當監旅酬也。

樂正命弟子贊工即位，弟子相工如其

降也升自西階反坐【注】贊工遷樂也降時如初入樂正反自西階東北面【疏】釋曰前爲將射遷工于東方西面今將旅酬作樂故遷升于堂上也【注】釋曰云降時如初入者以經直云如其降也降時威儀不見故取上文降時如初入初入則上工四人已下是也云樂正反自西階東北面者上初升於西階之東樂正立于其西今合樂訖工告樂正曰正歌備樂正告于賓乃降立于西階東北面又將射時樂正命弟子贊工遷樂于下弟子相工如初入降自西階東北面近其事知不升者以正樂畢上無事請于賓之事並與正歌備已後同也

○賓北面坐取俎西之觶興阼階上北面酬主人主人降席立于賓東賓坐奠觶拜執觶興主人答拜賓不祭卒觶不拜不洗實之進東南面【注】所不者酬而禮殺也賓立飲【音義】殺所界反【疏】釋曰賓北面坐取俎西之觶者謂上一人舉觶于賓賓奠于薦西者也【注】釋曰云賓立飲者鄉飲酒

當此賓酬主人時云賓不祭立飲是也主人阼階上北面拜賓少退注少退少逡遁也音義逡七旬反遁音旬主人進受觶賓主人之西北面拜送注旅酬而同階禮殺也疏釋曰對獻酬之時賓主各於其階故云同階禮殺也賓揖就席主人以觶適西階上酬大夫大夫降席立于主人之西如賓酬主人之禮注其既實觶進西南面立鄉所酬疏釋曰云主人以觶適西階上酬大夫者旅酬恆執此觶以相酬故言以知義然者上文命獲者以旌退鄭注云旌言以者旌恆執也是也注釋曰云其既實觶進西南面立鄉所酬知者以上賓酬主人阼階上實觶進東南面則知此主人酬大夫西階上實觶而亦進西南面可知也主人揖就席若無大夫則長受酬亦如之注長謂以長幼之次酬眾賓音義長丁丈反疏釋曰云若無大夫者鄉人爲公卿大夫來觀禮者爲遵或

有或無不定。故云若。有大夫先酬之。無大夫則酬長。以鄉射無介。直有三賓。以長幼之次受酬。此言酬衆賓。則三賓也。

司正升自西階相旅作受酬者曰某酬某子。

注 某者字也。某子者氏也。稱酬者之字。受酬者曰某子。旅酬下爲上尊之也。春秋傳曰。字不若子。此言某酬某子者。射禮略於飲酒。飲酒言某子受酬。以飲酒爲主。

疏 注釋曰。云旅酬下爲上尊之也者。以旅酬者少長以齒。遠下之道。前人雖卑。其司正命之飲酒。呼之稱謂尊於酬者。故受酬者爲某子。酬他爲某也。云春秋傳曰者。案莊十年秋九月經書荊敗蔡師于莘。以蔡侯獻舞歸。公羊傳曰。荊者何。州名也。州不若國。國不若氏。氏不若人。人不若名。名不若字。字不若子。何休云。爵最尊也。鄭引之者。證旅酬下爲上之義。酬者稱字。受酬者稱子。子是尊稱。云此言某酬某子者。射禮略於飲酒。飲酒言某子受酬。以飲酒爲主者。此鄉射主於射。略於飲酒。故稱酬他者字。又稱受酬飲酒者爲子。是字不若子。飲酒言某子受酬。直以飲酒爲主故也。受酬者降席，司正退立于西序端，東面。【注】退立，俟後酬者也。始升相，立階西北面。【疏】【注】釋曰：云「始升相，立階西北面」者，鄉飲酒注亦然。知者，以司正升自西階，與西階之酬者立，故知始時在西階西北面也。眾受酬者拜、興、飲，皆如賓酬主人之禮。辯，遂酬在下者，皆升，受酬于西階上。【注】在下，謂賓黨也。鄉飲酒記曰：主人之贊者西面北上，不與，無算爵然後與。此異於賓。【音義】與音預。【疏】【注】釋曰：引鄉飲酒記者，欲見賓黨在西，主黨在東，主黨不與酬之義。卒受者以觶降，奠于篚。司正降復位。【疏】釋曰：自此盡「唯賓」，論舉觶於賓與大夫，爲無算爵之事。云「司正降復位」者，司正當監旅酬，訖，故降。使二人舉觶於賓與大夫，爲無算始也。○使二人舉觶于賓與大夫。【注】二人，主人之贊者。舉觶者皆洗觶，升，實之西階上北面皆坐奠觶拜執觶興賓與大夫皆席末荅拜舉觶者皆坐祭遂飲卒觶興坐奠觶拜執觶興賓與大夫皆荅拜舉觶者逆降洗升實觶皆立于西階上北面東上賓與大夫拜舉觶者皆進坐奠于薦右【注】坐奠之不敢授【疏】釋曰賓與大夫皆席末荅拜者皆席西南面荅拜云皆進坐奠于薦右者以其將飲者于右故也【注】釋曰云坐奠之不敢授者對獻酬時親授主人之贊者卑不敢親授觶也賓與大夫辭坐受觶以興【注】辭辭其坐奠觶【疏】釋曰必辭者贊者不敢親授賓與大夫不可自尊故辭之不言取而言受者亦是若親受之然舉觶者退反位皆拜送乃降賓與大夫反奠于其所興【注】不舉者盛禮已崇古文曰反坐【疏】【注】釋曰崇重也凡飲酒禮成於酬前已旅酬所盛禮已重今主人復舉觶爲無算爵盡歡情客不盡

主人歡。故且奠之。後舉之。故不奠薦左。若無大夫則唯賓【注】長一人舉觶。如燕禮媵爵之爲也。【疏】釋曰鄉二人舉觶爲賓與大夫今若無大夫當闕一人故云則唯賓。【注】釋曰云長一人舉觶如燕禮媵爵之爲者燕禮初二大夫媵觶至旅酬復使二人若命長媵一爵於君與此同故云如燕禮之爲彼旅酬此爲無算爵不同但一人是同故引爲證也。○司正升自西階阼階上受命于主人適西階上北面請坐于賓【注】請坐欲與賓燕盡殷勤也。至此盛禮已成酒清肴乾強有力者猶倦焉。【疏】釋曰自此盡少退北上論請坐徹俎之事。【注】釋曰云清酒肴乾強有力者猶倦焉者此禮記聘義文案彼云故強有力者將以行禮也。酒清人渴而不敢飲也。肉乾人飢而不敢食也。日莫人倦。齊莊正齊而不敢懈惰。引之者證此賓須坐之義。賓辭以俎【注】俎者肴之貴者也。辭之者不敢以燕坐褻貴肴。【疏】【注】釋曰俎所盛骨體骨體是肴之貴者故

松厓云序端無注鄉飲酒禮作席端下文賓取俎還授司正司正以降自西階然則序端者西

辭之也反命于主人主人曰請徹俎賓許司正降自西階階前命弟子俟徹俎【注】弟子賓黨也俎者主人贊者設之今賓辭之使其黨俟徹順賓意也上言請坐于賓此言主人曰互相備耳【疏】注釋曰知弟子是賓黨者以其司正降自西階階前命之明賓黨弟子在西階東面也必使賓黨弟子者徹俎是賓請之故鄭云俎者主人贊者設之今賓辭之使其黨俟徹順賓意也云上言請坐于賓此言主人曰互相備耳者凡辭皆司正請于主人主人有命司正乃傳告賓今上文云司正請坐于賓直見司正傳主人辭不見主人曰請坐于賓之辭此經直見主人曰請徹俎不見司正傳主人以告賓是互相備也不言互文而云互相備者凡言互文者各舉一事一事自周是互文此據一邊禮一邊禮不備文相續乃備故云互相備若云糗餌粉餈鄭注云餌言糗餈言粉互相足之類也司正升立于序端賓降席北面主人降席自南方阼階上北面

序端也或曰席誤爲序當作席端升正席端俟賓取俎

大夫降席席東南面【注】俟弟子升受俎【疏】【注】釋曰云俟弟子升受俎者下云司正以俎出授從者注云授賓家從來者也所以厚禮之則此弟子升受俎者案下文據大夫與主人而言若賓俎授司正非弟子也賓取俎還授司正司正以降自西階賓從之降遂立于階西東面司正以俎出授從者【注】授賓家從來者也古者與人飲食必歸其盛者所以厚禮之【音義】從才用反注及下從者同【疏】【注】釋曰云古者與人飲食必歸其盛者所以厚禮之者鄉飲酒燕禮大射賓客皆有俎徹歸客之左右俎是肴之貴是歸其盛者公食大夫既食有司卷三牲之俎歸于賓館故總云古者與人飲食必歸其盛者所以厚禮之也主人取俎還授弟子弟子受俎降自西階以東主人降自阼階西面立【注】以東授主人侍者【疏】【注】釋曰云以東授主人侍者弟子是賓黨非主人之贊者故知徹主人俎還授主人侍者歸入

於內也。大夫取俎還授弟子，弟子以降自西階，遂出授從者。大夫從之降，立于賓南。【注】凡言還者，明取俎各自鄉其席。衆賓皆降，立于大夫之南，少退，北上。【注】從降，亦爲將燕。【音義】爲，于僞反。【疏】【注】釋曰：賓、主人、大夫有俎，從俎而降。此三賓無俎，亦從大夫而降，亦知賓主人大夫將燕，故同降同升也。○主人以賓揖讓，說屨，乃升。大夫及衆賓皆說屨，升坐。【注】說屨者，將坐，空屨褻賤，不宜在堂也。說屨則抠衣，爲其被地。【音義】說，吐活反。抠，苦侯反。被，皮義反。【疏】釋曰：自此盡門外再拜，論升坐行無筭爵、賓醉送出之事。【注】釋曰：云「說屨則抠衣，爲其被地」者，《曲禮》云「抠衣趨隅」，彼謂升席時，引之證說屨低身亦然。若不抠衣，恐衣被地履之。但對文上曰衣，下曰裳；散文衣裳通，此衣即裳也。案《少儀》云「排闔說屨於戶內，一人而已矣」，鄭注云「雖衆敵，猶有所尊也」。彼尊卑在室，則尊者說屨在戶內，其餘說屨於戶外若尊卑在堂則亦尊者一人說屨在堂其餘說屨於堂下是以燕禮大射臣皆說屨於階下公不見說屨之文明公舄在堂矣此乃鄉射非臣禮賓主人行敵禮故皆說屨於堂下也○乃羞【注】羞進也所進者狗胾醢也燕設啗具所以案酒【音義】胾壯吏反啗徒覽反

【疏】【注】釋曰云所進者狗胾醢也者以其牲用狗故知狗胾也醢未必狗以其醢豫造乃成非臨時之物故知非狗連言之也

無算爵使二人舉觶賓與大夫不興取奠觶飲卒觶不拜【注】二人謂鄉者二人也使之升立于西階上賓與大夫將旅當執觶也卒觶者固不拜矣著之者嫌坐卒爵者拜既爵此坐于席禮既殺不復崇【疏】釋曰經賓上有于字者誤以此二觶仍是前二人所舉者今以二人升者舉發使行無算爵非新觶以鄭注可知故誤有也若然舉觶上屬賓下屬為句也【注】釋曰云卒觶者固不拜矣著之者嫌坐卒爵者拜既爵者上正旅酬時賓酬主

有字毛本刻缺此句當作故知誤也

人賓不祭，卒觶不拜，不洗。今此二人舉觶禮殺，故云卒觶者固不拜矣。嫌坐卒爵者拜既爵者，以上獻酬時皆坐卒爵拜既爵，嫌此無算爵飲卒觶亦有拜義，故明之。云坐于席禮既殺不復崇者，此決正行獻酬時在於階下有拜既爵，此說屨就席，禮既殺，不復崇重，故無拜爵也。執觶者受觶，遂實之，賓觶以之主人，大夫之觶長受。【注】長，衆賓長。而錯，皆不拜。【注】錯者，實主人之觶以之次賓也，實賓長之觶以之次大夫。其或多者，迭飲於坐而已。皆不拜受，禮又殺也。今文無執觶，及賓觶大夫之觶皆爲爵，實觶，觶爲之。【音義】迭，大結反。【疏】【注】釋曰：云其或多者迭飲於坐而已者，衆賓之三人，則與衆賓等得交錯相酬。言其或多者，若有一大夫，則衆賓二人無所酬，直二人迭飲而已。若大夫四人已上，多於三賓，自三人之外亦無所酬，則亦自相酬迭飲而已。云皆不拜受爵又殺也者，上二人舉觶於賓與大夫皆拜受。及飲卒不拜。是其殺。今衆賓與大夫不拜受觶。故言禮又殺也。此經曰執觶者。今文無此執觶。又今文賓觶大夫之觶皆爲爵。不從者。以其皆在無筭爵之科。明不爲爵。云實觶觶爲之者。明不從也。辯。卒受者興。以旅在下者于西階上。注衆賓之末飲而酬主人之贊者。大夫之末飲而酬賓黨。亦錯焉。不使執觶者酌。以其將旅酬不以己尊於人也。其末若皆衆賓。則先酬主人之贊者。若皆大夫。則先酬賓黨而已。執觶者酌在上。辯。降復位。疏釋曰。經云辯。謂堂上衆賓已上皆飲訖。云卒受者。謂最末後飲者。注釋曰。云衆賓之末飲而酬主人之贊者。大夫之末飲而酬賓黨。亦錯焉者。此亦若堂上交錯也。云不使執觶者酌。不使二人執觶者酌。云以其將旅酬不以己尊於人也者。其堂上皆坐行酒。至此立階上。旅在下。解經與以旅在下者。云其末若皆衆賓則先酬主人之贊者。謂大夫或少或無。則衆賓爲末飲也。云若皆大夫者。謂大夫多。

衆賓徧後。二觶竝酬大夫。則大夫爲末飲也。云執觶者酌在上辯降復位者。謂二人舉觶。酌堂上衆賓已上辯。其堂下自酌相旅。二人無事。故降復于東階前西面北上位也。故鄉飲酒記云。主人之贊者西面北上不與無算爵。然後與。必知復位者。下經云執觶者皆與旅是也。

長受酬。酬者不拜。乃飲。卒觶以實之。注 言酬者不拜者。嫌酬堂下異位當拜也。古文曰受酬者不拜。疏 釋曰。謂堂下或賓黨之長。或主人贊者之長。受堂上酬。酬者不拜。注 釋曰。鄭云酬者不拜者。嫌酬堂下異位當拜也者。嫌堂下異位。堂上酬堂下當拜。故明之也。

受酬者不拜受。注 禮殺。雖受尊者之酬。猶不拜。疏 注 釋曰。堂下卑者受堂上尊者酒。當拜。由禮殺。雖尊者之酬。猶不拜也。

辯旅皆不拜。注 主人之贊者於此始旅。嫌有拜。疏 注 釋曰。以鄉飲酒記云。主人之贊者不與無算爵然後與。故鄭言主人之贊者於此始旅。嫌有拜。故明之也。

執觶者皆與旅。注 嫌已飲不復飲也。

上使之勸人耳。非逮下之惠也。亦自以齒與於旅也。【音義】與音預。【疏】【注】釋曰：此即上文二人舉觶者，於西階上已卒觶，故鄭云嫌已飲不復飲也。卒受者以虛觶降，奠于篚。執觶者洗，升實觶，反奠于賓與大夫。【注】復奠之者，燕以飲酒為歡，醉乃止。主人之意也。無筭樂。【注】合鄉樂無次數。【疏】【注】釋曰：知合鄉樂二南者，約上正歌時，不略其正，已歌鄉樂，但上有次第，先歌關雎，次歌葛覃、卷耳，次歌鵲巢、采蘋、采蘩，皆三終，有次數。今無次數，任賓主所好也。○賓興，樂正命奏陔。【注】陔，陔夏，其詩亡。周禮賓醉而出奏陔夏。陔夏者，天子諸侯以鍾鼓，大夫士鼓而已。【音義】陔古才反。【疏】釋曰：此賓興即命奏，下文賓降乃作樂也。【注】釋曰：云陔陔夏其詩亡者，九夏皆詩篇。鄭注鍾師云：歌之大者，載在樂章，樂崩亦從而亡。云周禮者，鍾師云：陔夏。杜子春云：客醉而出奏陔夏。雖非正文，亦據周禮而詩云陔夏者天子諸侯以鍾鼓知者約鍾師云以鍾鼓奏九夏是天子法襄公四年穆叔如晉晉侯饗之金奏肆夏之三不拜則陔夏奏用鍾矣大夫士尚有鼓明諸侯亦有鼓故總云天子諸侯以鍾鼓知大夫士用鼓者此鄉射鄉飲酒皆有鼓故知以鼓奏陔而已也

賓降及階陔作賓出衆賓皆出

主人送于門外再拜【注】拜送賓于門東西面賓不答拜禮有終【疏】【注】釋曰知拜送賓于門東西面者此約迎賓時於此拜也云不答拜禮有終者以行禮有終故不答也

○明日賓朝服以拜賜于門外【注】拜賜謝恩惠也【音義】朝直遙反

主人不見如賓服遂從之拜辱于門外乃退【注】不見不褻禮也拜辱謝其自屈辱【疏】【注】釋曰不見不褻禮者禮不欲數數則瀆今主人不見恐相褻故不見也

○主人釋服乃息司正【注】釋服說朝服服玄端也息猶勞也勞司正謂賓之與之飲酒

以其昨日尤勞倦也月令曰勞農以休息之【音義】說吐活反勞力報反【疏】釋曰自此盡經末論息勞司正之事【注】釋曰上文主人如賓服則主人亦朝服矣今言釋服謂釋去朝服朝服之下衣則次玄端故知釋服說朝服服玄端也玄端即朝服之衣易其裳爲異也月令者彼是十月農功畢勞農以休息之爲息田夫之臘祭引之者證息勞來休息之義也無介【注】勞禮略貶於飲酒也此已下皆記禮之異者【音義】介音界【疏】【注】釋曰云勞禮略貶於飲酒也者謂貶於鄉飲酒鄉飲酒禮有介此司正飲酒勞禮無介是貶於鄉飲酒也云此以下皆記禮之異者謂息司正之禮與上飲酒禮異之事也不殺【注】無俎故也【音義】殺如字【疏】【注】釋曰下文云無俎無俎故不殺殺即有俎也使人速【注】速召賓【疏】【注】釋曰若公食使人召之還司正爲賓也迎于門外不拜入升不拜至不拜洗薦脯醢無俎賓酢主人主人不崇酒不拜衆賓既獻衆賓一

人舉觶。遂無算爵。【注】言遂者，明其閒闕也。賓坐奠觶于其所，擯者遂受命于主人，請坐于賓，賓降說屨升坐矣。不言遂請坐者，請坐主于無算爵。【疏】【注】釋曰：云「言遂者，明其閒闕也」者，閒闕謂閒一人舉觶下，有工升歌、立司正、旅酬及二人舉觶、交徹俎之事，以其闕此數事，故云遂無算爵也。云「賓坐奠觶于其所，擯者遂受命于主人，請坐于賓，賓降說屨升坐矣」，此竝依正飲酒禮。「不言遂請坐者，請坐主于無算爵」者，以其請坐主于無算爵，今言無算爵，自然請坐可知，故不須言請坐于賓也。

無司正。【注】使擯者而已，不立之。【疏】釋曰：不立司正，亦是與飲酒禮異。

賓不與。【注】昨日至尊，不可褻也。古文與作豫。【音義】與音預。【疏】【注】釋曰：賓者，主人所尊敬，不可復召之，復召之亦是褻瀆也。

徵唯所欲。【注】徵，召也。謂所欲請呼。【疏】【注】釋曰：須止則止，須召則召，在主人之意，故云所欲請呼也。

以告于鄉先生君子。

可也〔注〕告請也鄉先生鄉大夫致仕者也君子有大德行不仕者〔音義〕行下孟反〔疏〕〔注〕釋曰云鄉大夫致仕者也者此即鄉飲酒注云先生謂鄉中致仕者云君子有大德行不仕者大德行謂六德六行可貢而不仕者此即居士錦帶亦曰處士

羞唯所有〔注〕用時見物〔音義〕見賢遍反〔疏〕〔注〕釋曰謂昨日所有之餘見物

鄉樂唯欲〔注〕不歌雅頌取周召之詩在所好〔音義〕好呼報反〔疏〕〔注〕釋曰此即與上無算樂同而云不歌雅頌者以其上飲酒主於射略於樂不用小雅此非鄉射而亦不歌雅頌者亦不可過於正飲酒禮故云周召之詩在所好也

〔記〕大夫與則公士爲賓〔注〕不敢使鄉人加尊於大夫也公士在官之士鄉賓主用處士〔音義〕與音預〔疏〕〔注〕釋曰據此鄉射使處士無爵命者爲賓故有大夫來不以鄉人加尊于大夫故易去之使公士爲賓若然鄉飲酒貢士法賢者爲

賓其次爲介又其次爲衆賓宥弋夫來不易去之以其賓擬貢故也云鄉賓主用處士即君子者也使能不宿戒【注】能者敏於事不待宿戒而習之【疏】【注】釋曰解上賓用處士云能者敏於事者孝經云參不敏鄭云敏猶達也則此通達於事○其牲狗也【注】狗取擇人【疏】【注】釋曰鄉飲酒鄉射義取擇賢士爲賓天子已下燕亦用狗亦取擇人可與燕者亨于堂東北【注】鄉飲酒義曰祖陽氣之所發也【音義】亨普庚反【疏】【注】釋曰陽氣起於東北而盛於南方亨狗于東北飲酒是陽故法之○尊綌冪賓至徹之【注】以綌爲冪取其堅潔【音義】綌去逆反【疏】釋曰凡冪者皆爲塵埃加故設之但用冪不用冪不同者凡用醴皆不見用冪質故也即士冠禮子昏禮禮賓贊禮婦聘禮禮賓此等用醴皆無冪是也醮用酒亦無冪者從禮子質也或以尊厭卑亦無冪燕禮君尊有冪方圜壺則無冪昏禮尊於室內有冪尊於房戶外爲媵御賤故無冪鄉飲酒鄉射有冪者無所厭故也若祭祀之冪冪人云以疏布冪八尊鄭云天

地之神尚質以畫布冪六彝鄭云宗廟可以文凡王巾皆黼注云周尚武其用文德則黻可諸侯無文武與王同其喪中之冪皆用疏布士喪禮小斂用功布大斂亦同士虞用絺冪與吉同大夫亦當然也云賓至徹之者巾冪必有執冪賓未至恐塵加賓至徹去不復用以其鄉射飲酒不見更用之文故也燕禮君命徹冪則未命之前重用之者君尊重覆之〇蒲筵緇布純【注】筵席也純緣【音義】純之閏反又諸允反注同緣以絹反【疏】有公卿之尊無加席唯此一種故記人記之【注】釋曰云筵席者鄭注周禮序官云鋪陳曰筵藉之曰席然其言之筵席通但在地者為筵取鋪陳之義在上曰席取相承藉之義耳〇西序之席北上【注】衆賓統於賓【疏】釋曰衆賓之席繼賓以西南面東上今云西序之席北上者謂衆賓有東面者則北上此東面非常故記之也若然此鄉射上設席雖不言衆賓之數上文云三拜衆賓鄭云三拜示徧也則衆賓亦三人矣而復有東面者若公卿大夫多尊東不受則於尊西賓近於西則三賓東面北上統於賓也〇獻用爵其他

用觶注爵尊不可褻也○以爵拜者不徒作注以爵拜謂拜既爵徒猶空也作起也不空起言起必酢主人○

薦脯用籩五膱祭半膱橫于上醢以豆出自東房膱長尺二寸注脯用籩籩宜乾物也醢以豆豆宜濡物也膱猶脡也爲記者異耳祭橫于上殊之也於人爲縮膱廣狹未聞也古文膱爲胾今文或作植音義膱音職疏注釋曰云豆宜濡物也者案王制云一爲乾豆鄭云謂腊之以爲祭祀豆實與此違者以其豆實則醢也鄭注周禮醢人云作醢及臡者必先膊乾其肉乃後細莝之雜以粱麴及鹽漬以美酒塗置甀中百日則成矣是乾以爲豆實醢是也云膱猶脡也爲記者異耳者鄉飲酒記云脯五脡此云五膱膱與脡不同非訓之是記者異名不同非别有義故鄭云膱猶脡也云於人爲縮者脯法於人爲縮者鄉飲酒注引曲禮云以脯脩置者左朐右末鄭注

曲禮云屈中曰朐取左手案之右手擘之便故於
人爲縮横祭半臟横上於脯爲横於人則爲縱也〇組
由東壁自西階升【注】狗既亨載于東方【疏】【注】釋曰云狗
既亨載于東
方者上云亨于堂東北今云俎由東壁者亨在東北實
俎曰載載則于東方東方則東壁故云俎由東壁也云
自西階升者既由東壁恐如祭饌由東階升故記人明
之若祭饌則東階升特牲少牢是也尊神故由阼階升
賓俎脊脅肩肺主人俎脊脅臂肺肺皆離皆右體也進
腠【注】以骨名肉貴骨也賓俎用肩主人用臂尊賓也離
猶挂也腠膚理也進理謂前其本右體周所貴也若有
尊者則俎其餘體也【音義】腠七豆反挂苦圭反【疏】【注】釋曰云以骨
名肉者骨爲本
有名肉爲末無名所食即肉故以骨名肉必知骨有肉
者特牲乃食舉注云舉言食者明凡解體皆連肉是有
肉也云賓俎用肩主人用臂尊賓也者此據前三體而
言以其體有肩臂臑禮記祭統云周人貴肩爲其顯故

賓用肩尊賓也云離猶挫也者案禮記少儀云牛羊之肺離而不提心鄭云提猶絕也刲離之不絕中央少者中央少者即是心也此將食舉肺也云進理謂前其本者此與公食同生人食法少牢進下者是鬼神食法云右體周所貴也者對左殷所貴云若有尊者則俎其餘體也者前有三肩臂臑以次凡之賓主已用肩臂有一大夫則用臑二大夫則取後體用膞若有三大夫已上則用胳其脊脅與賓主同故下文云獲者之俎折脊脅肺臑注云臑若膞胳觳之折以大夫之餘體是也

○凡舉爵三作而不徒爵【注】謂獻賓獻大夫獻工皆有薦【疏】注釋曰知此三人者以其言三作故知唯此三人而已

○凡奠者於左【注】不飲不欲其妨【疏】釋曰謂若酬賓奠於右賓奠之於左

將舉者於右【注】便其舉也【疏】釋曰謂若酬一人二人舉奠之於薦右便舉之者也

○眾賓之長一人辭洗如賓禮【注】尊之於其黨【音】長丁丈反【疏】釋曰此獻三賓之時主人唯爲長者一人洗爵如經文恐已後更洗故記人明之也○

義

乾隆四年校刊

儀禮注疏卷五　鄉射禮記　卒一

若有諸公則如賓禮大夫如介禮無諸公則大夫如賓禮【注】尊卑之差諸公大國之孤也樂作大夫不入【注】後樂賢也○樂正與立者齒【注】謂其飲之次也尊樂正同於賓黨鄉飲酒記曰與立者皆薦以齒【音義】與音預　三笙一和而成聲【注】三人吹笙一人吹和凡四人也爾雅曰笙小者謂之和【音義】和戶臥反【疏】【注】釋曰云爾雅曰笙小者謂之和者案爾雅釋樂云大笙謂之巢孫氏注云巢高大又云小者謂之和注云和小笙是也獻工與笙取爵于上篚既獻奠于下篚其笙則獻諸西階上【注】奠爵于下篚不復用也今文無與笙【疏】【注】釋曰云奠爵于下篚不復用也者謂堂上不復用無妨堂下更人用之知者獻獲及釋獲者皆取而獻之是也大射獻服不氏用散不用爵者彼君禮與此異也○

立者東面北上。【注】賓黨。【疏】釋曰。此謂一命及不命來觀禮者。與堂下衆賓齒。東面北上而立。○司正既舉觶而薦諸其位。【注】薦於觶南。【疏】釋曰。知薦於觶南。不薦於觶北者。以司正觶南北面立。若薦觶北。與觶相隔。非位前。故知觶南位北也。○三耦者使弟子司射前戒之。【注】弟子。賓黨之少者也。前戒。謂先射請戒之。【疏】注釋曰。云使弟子司射前戒之者。謂請射之前戒之。以其經云三耦俟於堂西。故鄭云前戒謂先射請戒之也。○司射之弓矢與扑。倚于西階之西。【注】便其事也。【音義】扑。普卜反。【疏】注釋曰。此矢謂挾一个者。初司射適堂西。袒決遂。取弓矢于階西。兼挾乘矢。則誘射之弓矢亦在階西矣。若然。誘射訖。適堂西。改取一个挾之。遂適階西取扑。此一个實在堂西。至視算之時。於西階西釋弓矢。去扑。獻釋獲者。此亦在西階西。故鄭云便其事也。○司射既袒決遂而升。司馬階前命張侯。遂命倚旌。【注】著並行也。古文曰。遂命獲者倚旌。【疏】【注】釋曰：云著竝行者，謂司射與司馬有不竝行事時。案上文，將射，適堂西，袒決遂，取弓矢於西階上，北面告賓曰：弓矢既具，有司請射。其時司馬即階前命倚旌。此皆同時，故鄭云著竝行事。如上經納射器及比三耦以前，司射獨行事。後及司正為司馬，與司射竝行事，故記人記之也。

○凡侯：天子熊侯，白質；諸侯麋侯，赤質；大夫布侯，畫以虎豹；士布侯，畫以鹿豕。【注】此所謂獸侯也，燕射則張之。鄉射及賓射當張采侯二正，而記此者，天子諸侯之燕射，各以其鄉射之禮而張此侯，則經獸侯是也。由是云焉。白質、赤質，皆謂采其地。其地不采者，白布也。熊、麋、虎、豹、鹿、豕，皆正面畫其頭象於正鵠之處耳。君畫一，臣畫二，陽奇陰耦之數也。燕射射熊虎豹，不忘上下相犯。射麋鹿豕。志在君臣相養。其畫之皆毛物之。【音義】麋亡悲反。正音征。下正鵠同。鵠戶沃反。射熊之射。食亦反。下食麋與射之同。【疏】注釋曰。云此所謂獸侯也者。周禮梓人云。張獸侯以息燕。注云。息者休農息老物也。燕謂勞使臣。若與羣臣飲酒而射是也。云燕射則張之者。燕禮。大射正爲司射。如鄉射之禮。是諸侯燕用鄉射之禮。故云燕射則張之也。天子雖無文。據記。明天子燕射亦用鄉射之法也。云鄉射及賓射當張采侯二正者。案周禮射人掌賓射。大夫士同二正。是賓射二正。鄉射無文。知亦采侯二正者。周禮賓射與賓客爲射。此鄉射雖與鄉人習禮。亦如賓主行射禮。又非私相燕勞。故約與賓射同也。言采侯者。梓人云。張五采之侯則遠國屬。是賓射之侯。故云采侯也。云而記此者。天子諸侯之燕射各以其鄉射之禮者。以天子自用鄉射之禮。諸侯自用鄉射之禮。大夫士亦各隨其君用鄉射之禮也。用鄉射之禮。謂張侯道五十步。及三耦。一與鄉射同。云張此侯則經獸侯是也。由是云焉者。謂由是用鄉射法。故經云獸侯。於此鄉記也。云白質赤質皆謂采其地者。案周禮掌蜃云。共白盛之蜃。則此以蜃灰塗之。使白爲地。赤質者。亦以赤

塗之。使赤爲地。云不采者白布也者。謂大夫士直云布
侯者也。云熊麋虎豹鹿豕皆正面畫其頭者。知皆畫首
者。以其言貍首者射不來者之首。明此獸侯等亦正面
畫其頭也。云象其正鵠之處耳者。案梓人云。參分其廣
而鵠居一焉。據大射之侯。若賓射之侯。則三分其侯正
居一焉。若燕射之侯。則獸居一焉。故云象其正鵠之處
耳。云君畫一臣畫二陽奇陰耦之數也者。禮記郊特牲
云。君之南鄉。荅陽之義也。臣之北面。荅君也。是君陽臣
陰。又天一生水。地二生火。是一二陰陽之數。故云君一
臣二陽奇陰耦之數也。云燕射射熊虎豹不忌上下相
犯者。三者皆猛獸。不苟相下。若君臣之道。亦獻可者替
否者。不苟相從。輒當犯顏而諫。似獸等。故用之。云射麋
鹿豕志在君臣相養也者。案內則云。麋鹿豕皆有軒。並
是可食之物。故云相養也。云其畫之皆毛物之者。此無
正文。但畫五正三正之侯。各以其色。
明畫獸侯。亦以毛物畫之可知也。

凡畫者丹質。【注】賓
射之侯。燕射之侯。皆畫雲氣於側以爲飾。必先以丹采
其地。丹淺於赤。【疏】【注】釋曰。云賓射之侯燕射之侯者。此
鄉射以采侯二正。是賓射之侯也。此

獸侯也又是燕射之侯故鄭竝言之云皆畫雲氣於側以爲飾者鄭解經凡言畫者皆畫雲氣故以雲氣解之也蓋象雲色若賓射之侯天子九十步侯朱白蒼黃玄五正者還畫此五色雲氣於其側七十步侯朱白蒼三正者還畫此三色雲氣於其側五十步侯朱綠二正者還畫此二色雲氣於其側以爲飾也云必先以丹采其地者欲畫此五色三色雲氣時必先用丹采此地乃於其上畫雲氣也天子侯九十步之內更有七十五十步侯畿內諸侯七十步侯內更有五十步侯畿外諸侯九十步侯內更有七十五十步侯其畫之采皆如其數也以侯數非一尊卑又不同故云凡以廣之言凡畫雲氣以丹爲質地者也云丹淺於赤者案月令云乘朱路駕赤騮載赤旂衣朱衣朱與赤互言之卽爲一物又案冬官鍾氏云以朱湛丹秫四入爲朱色深而湛丹秫故知丹淺於赤鄭言此者欲見以丹爲地丹上得見赤色雲之義故言此也○射自楹閒物長如笴其閒容弓距隨長武注自楹閒者謂射於庠也楹閒中央東西之節也物謂射時所立處也謂之物者物

猶事也。君子所有事也。長如笴者。謂從畫之長短也。笴。矢幹也。長三尺。與跬相應。射者進退之節也。間容弓者。上下射相去六尺也。距隨者。物橫畫也。始前足至東頭爲距。後足來合而南面爲隨。武。跡也。尺二寸。[疏]注釋曰。云自楹間者。謂射於庠也。知者。以其言楹間。則是庠。則物當楣。故知非射於序者也。云楹間中央東西之節也者。以其楹間南北無限。東楹西楹相當。故知東西之節也。云長如笴者。謂從畫之長短也者。其下有距隨爲橫。此言物長。長。又是從迹之稱。故知南北之長短也。云笴矢幹也。云長三尺者。以矢人職得知也。云與跬相應者。禮記祭義云。故君子跬步而弗敢忘孝也。一舉足謂之跬。再舉足謂之步。射者履物不過一跬。故知以三尺爲限也。云距隨者。物橫畫也。始前足至東頭爲距。後足來合而南面爲隨者。謂上射下射並足處皆然。言長武。武。跡也。中人之跡尺二寸。謂橫尺二寸也。

序則物當棟。堂則物當楣。[注]是制五架之屋也正中曰棟次曰楣前曰庪【音義】架音駕庪九僞反又九委反【疏】【注】釋曰云是制五架之屋也者辛序皆然但有室無室爲異○命負侯者由其位【注】於賤者禮略【疏】釋曰其位正據司馬自在己位遂命之遂命者由負侯者賤略之故也對司射北耦則就其位經無司馬命負侯之位故記之也○凡適堂西皆出入于司馬之南唯賓與大夫降階遂西取弓矢【注】尊者宜逸由便也○旌各以其物【注】旌總名也雜帛爲物大夫士之所建也言各者鄉射或於庠或於榭【疏】【注】釋曰云旌總名也者以周禮司常云九旗對文通帛爲旜雜帛爲物全羽爲旞析羽爲旌各別今名物爲旌者散文通故云旌總名也云雜帛爲物大夫士之所建也者司常文通帛者通體竝是絳帛周所尚赤也雜帛者中絳緣邊白也白殷之正色故鄭彼注云言先王正道佐職也云言各者鄉射或於庠或於榭者諸侯鄉大夫是大夫詢眾庶射於庠諸侯州長

是士。春秋習射於榭。大夫士同建物。而云各者。雖同建物。杠則大夫五仞。士三仞不同。故云各也。無物。則以白羽與朱羽糅杠長三仞以鴻脰韜上二尋【注】無物者謂小國之州長也其鄉大夫一命其州長士不命不命者無物此翿旌也翿亦所以進退衆者糅者雜也杠橦也七尺曰仞鴻鳥之長脰者也八尺曰尋今文糅爲縮韜爲翿【音義】糅女又反杠音江脰音豆韜吐刀反翿徒刀反橦直江反【疏】【注】釋曰云無物者謂小國之州長也者案典命子男之卿再命大夫一命士不命大夫一命得建物士不命則無物是以不得與上各以其物同別爲此旌云此翿旌也者據下文士鹿中翿旌也下云君國中射則皮樹中以翿旌獲此不命士與國君同者士卑不嫌命士以上尊卑自與也云翿亦所以進退衆者此非直用之於獲案喪大記君葬時執翿居前詔傾虧亦所以進退衆人也云七尺曰仞者無正文鄭案書傳云雉長三丈高一丈則牆高一丈禮記祭義云築宮仞有三尺墻高一丈云仞有三尺除三尺之外只有七尺故知七尺曰仞也王肅則依小爾雅四尺曰仞孔君則八尺曰仞所見不同也云鴻鳥之長脰者也者脰則項也云八尺曰尋者亦無正文冬官云車有六等之數云殳長尋有四尺長丈二而云尋有四尺除四尺則尋長八尺矣

○凡挾矢於二指之閒横之【注】二指謂左右手之第二指此以食指將指挾之【音義】將子匠反【疏】注釋曰云二指謂左右手之以云二指之閒横之則知左右手也云此以食指將指挾之者以左擘指拓弓右擘指鉤弦故知挾矢以第二第三指閒第二指爲食指左傳云子公之食指動是也第三指爲將指左傳云吳王闔閭傷於將指是也故云食指將指之閒挾之知不在無名指閒者以無名指短與將指不相應故知不是也

○司射在司馬之北司馬無事不執弓【注】以不主射故也【疏】釋曰經不明言司射與司馬南北相當故明之也

○始射獲而未釋獲復釋獲復用樂

行之[注]君子取人以漸[音義]射食亦反又食夜反復用之復扶又反[疏]釋曰始射獲而未釋獲據三耦射時云復釋獲者據第二番射時復用樂行之據第三番射時○上射於右[注]於右物射○楅長如笴博三寸厚寸有半龍首其中蛇交韋當[注]博廣也兩端爲龍首中央爲蛇身相交也蛇龍君子之類也交者象君子取矢於楅上也直心背之衣曰當以丹韋爲之司馬左右撫矢而乘之分委於當[音義]厚戶豆反直音值乘繩證反[疏][注]釋曰云蛇龍君子之類也者易云龍戰於野其血玄黃鄭注云聖人喻龍君子喻蛇是蛇龍總爲君子之類也云直心背之衣曰當者直通身之言其楅兩頭爲龍首於背上通身著當言當心中央也知丹韋爲之者周尙赤上云凡畫者丹質又周禮九旗之帛皆用絳故知此當亦以丹韋爲之云司馬左右撫矢而乘之分委於當者若未分時總在於當今則四四在一邊不謂分

訖乃置於兩當也 楅髹橫而奉之南面坐而奠之南北當洗 注 髹赤黑漆也 音義 髹虛求反 疏 釋曰云南面坐而奠之者取向弟子持矢北面故南面奠之而南北當洗者恐南北不知遠近故記言南北當洗南北節也 ○射者有過則撻之 注 過謂矢揚中人凡射時矢中人當刑之今鄉會衆賢以禮樂勸民而射者中人本意在侯去傷害之心遠是以輕之以扑撻於中庭而已書曰扑作教刑 疏 注 釋曰云是以輕之以扑撻於中庭而已引書者謂尚書堯典之文彼據教學故彼注云不勤道業則撻之引之者於射時司射搢扑亦是教射法故引證撻犯禮之過者是以尚書亦云侯以明之撻以記之是也 ○衆賓不與射者不降 注 不以無事亂有事古文與爲豫 音義 與音預 疏 釋曰鄉射不得與射者雖誓僣有存焉三賓已上容其有文無武者許其不射故記者言之也○

取誘射之矢者，既拾取矢，而后兼誘射之乘矢而取之。注 謂反位已，禮成，乃更進取之，不相因也。疏 注釋曰：云「不相因」者，既自拾取己之乘矢，反位，東西望訖，上射乃更向前兼取誘射之矢，禮以變為敬，故不相因。○賓主人射，則司射擯升降，卒射，即席，而反位卒事。注 擯賓主人升降者，尊之也。不使司馬擯其升降，主於射。疏 注釋曰：云「不使司馬擯其升降，主於射」者，必以司射決之者，以司馬本是司正，不主射事，司射主射事，故使司射也。○鹿中，髤，前足跪，鑿背容八筭。釋獲者奉之，先首。注 前足跪者，象教擾之獸受負也。音義 奉，芳勇反。擾，而小反。疏 注釋曰：服不氏教擾猛獸，不堪受負，其有合負物者，教擾則屈前足跪受負，若今駝受負，則四足俱屈之類也。○大夫降，立于堂西以俟射。注 尊大夫，不使久列於射位。疏 釋曰：

謂主人大夫降特賓主先射大夫則立于堂西其耦在司馬之西射位大夫且立于堂西射至乃就其耦其升射

大夫與士射袒纁襦【注】不肉袒殊於耦【音義】襦如朱反耦少退于物【注】下大夫也既發則然○司射釋弓矢視算與獻釋獲者釋弓矢【注】惟此二事休武主文釋弓矢耳然則擯升降不釋【疏】釋曰此二者經文自具記之者以不釋故言之是以鄭云唯此二事釋欲顯出賓主升降時然則擯升降不釋也○禮射不主皮主皮之射者勝者又射不勝者降【注】禮射謂以禮樂射也大射賓射燕射是矣不主皮者貴其容體比於禮其節比於樂不待中爲儁也言不勝者降則不復升射也主皮者無侯張獸皮而射之主於獲也尚書傳曰戰鬬不可不習故於

蒐狩以閑之也。閑之者，貫之也。貫之者，習之也。凡祭取餘獲陳於澤，然後卿大夫相與射也。中者雖不中也取，不中者雖中也不取。何以然？所以貴揖讓之取也，而賤勇力之取。鄕之取也於囿中，勇力之取。今之取也於澤宮，揖讓之取也。澤，習禮之處，非所於行禮，其射又主中。此主皮之射與？天子大射張皮侯，賓射張五采之侯，燕射張獸侯。【音義】射與，音餘。【疏】【注】釋曰：云「禮射謂以禮樂射也」者，射時有禮兼作樂，故連樂言之。不言鄕射者，鄕射用采侯賓射中兼之，故不言也。云「不主皮者，貴其容體比於禮，其節比於樂」者，此卽九節、七節、五節應於樂節是也。云「言不勝者降不復升射也」者，據主皮射者也。禮射二番不勝，仍待後番復升射也。尚書傳者，濟南伏生爲尚書作傳，云「凡祭取餘獲陳於澤，然後卿大夫相與射也」者，此則周禮山虞田訖虞人植旗於中屬禽焉。每禽擇取三十。餘將向國以祭。謂若大司馬云。仲春祭社。仲夏享礿。仲秋祀方。仲冬享烝。凡祭乃以餘獲陳於澤宮中。卿大夫士共以主皮之禮射取之。云雖不中雖中者據向田時也。云非所於行禮者射云揖讓取。即是行禮。而云非所於行禮者。揖讓雖是禮。對大射之等。其體比於禮。其節比於樂。爲非所行禮也。云此主皮之射與者。書傳不言主皮。以義約同。故云與以疑之也。云天子大射以下者。案梓人云。張皮侯而棲以鵠。則春以功。即此鄭云天子大射張皮侯也。梓人又云張五采之侯。遠國屬。即此鄭云賓射張五采之侯也。梓人又云張獸侯。以息燕。即此鄭云燕射張獸侯也。鄭言此者。證此是禮射。與主皮異也。若然。天子有澤宮。又有射宮。二處皆行射禮者。澤宮之內。有班餘獲射。又有試弓習武之射。若西郊學中射者。行大射之禮張皮侯者是也。澤宮中射者。將欲向射宮。先向澤宮中行試弓習武之射。此習武之射無侯。直射甲革椹質。故司弓矢職云。王弓弧弓以授射甲革椹質。而注引圉師職曰射則充椹質是也。

○主人亦飲于西階上。【注】就射爵而飲也。已無俊才。不可以辭罰。【疏】釋曰。此謂主人在不勝之黨受罰爵之時也。注釋曰：云就射爵而飲也者，謂西楹西豐上射爵也。云已無俊才不可以辭罰者，以主人尊，恐不受罰爵，故言此也。○獲者之俎，折脊、脅、肺、臑。注臑若膞、胳、觳之折，以大夫之餘體。音義臑，奴報反。膞，音純。胳，音格，又音各。觳，苦角反。疏注釋曰：上賓、主人已用肩、臂，唯有臑及膞、胳、觳。若脊、脅骨多，尊卑皆有。自臑已下，各得其一。今鄭具言之，欲見科取其一，不定。以其若無大夫，獲者得臑，即經所云者。故臑在肺下，欲見無大夫，已合得。若大夫一人，大夫得臑，獲者得膞。若大夫二人，獲者即得胳。若大夫三人，獲者即得觳。若大夫公卿更多，則折之，不得整體，或更取餘體也。故鄭又云折以大夫之餘體也。東方謂之右个。注侯以鄉堂爲面也。音義个，音幹。疏釋曰：以其經直云左右个，不辨東西，故記人明之也。釋獲者之俎，折脊、脅、肺，皆有祭。注皆，皆獲者也。祭，祭肺也。以言肺謂刌肺不離，嫌無祭肺。音義刌，寸本反。疏注釋曰：云以言肺謂刌肺不離者。即經中脊脅肺。是切肺與祭肺同也。云嫌無祭肺者。此明記人之意。見上已有刌肺不離者。即經中脊脅肺是刌肺。與祭肺同。嫌更不別有祭肺。故言皆有祭肺。言皆者。獲者。欲見釋獲者與主獲者二者皆別有祭肺。故云皆也。若然。上肺即舉肺。案公食大夫有切肺與祭肺者。優賓。使賓祭此二者。此以舉肺爲祭肺者。略賤者之義。是以有司徹。侑俎羊切肺一。侑俎豕亦切肺一。鄭云。豕又祭肺。不嚌肺。不備禮。則是略賤之類也。○大夫說矢束坐說之【注】明不自尊別也。【音義】說吐活反。又始銳反。別彼列反。○歌騶虞若采蘋皆五終射無算【注】謂衆賓繼射者。衆賓無數也。每一耦射歌五終也。【疏】【注】釋曰。上用騶虞以化民。下用采蘋大夫之樂節亦可。皆五終者。大夫士皆五節。一節一終。故云五終也。鄭言衆賓無數者。謂堂下衆賓繼射者。故無數。若堂上衆賓則三人也。○古者於旅也語【注】禮成樂備乃可以言語先王禮樂之道也。疾今人慢於禮樂之盛。言語無

節。故追道古也。○凡旅不洗。【注】敬殺。不洗者不祭。【注】不
盛。○既旅，士不入。【注】後正禮也。既旅則將燕矣，士入齒
於鄉人。【疏】【注】釋曰：以其士立於下，故齒於鄉人也。○大夫後出。【注】下鄉人。
不干其賓主之禮。【疏】【注】釋曰：賓主及衆賓出後乃出，故云不干其賓主之禮。主人
送於門外，再拜。【注】拜送大夫尊之也。主人送賓還入門。
揖大夫乃出，拜送之。【疏】【注】釋曰：上文大夫後出，是大夫意不干賓主之禮。此經主人意，
故鄭云拜送大夫尊之也。知主人送賓還入門，揖大夫
乃出送拜之者，以其上經云賓出主人送于門外再拜，
此記又云大夫後出，主人送于門外再拜，故知
主人送賓還入門，揖大夫乃出，送再拜之也。○鄉侯。
上个五尋。【注】上个，謂最上幅也。八尺曰尋。上幅用布四
丈。【疏】【注】釋曰：以五尋，尋八尺。五八四十，故四丈也。中十尺。【注】方者也。用布五

丈今官布幅廣二尺二寸旁削一寸考工記曰梓人爲侯廣與崇方謂中也 疏 注釋曰云方者也者謂侯中也正方十尺云用布五丈今官布幅廣二尺二寸旁削一寸者鄭意此言十尺用布五幅幅廣二尺二寸兩畔各削一寸爲縫幅各二尺在故五幅爲一丈也漢法幅二尺二寸亦古制存焉故舉以爲況若然周禮鄭志純三只只八寸二尺四寸者據繒幅也士喪禮云云則以繒長半幅注云半幅一尺終幅二尺亦謂繒而幅二尺者幅有二種喪禮略用其狹者故周禮鄭云凡爲神之衣物必沽而小是也引梓人者彼總據三侯侯中皆廣與崇方引之證經十尺是方也

侯道五十弓弓二寸以爲侯中 注 言侯中所取數也量侯道以貍步而云弓者侯之所取數宜用射器也正二寸者骹中之博也今文改弓爲肱也 音義 骹胡飽反又苦下巧反李苦教反肱古横反 疏 注釋曰云言侯中所取數也者謂侯中大小取數于侯道云量侯道以貍步者大射文骹

彼云以貍步張三侯，是用步耳。而云弓者，六尺爲步，弓之下制六尺，與步相應，侯之所取數宜用射器，故此經云弓也。云正二寸者，骹中之博也者，案周禮弓人云轂解中有變焉，謂弓弣把中側骨之處博二寸，故於此處取數焉。

倍中以爲躳，注躳，身也。謂中之上下幅也。用布各二丈。疏注釋曰：身謂中上中下各橫接一幅布者，故鄭云中之上下幅用布各二丈也。

倍躳以爲左右舌，注謂上个也。居兩旁謂之个，左右出謂之舌。疏注釋曰：言謂上个者，對下个不得倍躳，故謂上个也。云兩旁謂之个，在躳之兩旁則謂之个。云左右出謂之舌，謂躳外兩相各出一丈，若人舒舌。故下云下舌半上舌，據出者而言也。

下舌半上舌，注半者，半其出於躳者也。用布三丈。所以半上舌者，侯人之形類也。上个象臂，下个象足。中人張臂八尺，張足六尺，五八四十，五六三十，以此爲衰也。凡鄉侯用布十六丈數起侯道五十弓以計道七十弓之侯用布二十五丈二尺道九十弓之侯用布三十六丈【音義】衰初危反【疏】注曰半者半其出於躬者也者以其言舌故知半其出者也云用布三丈者上舌兩相各一丈今下舌兩相各五尺通躬二丈故云用布三丈也云侯人之形類也者人形上廣下狹故也云五八四十據上个四丈五六三十據下个三丈以此上下爲衰差也云凡鄉侯用布十六丈數起侯道五十弓以計者用布十六丈者中五幅幅一丈用布五丈上下躬各二丈總四丈上个四丈下个三丈是總十六丈也云道七十弓之侯用布二十五丈二尺者道七十弓弓取二寸二七十四侯中丈四尺七幅幅有丈四尺中用布九丈八尺上下躬各用布二丈八尺上下總用布五丈六尺上个倍躬爲五丈六尺下舌半上舌上舌出者兩相各出丈四尺下舌半之兩相各出七尺下舌用布一丈四尺通躬二丈八尺總計用布四丈二尺通計用布二十五丈二尺也云道九十弓之侯用布三十六丈者弓取二寸九十弓侯中丈八尺侯中用布九幅幅別丈八尺中用布十六丈二尺倍中

乾隆四年校刊

以爲躬。躬上下躬各用布三丈六尺。上下總七丈二尺。倍躬以爲左右舌。上舌用布亦七丈二尺。下舌亦半上舌。上舌出者丈八尺。下舌半之。則下舌總用布五丈四尺。以此計之。總用布三十六丈也。○箭籌八十。注 箭，篠也。籌，算也。籌八十者，略以十耦爲正，貴全數。其時衆賓從賓。音義 篠，息了反。疏 注釋曰：云箭篠也者，謂以箭爲籌，射之耦隨賓多少，今言八十，舉成數，以十耦爲正。但者數之始，十者數之終，以十耦爲成數也。長尺有握。握素。注 握，本所持處也。素，謂刊之也。刊本一膚。音義 刊，苦干反。疏 釋曰：云長尺，復云有握，則握在一尺之外，則此籌尺四寸矣。注釋曰：云刊本一膚者，公羊傳僖三十一年云：觸石而出，膚寸而合，不崇朝而偏雨天下者，唯泰山爾。何休云：側手爲膚。又投壺云：室中五扶。注云：鋪四指曰扶，一指案寸，皆謂布四指。一指一寸，四指則四寸。引之者，證握膚爲一，謂刊四寸也。○楚扑長如笴。刊本尺。注 刊其可持處。○君射，則爲下射，上射退于物一笴既發則答君而俟【注】答對也此以下雜記也今文君射則爲下君樂作而后就物君袒朱襦以射【注】君尊小臣以巾執矢以授【注】君尊不搢矢不挾矢授之稍屬【音義】屬章欲反若飲君如燕則夾爵【注】謂君在不勝之黨也賓飲君如燕賓媵觚于公之禮則夾爵夾爵者君既卒爵復自飲【音義】飲於鴆反夾古洽反觚音孤○君國中射則皮樹中以翿旌獲白羽與朱羽糅【注】國中城中也謂燕射也皮樹獸名以翿旌獲尚文德也今文皮樹爲繁豎糅爲縚古文無以【音義】縚吐刀反【疏】注釋曰郭城中是燕射者以其下有賓射大射不在國中故國中是燕射以其燕在寢故也云以翿旌獲尚文德也者以其燕主歡心故旌從不命之士亦取尚文德之

義。必知取尚文德者。以其以文德者舞文舞羽舞也。以武德者舞武舞干舞也。此既用羽。知取尚文德也。

於郊則閭中以旌獲。【注】於郊。謂大射也。大射於大學。王制曰。小學在公宮之左。大學在郊。閭。獸名。如驢。一角。或曰如驢岐蹄。周書曰。北唐以閭。析羽爲旌。【音義】大音泰。岐。巨支反。一音支。析。悉歷反。【疏】【注】釋曰。知於郊謂大射也者。案大射云。公入鶩。從外來入。此既言於郊。故知大射在郊也。云大射於大學者。據諸侯而言也。天子大射在虞庠小學。以其天子大學在國中。小學在郊。諸侯不得立大學在國。立大學在郊。故鄭引王制小學在公宮之左。大學在郊。是殷法。諸侯用焉。故引爲證。必知諸侯立大學在郊者。見詩魯頌有泮宮。禮記云。故魯人將有事於上帝。必先有事於頖宮。鄭云。頖宮郊之學也。則詩泮宮此郊學是也。云閭獸名如驢一角或曰如驢岐蹄周書曰北唐以閭者。岐蹄已上。山海經文。周書見於國語也。

於竟則虎中龍旜。【注】於竟。謂與鄰國君射也。畫龍於旜。尚文章也。通帛爲旜。【音義】竟兒音景，注同。旜之然反。【疏】【注】釋曰：與鄰國君射，則賓射也。以其君有送賓之事，因送則射。云尚文章也者，亦若翿旌也。云通帛爲旜，司常文。鄭注云：凡九旗之帛皆用絳，則通帛者，正幅爲縿，長尋曰旐，繫旐曰旆，遞體皆用絳帛爲之，名旜。

大夫兕中，各以其物獲。【注】兕，獸名，似牛，一角。【音義】兕，徐履反。【疏】釋曰：下有士，則此專據大夫爲文，而云各以其物者，公侯伯大夫再命，子男之大夫一命，爲卿大夫，其數雖同，旜依命數不同，故云各。又下云士翿旌以獲，唯小國之州長不命者，則公侯之州長一命，有旌，亦入物中，則各內兼之矣，故云各。【注】釋曰：兕似牛一角，案爾雅及山海經知之。

士鹿中，翿旌以獲。【注】謂小國之州長也。用翿爲旌以獲，無物也。古文無以獲。

唯君有射于國中，其餘否。【注】臣不習武事於君側也。古文有作又，今文無其餘否。【疏】釋曰：天子諸侯皆燕射在國，又天子賓射在朝，亦在國。大夫士燕射、賓射不在國，大夫又得行

乾隆四年校刊

儀禮注疏卷五　鄉射禮記

大射。雖無郊學。亦不得在國。是以孔子爲鄉射。射於矍相之圃。是其一證。若然。此鄉射亦不在國中。亦宜在國外。故記於此見之也。○君在。大夫射則肉袒。【注】不袒纁襦。厭於君也。今文無射。【音義】厭，於涉反。【疏】釋曰。上云大夫與士射袒纁襦。今與君射。爲厭。與士同。故肉袒也。

經六千六百四十五字

注六千九百一十五字

儀禮注疏卷五

儀禮注疏卷五考證

主人戒賓賓出迎再拜主人答再拜乃請○敖繼公云請下似脫一賓字　臣紱按鄉飲酒禮云乃請賓敖氏蓋以彼例此

乃席賓注不言於戶牖之間者此射於序○敖繼公云不言戶牖間者可知也記曰出自東房有東房西房則中有室而席賓於戶牖間也明矣　臣紱按鄭意以庠有室序無室無室則無戶牖故云此射於序然有房無室不成屋制若并無房則籩豆何所置之且經言東西序東西堂皆與廟寢無異則序與庠似無異

制也疑敖說爲長

乃張侯疏上綱與下綱出舌尋縜寸焉○縜監本譌作絹今据考工記正之

賓厭衆賓衆賓皆入門左○敖繼公云賓厭衆賓入門左此衍三字爾

主人坐取爵興注致絜敬也○致監本譌作飲鄉飲注作致從之

主人坐取爵實之賓之席前○賓之席前監本作賓席之前敖繼公云當作之席

賓卒洗揖讓如初升疏釋曰言如初則亦一揖一讓也

○疏十二字監本譌在下節之下今移屬此爲是

大夫若有遵者注卿大夫士非鄉人禮亦然○卿監本作鄉　臣紱按此兼士言之又非言鄉人則當爲卿大夫明矣

工四人二瑟疏近鼓持之手入則淺近尾持之手入則深○監本無手字淺字尾持之字　臣學健按細玩文意如此乃完今補入

未旅疏故再獻訖卽射○獻監本作拜　臣紱按上經獻賓獻衆賓是再獻也獻遵則或有或無不定故不數今改獻

司射降自西階疏故賓黨主黨皆不與也○故賓黨主
四字監本作上下經文臣宗楷按四字似無著据黨
字則知上字之爲賓矣据皆字則知又有主黨矣細
繹疏文正之

命下射曰○下石經誤作不

豫則鉤楹內注今文豫爲序○敖繼公云序之文意明
白於豫且記亦以序對言宜從今文臣紘按鄭氏謂
榭無室而讀豫爲榭殊覺牽强敖說似可從

敢取一个挾之○取監本譌作作今依石經及敖本改
正

皆當其物○疏文二十七字監本譌在下節之下今以

經文之當移此

乃射上射既發挾弓矢而后下射射○敖繼公云弓字

衍文大射儀無弓字

疏引孝經說取孝經緯援神契文○臣紱按据此則

注當有引孝經之語而刻本失之

告于大夫曰○告于上石經及敖本有以耦二字

三耦拾取矢皆袒決遂執弓○朱子云此拾取矢疑衍

與進者相左相揖反位○揖字下石經有退字蓋衍文

司馬袒決執弓升○敖繼公云禮無決而不遂者此決

字當衍上經云司馬適堂西不決遂袒執弓此宜如之

〔疏〕不敢殊别於賓故不束○監本脫故不束三字今尋繹上下文義補之

及階勝者先升堂少右○石經疊少字衍文楊本敖本疊升字

興適左个中亦如之○亦石經作皆譌

司射適階西○適敖本作西

薦脯醢折俎○敖繼公云折俎上當有設字蓋文脫也

司射猶挾一个以進作上射如初○敖繼公云上字似

衍否則上字下當有耦字或云進字亦衍
升飲如初○敖繼公云大射儀此下云卒退豐與觶如
初此脫一句
適堂西以命拾取矢如初○堂石經作階誤
樂正命弟子贊工即位注樂正反自西階東○自集說
作于文勢較順
賓與大夫反奠于其所○賓與大夫下石經及敖本有
坐字
執觶者受觶注今文無執觶以下共二十字又疏此經
曰執觶者以下共三十一字○監本誤置于卒受者

以虛觶降奠于篚節下 臣紱 按於彼經無所當應移屬于此

長受酬注古文曰受酬者不拜○監本脫受字今依朱子本補

主人釋服乃息司正疏自此盡經末論息勞司正之事○疏共十二字監本誤置于明日賓朝服節下 臣紱 按以經次之應移屬于此

獻用爵○朱子本獻上有凡字石經及諸本皆無

三笙一和而成聲○ 臣紱 按注謂三人吹笙一人吹和而引爾雅和爲笙之小者以證之是也敖繼公謂一

歌其所吹之詩以和之殊屬臆說笙詩有聲無辭朱子及劉敞論之審矣

遂西取弓矢○遂監本譌作送今依石經及朱子本楊本敖本改正

袒髹横而奉之○奉石經及釋文作拳朱子嘗論其誤今依監本

大夫與士射袒纁襦○纁石經及楊本敖本作薰敖繼公云古字通用今从纁

獲者之俎折脊脅肺臑○臣紱按臑在折中不應又出臑字葢因注文第一字而誤衍也敖本已刪而附論

於卷尾但賈疏自作有膞字解故仍其舊而加圜別

之

[illegible]十尺〔疏〕純三只只八寸○兩只字監本皆譌尺臣紱

按只八寸鄭康成荅趙商語見天官內宰及聘禮疏

中

長尺有握〔注〕刋本一膚○監本一字下衍作字臣紱按

膚長四寸言刋其本處一膚之長也通解無作字從

之

士鹿中翿旌以獲〔注〕謂小國之州長也用翿爲旌以獲

無物也古文無以獲○以上經與注共二十九字監

本皆脫其經文石經及敖本並有之注則依朱子本

楊本補

李本亦有圖有

三月二十九日閱

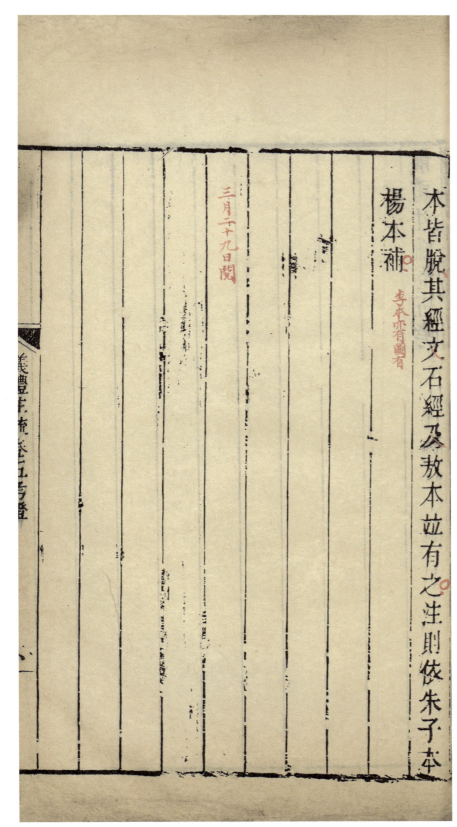

儀禮注疏卷五考證

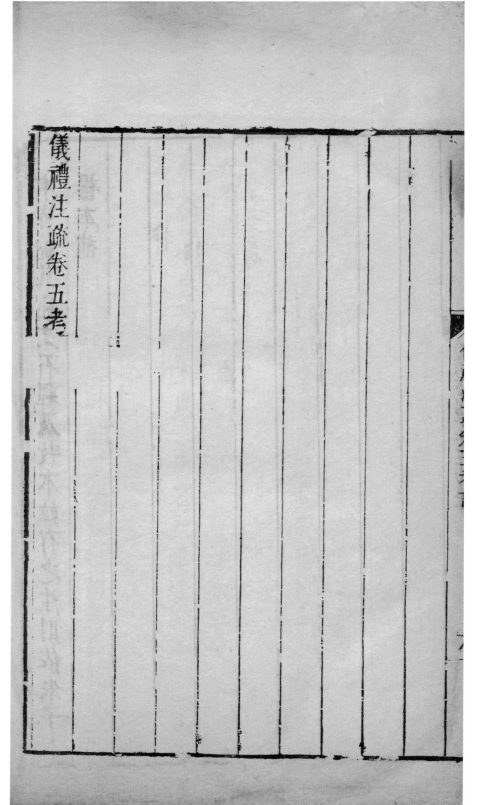